Maximilian Harden

Literatur und Theater

Maximilian Harden

Literatur und Theater

ISBN/EAN: 9783956970849

Auflage: 1

Erscheinungsjahr: 2013

Erscheinungsort: Treuchtlingen, Deutschland

Literaricon Verlag Inhaber Roswitha Werdin

www.literaricon.de

Literatur

und

Theater

von

Maximilian Harden.

Berlin, 1896.
Verlag von Freund & Jeckel.
(Carl Freund.)

Vorwort.

Ein organisch gewachsenes Werk, das Empfundenes, Gedachtes, Erschautes in eine feste Einheit zusammenfaßt, sollte nie eines Vorwortes bedürfen. Der Verfasser, der zum Vertheidiger der eigenen Schöpfung wird, weckt gegen die eigene Schöpferkraft Mißtrauen; er konnte nicht bilden, nicht sein Wollen kraftvoll gestalten, und redet nun, plaidirt und erhitzt sich, um seinem mißglückten Bildnerversuch ein mildes Urtheil zu erwirken. Im besten Fall geht es ihm dann etwa wie dem jüngeren Dumas, dessen Vorreden die Dramen, die sie einleiten und glossiren sollten, um ein Beträchtliches überleben werden; in diesem vielleicht stärksten literarischen Anreger der letzten Jahrzehnte war der spürende und findige Geist mächtiger als die erfindende und die gestaltende Kraft, — und so blieb er der Vorredner der modernen Dramatik, die in Galliens fast schon erschöpftem Schoß nordische Männer dann zeugten. Der starke Künstler wird selten das Bedürfniß fühlen, als Erklärer vor sein Bild hinzutreten; und wenn er es fühlt, wie Hebbel, als er die deutsche Handwerkertragoedie schuf, kann man sicher sein, daß in dem Bild irgend Etwas nicht ganz richtig ist und daß theoretische Erörterungen über die schwache und als schwach empfundene Stelle hinweghelfen sollen. Anders liegt aber die Sache bei Sammelbüchern, denen die innere Einheit des Stoffes fehlt: da darf der Verfasser wohl ein paar erläuternde Worte wagen und, wie ein erfahrener Galeriediener am Eingang zu einer neuen Abtheilung, sorglich sprechen: Bitte, meine Damen und Herren, bedenken Sie gefälligst, in welcher Zeit und aus welcher Zeitstimmung Dieses entstand!

Die hier vereinigten Aufsätze sind fast sämmtlich um das Jahr 1890 entstanden, in einer Zeit hitziger literarischer Kämpfe, aus einer Zeitstimmung, die dem verrohten und verrotteten Theater mit der erwachenden Literatur wieder eine Verbindung suchte. Manches hätte ich, als ich sie nach langer Pause jetzt las, gern geändert, Manches hinzugefügt und einzelne Züge ausgewischt. Ob aber solche Operateurarbeit den kargen Reiz des einst natürlich Gewachsenen nicht völlig zerstört hätte? Als unser Meister Sainte-Beuve dem ersten Bande seiner Portraits Contemporains das Vorwort schrieb, sagte er, er habe nichts Wesentliches an den vorher in Zeitungen veröffentlichten Studien verändert und so könne er nicht bis ins Detail ausgeführte Gemälde bieten, die den Gegenstand endgiltig in einer großen Synthese geben und durch die Zeiten dauern, sondern des portraits faits à une certaine date, à un certain âge. So habe auch ich mit leisen Ausfeilungen und kleinen stilistischen Aenderungen mich begnügt und kann nur Momentbilder bieten, — Bildchen, die zeigen, wie in einer bestimmten Stunde Persönlichkeiten und Vorgänge dem Bildner erschienen, der Jugendlust und Muth fühlte, die noch ungeübten Kräfte zu regen. Man wächst aus seinen Ansichten, wie aus den Knabenkleidern, heraus; aber reinliche Leute legen die Kleider nicht erst ab, wenn sie fettig und schäbig geworden sind, und können ohne Scham und Scheu dann zu den Freunden sprechen: Seht, darin ging ich vor ein paar Jahren stolzirend umher! Viel hätte ich übrigens nicht ändern können, zu den meisten Anschauungen bekenne ich mich auch heute noch und nur an ganz wenigen Punkten hat die Zeit das Urtheil in neue Bahnen gelenkt. Ein Beispiel: wie könnte ein Fontanebild vollständig sein, das vor Effi Briest, dem Meisterwerk des märkischen Gascogners, entworfen wurde? Und doch ... gerade hier brauche ich mich nicht zu schämen. Als ich um die Weihnacht des Jahres 1889 über Fontane schrieb, schien mir aus der Geschichte von Botho und Lene leise schon die Frage anzuklingen, ob in unserer Gesellschaft wirklich auch Alles gut bestellt sei, und ich wagte die Vermuthung, eines Tages werde der konservative Herr Theodor laut noch und deutlich sagen: Nein. Sechs Jahre danach wurde uns Effi, das holde, verflatterte Seelchen, geboren und in dem gruseligen Gespenstersaal des landräthlichen Hauses zu Kessin in Pommern klebte der Oblatenkopf des Chinesen. Der fünfundsiebenzigjährige Dichter hatte die letzte Last des gesellschaftlichen Chinesenthumes von rüstigen Gliedern geschüttelt und den symbolischen gelben Bengel an einen Binsenstuhl geklebt, — den Kindern zum Schrecken, den Erwachsenen zum Spott. Da war das laute und deutliche: Nein. Wenn in anderen Sälen der durch die Macht der Jahre gewandelte Sinn des Beschauers auf den ersten Blick stutzen sollte: Bitte, meine Damen und Herren, bedenken Sie gefälligst, in welcher Zeit und aus welcher Zeitstimmung Dieses entstand!

Muß ich, in der Heimath des goethischen Traumes von einer Weltliteratur, mich zu entschuldigen suchen, weil die Mehrheit der gesammelten Skizzen Ausländer behandelt und weil von den neuesten Matadoren, den Herren Hauptmann, Sudermann und ihrem aufgepäppelten Geschwister, gar nicht die Rede ist? Vielleicht. Zwar: daß die in ihrer Art ganz gewiß nicht zu unterschätzenden Erscheinungen der von Sippen und Magen Umbrüllten, ohne eine Lücke zu lassen, aus der Literatur radirt werden könnten, weiß nachgerade jeder halbwegs Verständige. Aber das Fremde wird bei uns jetzt wieder einmal gar zu gering geachtet und man vergißt gern, was wir dem poetischen Dreibunde der Franzosen, Russen und Skandinaven verdanken. Im neuen Deutschland schwingt der Pendel immer zu weit aus; und so sind wir von übertriebener und übertreibender Bewunderung alles Ausländischen schnell zu einem Hochmuth gelangt, der mit gerümpfter Lippe nur von der Fremde spricht, — von den armen Schächern im Westen, Norden und Osten, denen die ragenden Recken des berlinischen Preßklüngels fehlen. Während die Franzosen, die sonst, als die literarisch Reichsten, den Blick kaum über die Grenze schweifen ließen, jetzt die Schätze aller Literaturzonen, von Tolstoi bis zu d'Annunzio, durchwühlen, sich werbend um die Deutschen Goethe, Schiller, Nietzsche und Wagner bemühen und mit wohlwollendem Interesse sogar die modischen Melodramen unserer Neuesten begrüßen, wächst in Berlin sacht der Größenwahn von einer ahnenlosen neudeutschen Kunst empor, die uns nicht erst geschenkt werden soll, — nein, die wir schon besitzen. Deshalb habe ich aus der Fremde starke und feine Geister zu beschwören versucht, damit man sich wieder erinnere, daß auch hinter Schreiberhau und Berlin noch ein paar nicht unbeträchtliche Leute wohnen. Mir lag solche Erkenntniß nahe, denn ich habe von Ausländern das Beste gelernt, von Sainte-Beuve, Taine, Brandes und namentlich vom Vicomte E. M. de Vogüé, der mir als der Erste den Weg in die Wunderwelt der slavischen Dichtung zeigte. Den Ausländern habe ich die Trias Keller, Fontane, Heyse gesellt, nicht etwa, weil ich sie für die „Modernsten" halte — und doch: wo ist unter den Neuesten Einer, in dessen Dichten so viel moderne Weltanschauung lebt wie in Heyses vornehmer Adelsmenschheit? —, sondern weil ich in ihnen das Menschliche bewundere, das länger währt als Eintagslaune und flüchtige Mode. Denn die Anschauung, die vielleicht die hier äußerlich vereinten Arbeiten auch im Innersten verknüpfen kann, ist: daß nicht die Modernität, sondern die Menschlichkeit den Werth eines Kunstwerkes bestimmt und daß die größten Künstler nicht die Modernen sind, sondern die Unzeitgemäßen, — im Sinne des Sehers von Sils-Maria.

Berlin, am zehnten November 1896.

M. H.

Inhalts-Verzeichniß.

Gottfried Keller.

Der Meister Gottfried von Zürich ist gestorben. Schlimme Kunde hatten schon die letzten Monate von seiner Gesundheit gebracht; die Freunde fürchteten eine Geistesumnachtung. Sie ist dem Herrlichen erspart geblieben. Es scheint fast, als hätte der allzeit Pflichtgetreue nach dem Lärmen seines vorjährigen Jubelfestes einen dicken Strich unter sein Lebensbuch gemacht und sein emsiges Tagwerk fein säuberlich abgeschlossen. Er hatte nichts mehr zu geben, nichts mehr zu empfangen, — und ein müssiges Umhertreiben war nicht nach seinem Sinn. So war dieses letzte Lebensjahr nichts als ein mähliches Hinüberschlummern und am fünfzehnten Juli des Jahres 1890, da die Nachmittagssonne den Zürichsee hellgrün erschimmern ließ und graulichter Duft sich um des Uetliberges Spitze legte, that er den letzten Hauch. Freund Boecklin saß an des Greisen Totenbette.

Daß die Trauerbotschaft in deutschen Landen Aufsehen gemacht hätte, wird man ganz gewiß nicht sagen dürfen. Vor dem Schaufenster einer Kunsthandlung hörte ich zwei gutgekleidete Herren ihre Gedankenlosigkeit austauschen; sie hatten keine Ahnung von dem Manne, dessen mit einem dicken Kreuz versehenes Bildniß da zwischen Stanley und dem neuen spanischen Ministerpräsidenten hing. Er sah auch so gar nicht wie ein Dichter aus, der derbe Mann mit dem stillen Auge und dem spießbürgerlichen Gepräge; keine Spur von Pose, kein Zug geckiger Literatengenialität; den Herrn Staatsschreiber von Zürich mochte man ihm glauben, den Dichter von Seldwyla nimmermehr. Dieser merkwürdige Mensch, der trotzig wie Herwegh begann, um bedächtig wie Goethe zu enden, der die gährende und klärende Zeit von 1819 bis 1890 durchlebt hat und ein moderner Geist geblieben ist bis ans Ende, ihm fehlte die modernste Eigenschaft: Gottfried Keller hatte keine Nerven. Liest man die lustigen und leidigen Geschichten, die er betrachtsam Zug für Zug auf den fernhin weiterziehenden Bergnebel gemalt hat, dann ist es, als lege sich der stille Höhenduft auch um unsere Sinne: das geräuschvolle Getriebe der Wirklichkeitwelt dämpft sich nach und nach, es wird ruhig in uns und um uns und in leisem Behagen folgen wir dem gemächlich fortschreitenden Führer in seine phantastische Landschaft, zu seinen friedfertigen Gesellen und wunderlichen Käuzen. Für solche Wanderung ist der erregungsgenußsüchtigen Menschheit von heute nur der kleinste Theil zu haben; die Masse bleibt daheim bei den Modepoeten, die ihr die Dinge verlindern und verwitzeln, verzierlichen und verkritzeln. Die Kellergemeinde ist klein, wenn man die Stimmen zählt; groß, wenn man sie wägt. Den Frauen — oder richtiger: den Damen — ist Gottfried mit der schweren Hand nicht fein, den Jungen ist er nicht heiß genug; nur wer reif ward, ohne nüchtern zu werden, kann seinen reifen Saftfrüchten den rechten Geschmack abgewinnen.

Den Nekrologenschreibern und zünftigen Biographen hat es der Tüchtige nicht bequem gemacht: kann man anderer Künstler Erdenwallen recht hübsch methodisch in verschiedene Perioden eintheilen und vom Sturm und Drang, vom romantischen Intermezzo und anderen schönen Literaturgeschichtvokabeln sprechen: an Keller kommt man mit diesen Nothleitern der Analyse nicht heran. Bei ihm giebt es keine Perioden; wohl hat der Demokrat des Dichters Zunge gelöst; aber es ist nur anempfundene politische Lyrik, wenn er Loyolas wilder, verwegener Jagd Fehde ansagt, und ein Stürmer und Dränger ist er nie gewesen, der Dichter mit der klar gestimmte Zither. Fast möchte ich sagen: Gottfried Keller war eigentlich niemals jung; es war immer etwas Altväterliches in seinem poetischen Wesen. Ob er im „Grünen Heinrich" der eigenen führerlosen Jugend Geschichte sich vom Herzen schreibt und mit den problematischen Naturen aus den letzten vierziger Jahren abrechnet; ob er später in dem sonnigen und wonnigen Ort Seldwyla fröhlichen Leichtsinn, in dem benachbarten Marterloch Ruechenstein trübsinniges Pharisäerthum sucht und findet; ob er die alten Legenden mit neuem reinmenschlichen Gehalt erfüllt oder im „Sinngedicht" einen Kranz wundervoller Novellen an den Faden einer echt poetischen Idee reiht; ob er zuguterletzt seinen Martin Salander nach langer Irrfahrt zurückführt in das heimische Baselerland und nun die alte und die neue Generation mit weisester Objektivität und weitem Ausblick auf das politische und soziale Gebiet in lebendigen Kontrast setzt —: immer mischt sich ein nestorischer, ein weisheitvoll-lehrsamer Zug dem frohen Fabuliren bei. Man erkennt den Landsmann Pestalozzis, der die Menschen bessern will und bekehren, zuerst sich selbst und dann die Nächsten.

Dieser lehrhaft-nachdenkliche Hang ist weniger eine individuelle als eine Stammeseigenschaft. Der Schweizer ist besonnen, eben drum ist der unbesonnene Tell im Land so berühmt. Mit all dem ruhigen Behagen, das uns altererbter Besitz verleiht, tummelt sich das tüchtige Volk zwischen seinen stolzen Bergen umher, bienenemsig, ohne träge Rast, doch auch ohne nervöse Hast. In der Schweiz arbeitet Alles, auch der Millionär sitzt nicht müssig und das Geschäft wird so pünktlich abgethan, wie ein Schlagwerk die Sekunde einhält. Es ist echt schweizerisch gedacht, wenn der Staatsschreiber von Zürich den Stillstand seines poetischen Schaffens von 1856 bis 1872 mit dem Hinweis auf den Anspruch seines Amtes erklärt: „Ich mußte mich vom ersten bis zum letzten Augenblicke in den Geschäften tummeln und genoß zehn Jahre nicht einmal eines Urlaubes; und ich glaube, es ist mir gesunder gewesen als ein schläfriges System gemischter Bureau- und Mußestunden." Das Hin und Her vom Kriminal zum Helikon sagte dem ordnungliebenden Schweizer nicht zu und von seinen Landsleuten hat sich gewiß Keiner gewundert, daß der Herr Staatsschreiber für die Muse nicht mehr zu sprechen war.

Sie sind ein Bischen nüchtern, die wackeren Schweizer, ihr Geist nimmt nur selten von der flachen Heerstraße der Nützlichkeit einen höheren Flug und alles Pathetische ist ihnen fremd inmitten ihrer grandiosen Natur. Aber wie oft der launenhafte Föhn unvermuthet durch die Kantone streicht, so öffnet sich ganz plötzlich der Schweizer sachdenklicher Sinn einer ausgelassen muthwilligen Phantastik und die sonst so ernsthaften Menschenbilder wissen dann allsogleich zu lachen, zu jubeln, zu tollen, als wäre die Sauserzeit schon da, das rauschdunstige Regiment des ungeberdigen jungen Weines. „Wenn er gut ist, so ist man des Lebens nicht sicher unter ihnen und sie machen einen Höllenlärm; die ganze Stadt duftet nach jungem Wein und die Seldwyler taugen dann auch gar nichts." Es muß wohl ein gutes Gewächs gewesen sein, der Sauser von 1818, der dem sonst so gelassenen Gottfried im Leibe spukte von Kindheit an. Den Vater Drechslermeister hat er kaum gekannt, der starb früh und ließ die Wittwe mit dem Kleinen in nicht eben vermöglichen Umständen zurück; der Knabe hatte viel Freiheit, denn die

Mutter schaffte von früh bis spät. So saß denn Gottfried tapfer daneben, wenn die Großen ernste Rede tauschten, oder er hockte auch wohl lange Stunden bei einer alten Trödlerin aus der Nachbarschaft über Fabelbücherchen und allerhand alten Scharteken. Den Schulbesuch hatte er nach des Vaters Tode unterbrechen müssen; und so wuchs er heran, wie ein seltsames Pflänzlein ohne das feste Spalier, an dem es sich in kräftigem Wuchse emporrankt, ohne die führende Freundschaft eines Mannes, von dem der Jüngling gewußt hätte, „daß er ihm sein Bestes zuwenden und lehren will und den er für sein untrügliches Vorbild hält.“ Er ward ein Wenig altklug, er blieb ein Wenig haltlos und vor dem neuen, „zielbewußten“ Geschlecht der Arnold Salander hatte er unbändigen Respekt, den Respekt des versonnenen Träumers vor der rücksichtlosen Thatkraft, — einen Respekt, der mit der Liebe gewiß nicht identisch ist. Er freute sich der Arnolde, er selbst aber hielt sich hübsch zu den Alten, zu den Martin Salanders, bei denen die praktische Klugheit das zarte Seelchen Phantasie nicht erstickt hat.

Irgendwo habe ich gelesen, Gottfried Keller habe keine Phantasie besessen. Ein echter Seldwylerstreich, aber einer, über den man, wie die Liebesleute Jucundus und Justine, das Lachen verlieren kann. Vielmehr möchte man sagen: die Phantasiekraft war das Stärkste in dem Sinndichter, wie sie allein das eigentlich Schöpferische in ihm war. Was dem Meister Gottfried seine wunderbare, ganz vereinzigte Stellung in der modernen Literatur gab, war seine staunenswerth reiche einbildnerische Kraft, die ein Weltbild gebar, wie die Seele der Kinder und Kindervölker sich einen Himmel schafft im goldenen Duft, nicht nach den Modellen von der Straße, sondern nach der verträumten Vorstellung der Phantasie; nicht mit Händen zu greifen und doch lebendig, von poetischem Sinn angeschaut. Man legt heute so viel

Gewicht auf das Selbsterlebte und Selbstbeobachtete und keck der schola naturalis entlaufene Kritikerlein behaupten wohl gar munter, was Einer nicht mit den Augen gesehen, mit den Ohren gehört und womöglich mit der Nase gerochen habe, Das könne er auch nicht malen mit Zeichenstift und Federkiel. Und doch trafen sich da allabendlich zu bescheidenem Zechen in der Zürcherstadt drei Männer, die nicht mit Pescara versucht worden waren, die nicht die Gefilde der Seligen oder die Toteninsel beschritten, nicht das Fähnlein der sieben Aufrechten entfaltet hatten: Konrad Ferdinand Meyer, Arnold Boecklin, Gottfried Keller, die drei letztgeborenen Prinzen aus Phantasieland, — der feinfühlige Historienerzähler, der malende Plastiker der heroischen Landschaft und der „Shakespeare der Novelle".

„Die Phantasie thut wie ein Kind,
Das einsam Kränze windet,
Bald lacht und plaudert mit dem Wind,
Bald einen Schwank erfindet
Und wunderliche Märchen spinnt,
Dann inne hält und traurig sinnt."

Das ist ein Vers von Keller und für Keller. Von solcher Art war seine Phantasie: unerschöpflich im Erfinden immer neuartiger Schwänke und Schnurren; immer geneigt, sich in wunderliche Märchen einzuspinnen und den flattersinnigen Leser einzufangen in das luftige Gewebe, bis er mit Spiegel, dem Kätzchen, über die Dachfirste streift und den Hexenmeister um den Schmeer betrügt oder mit Sali und Vrenchen auf dem Heuschiff die wundersam todeslustige Brautnacht träumt. Diese freigeborene Phantasie ließ in naivem Schaffen dem der „Gesellschaft" fremden Hagestolzen die herrlichsten Frauengestalten gelingen, die allemannischer Geist in nachgoethischer Zeit beschworen hat: die erröthend lachende weiße Galathee, die arme Baronin, die Julia von Seldwyla, Frau Regel Amrain und die prächtige Salanderfrau. Der Dichter hat sie nicht gesehen und Linie um Linie nachgezeichnet; ihre Bilder waren in seiner Seele und so fest glaubte er an seine Geschöpfe, daß keinen poetisch empfindenden Leser ein Zweifel überkommt, ob Dies und Das auch irgendwo sich wirklich begeben haben könnte. Seldwyla, den „sonnigen und wonnigen Ort irgendwo in der Schweiz“, hat noch keines Wanderers Fuß betreten, so wenig wie ein sterbliches Auge die meeridyllische Boecklinwelt sah; aber nur ausgedörrte Philister werden hier die Wellen zu blau, dort die Tollheit zu toll finden; wir Anderen erkennen ein poetisches Wunder und neigen den Schöpfern dieser von eigenen Gnaden lebenden Welten demüthig huldigend das Haupt.

Jean Paul hat — in der „Vorschule der Aesthetik“ — den Humor als das umgekehrte Erhabene bezeichnet, das durch den Kontrast mit der Idee das Endliche vernichtet und einem Gaukler gleicht, der, auf dem Kopfe tanzend, den Nektar hinaufwärts trinkt. So wenig die prunklos abgeklärte Bedachtsamkeit Kellers der schrullenhaft überladenen Formlosigkeit des Mannes von Wunsiedel verwandt ist, so gewiß wird der Dichter der Drei Gerechten Kammacher dem ästhetischen Anspruch des Romantikers der Komik gerecht: auch für Keller giebt es keine einzelnen Thoren und keine einzelne Thorheit, sondern nur eine allgemein menschliche Thorheit und eine tolle Welt; auch sein Humor gleicht dem Vogel Merops, der zwar dem Himmel den Schwanz zukehrt, aber doch in dieser Richtung zum Himmel auffliegt. Und von ihm selbst gilt, was der Dreißigjährige in schwärmender Bewunderung beim Titandichter fand: „In ihm schien mir plötzlich Alles tröstend und erfüllend entgegen zu treten, was ich bisher gewollt und gesucht oder unruhig und dunkel empfunden: gefühlerfülltes und scharf beobachtetes Kleinleben und feine Spiegelung des nächsten Menschenthumes mit dem weiten Himmel des geahnten Unendlichen und Ewigen darüber; heitere, muthwillige Beweglichkeit des Geistes, die sich jeden Augenblick in tiefes Sinnen und Träumen der Seele verwandelte, lächelndes Vertrautsein mit Noth und Wehmuth, daneben das Ergreifen poetischer Seligkeit, welche mit goldener Fluth alle kleine Qual und Grübelei hinwegspült."

Der aufrechte Humorist, dem nun das bunte Narrenfähnchen entsunken ist, gehört zur Vierzahl jener Dichter, denen die Vaterschaft des modernen Realismus zuzusprechen sein wird; in den zwei Jahrzehnten von 1799 bis 1819 sind sie alle Vier geboren: Balzac und Dickens und Keller im Westen, Gogol im Osten. Gleichzeitig erschienen sie, das Erbe der Romantik anzutreten und die Poesie der Wirklichkeit näher zu bringen. Im Grunde aber haben auch sie sämmtlich nicht das Leben, nicht den Tag, sondern ihren phantastischen Traum beschrieben, die warmen, ganz und gar subjektiven Realisten: stürmend und wühlend und wirklichkeitsdurstig Balzac, der nach Taines treffendem Wort mehr die Kunst als den Menschen liebte; mitleidig und zwischen Pathos und grotesk verzerrter Phantastik jäh wechselnd Dickens; mit wehmüthigem Groll und bitterem Liebesdrang Gogol; mit leiser Thorenschelle aus reiner Bergluft Menschennoth und Menschenschwachheit umklingelnd Keller. Nicht den Größten der Vier darf man ihn nennen, — gewiß nicht; aber will man sie schon vergleichen, wobei der Zollstock von selbst ausgeschlossen ist, so muß man sehen, daß der Meister Gottfried an breiter Behaglichkeit und runder Fülle aus der Schaar der beweglicheren und nervöseren Genossen hervorlacht. Er kam aus dem kleinsten und stillsten Lande und Etwas wie schweizerische Seßhaftigkeit und Geruhsamkeit bindet selbst seine tollsten Schwänke; wäre dieser Allemanne als Deutscher geboren worden, seinen Martin Salander läse die Welt, während so immer nur einzelne muthige Wanderer sich durch das spezifisch Schweizerische zum allgemein menschlichen Feingehalt hindurchzuarbeiten wagen.

Kellers Muse mag man sich vorstellen wie das junge Weib mit voller Brust und rundem Leib, das Hans Sachsen in Goethes Gedicht die poetische Sendung kündet.

„Man nennt sie thätig Ehrbarkeit,
Sonst auch Großmuth, Gerechtigkeit."

Und was sie dem Meisterschuster in der Sonntagsfrühe sprach, Das mochte sie auch dem verpfuschten Malersmann von Zürich ins Ohr geraunt haben, als sie ihm das Fenster öffnete auf die bunte Welt:

„Wenn Andere durcheinander rennen,
Sollst Dus mit treuem Blick erkennen;
Wenn Andre bärmlich sich beklagen,
Sollst schwankweis Deine Sach' fürtragen . . .
Der Natur Genius an der Hand
Soll Dich führen durch alle Land,
Soll Dir zeigen alles Leben,
Der Menschen wunderliches Weben,
Ihr Wirren, Suchen, Stoßen und Treiben,
Schieben, Reißen, Drängen und Reiben,
Wie kunterbunt die Wirthschaft tollert,
Der Ameishauf durcheinander kollert . . .
Schreib Das dem Menschenvolk auf Erden,
Obs ihm möcht' eine Witzung werden."

Pünktlich hat Gottfried Keller die Weisung befolgt, der keiner Stimme außer der in seiner Brust gehorchte. Und als er sein Tagwerk erledigt hatte, da ließ sich der Bequeme auch zum Sterben noch die gehörige Zeit: langsam nahm er Abschied und gemächlich streckte er sich hin. „Und seine Sonne thut keinen Wank und scheint ihm golden ins Gesicht."

Der Dichter der Finsterniß.

Als der in westlichen Anschauungen heimisch gewordene „Liberal-Idealist“, wie der poetische Polemiker Nekrassow seinen Landgenossen Iwan Turgenjew genannt hat, fern von der weiten Heimath sein Lebensende nahen fühlte, da griff er noch auf dem Totenbette zur Feder und schrieb an seinen Freund Lew Nikolajewitsch Tolstoi: „Noch einmal muß ich Dir sagen, wie glücklich ich stets war, Dein Zeitgenosse zu sein. Höre meine letzte Bitte, mein Freund: kehre zum dichterischen Schaffen zurück! Diese Gabe kam Dir von Ihm, dem wir Alles verdanken. Mein Freund, großer Dichter unserer russischen Erde, erhöre meine Bitte!“

Lew Tolstoi blieb dem Flehen des Freundes taub; er hat dem großen Roman „Anna Karenina“ keine umfangreiche Dichtung mehr folgen lassen. Auf seinem Lebenswege hatte er Sutajew getroffen, einen der zahllosen russischen Bauern, die ins Volk gehen, um das Evangelium der Bruderliebe, des christlichen Kommunismus, zu predigen. Und der große Dichter der russischen Erde, der vornehme und reiche Graf Tolstoi, that Alles ab: seinen Rang, seinen Reichthum, selbst seine dichterische Begabung opferte er und ging hin, im Reich der Finsterniß das milde Licht der Liebe zu entzünden. Er wurde ein gottesgläubiger Christ, der nach eigenem Geständniß durch fünfunddreißig Jahre ein Nihilist gewesen war, ein Nihilist „im eigentlichen Sinne des Worts: nicht Sozialist und Revolutionär nach dem verkehrten Gewohnheitsinn, sondern ein Glaubenloser“.

Das Geburtjahr Henriks Ibsen, des grimmen Wahrheiteiferers, hat uns auch den slavischen Liebesapostel geschenkt. Tolstoi ist am achtundzwanzigsten August 1828 auf dem Gute Jasnaja Poljana im Gouvernement Tula geboren; er hat die Universität von Kasan besucht, den Krimkrieg mitgemacht und sich beim Sturm von Sebastopol ausgezeichnet; beim Friedensschluß nahm er seinen Abschied, ging später ins Ausland und lebt seit 1860 auf seinem Landgute bei Tula, dem stählernen Arsenal der russischen Militärmacht, das dem friedlichen Sinn des urchristlich empfindenden Dichters als eine Unheilsstätte erscheinen muß. Seit einem Vierteljahrhundert hat er diesen Erdenfleck kaum verlassen; die beiden großen Romane „Krieg und Frieden“ und „Anna Karenina“ entstanden ihm hier und von hier aus übte er sein opfermuthiges Liebeswerk in Wort und Schrift und Beispiel.

Tolstoi, der große Dichter, und Tolstoi, der moralisirende Mystiker, so sagt man uns, sind zwei grundverschiedene Menschen; man muß den Einen bewundern, man kann den Anderen nur belächeln. Und doch scheint es uns, wenn wir das bisher unabgeschlossene Lebenswerk des im Lieben mächtigen Mannes mit einem weiten Blick umfassen, als irrten auch hier wieder die katalogisirenden Literaturregistratoren und als wäre, den sie zu theilen so eifrig sich bemüht zeigen, ein einziger, von einem still und langsam emporwachsenden Gedanken erfüllter Mensch, der wohl den Weg gewechselt hat, ohne aber jemals das Ziel aus dem Auge zu verlieren.

Schon die erste Novelle, „Die Kosaken“, die Tolstoi

noch als junger Offizier im Kaukasus schrieb, legt Zeugniß ab von seiner — ich möchte sagen: pantheistischen — Geistesrichtung. Es ist ein Stückchen Selbstbiographie, das der Dichter hier gegeben hat. Ein junger Offizier, dem die von Geschlecht zu Geschlecht sich fortpflanzende Langeweile des Kulturmenschen das heiße Blut verdickt, flieht eines schönen Abends der Kameraden ewig gleiche Lustigkeit und sucht bei den Kosaken die ewige, unverkünstelte Natur. Er findet sie. In der waldumrauschten Steppe naht sich ihm ein Mädchen, eine echte, wildfühlende Asiatin. Aber Marianne und Olenin, das primitive Geschöpf und der kulturmüde Natursucher, sie gesellen sich nicht als Gleiche; es gelingt dem verwöhnten Moskowiter nicht, mit seinen gefirnißten Erklärungen das stolze Herz des wilden Kindes zu gewinnen, und als er endlich von dannen fährt, da wendet sie nicht einmal den Kopf nach ihm, der ihr sein ganzes, glänzendes Leben dargeboten. Und der also Verschmähte, durch dessen Mund der jugendliche Dichter selbst spricht, er bläht sich nicht im Hochgefühle seiner Bildung, er verachtet die dornige Schöne nicht, weil sie nicht den rechten Gebrauch von Messer und Gabel zu machen versteht, — nein, er sagt sich nur: „Nie wird sie mich verstehen; nicht, weil sie unter mir steht; im Gegentheil, sie soll mich nicht verstehen. Sie ist glücklich; sie ist wie die Natur selbst: gleichmäßig, ruhig, fest in sich selbst beruhend."

Die Ueberlegenheit des Naturmenschen ist Lew Tolstoi demnach schon früh aufgegangen und schon in seinem ersten dichterischen Versuch hat er gestaltend dargestellt, was er viel später theorisirend in die Worte zusammenfaßte: „Ich will die Kinder des Volkes denken und schreiben lehren; ich selbst sollte vielmehr in ihrer Schule schreiben und denken lernen. Wir suchen unser Ideal vor uns, indessen es hinter uns liegt. Die Fortentwickelung des Menschen giebt uns nicht das Mittel, das harmonische Ideal zu verwirklichen, das wir in uns tragen; im Gegentheil, sie verhindert seine Verwirklichung. Ein neugeborenes, gesundes Kind entspricht vollkommen dem Ideal der Wahrheit, der Schönheit und der Güte, von dem es sich mit jedem neuen Lebenstage nur weiter entfernen wird; es ist zuerst den denkunfähigen Geschöpfen viel verwandter: dem Tier, der Pflanze, der Natur, die der ewige Typus des Wahren, Schönen, Guten bleibt." Die christliche Lehre von der Himmelreichsherrlichkeit der Armen im Geist vermischt sich hier mit buddhistischen Elementen, mit einem entsagungseligen Inderglauben, der in einem kontemplativen Pflanzendasein die höchste Lebensform erkennt und verehrt.

Menschenwissen und Menschenwille gelten unserem Dichter nicht viel; er hat eine außerordentlich geringe Meinung von Dem, was man gemeinhin Begabung und Genie nennt; er glaubt an Gott und an sein Volk; dem Intellekt des Einzelwesens steht er mit skeptischem Zweifel gegenüber. Dieser Gedanke beherrscht sein Schaffen; und in dem großartigen Kulturbild „Krieg und Frieden" hat er seinen überzeugendsten Ausdruck gefunden.

Dieser Roman — er erschien zuerst in einer Monatsschrift als Fragment unter dem Titel „1805" — hat nicht seines Gleichen in der Weltliteratur; „C'est du Shakespeare", rief Flaubert aus, als er die ersten französischen Bruchstücke des Werkes in die Hand bekam. Und der kühle Phantast hatte Recht: die Gestaltungmacht des großen William vereint sich hier mit einem epischen Weitblick, der das Größte wie das Kleinste mit immer gleicher Liebe umfaßt. Und vor dem eigensinnigen Eifer, der uns immer wieder zu zeigen trachtet, daß nur die Summe des Kleinen und Kleinsten die wahre Größe ausmacht, beugen wir uns am Ende, — überzeugt, erschüttert in allen grundstützenden Anschauungen unseres reputationgläubigen Bewußtseins. Es liegt weltgeschichtlicher Humor darin, daß aus dem Erblande des Selbstherrscherthumes so demokratische Anschauungen zu uns herübertönen.

Des ersten Napoleon Kriegsführung und Niederlage im russischen Reich schildert Tolstoi: den welthistorischen Kampf zweier Völker, zweier Weltanschauungen, zweier Religionen macht er lebendig vor unserem staunenden Blick. Es ist die russische Ilias, von einem einzigen, noch nicht vierzigjährigen Dichter verfaßt. Und es ist ein ganz und gar modernes Kunstwerk, eine Wirklichkeitschilderung allerersten Ranges, nicht eine von leerem Pomp und knatterndem Schlachtenlärm erfüllte Staatsaktion, die wir da vor uns sehen. Der russische Hof und der russische Adel, das russische Heer und das russische Volk, die deutschen und die österreichischen Berather des Kaisers Alexander, Bonaparte und seine Truppen: sie Alle treten vor uns hin, nicht wie verstaubte Stahlstichfiguren ohne eigenen Lebenssaft, nein, in pulsender Wirklichkeitkraft, mit jenem Reichthum an individuellen Einzelzügen, der den modernen Künstler, mag er nun Heinrich Kleist oder Max Klinger heißen, über die romantischen Wesenlosigkeiten hinaushebt. Ein riesiges Panorama, gemalt von der subtilen Hand eines Menzel, — Das ist, nach dem feinen Wort Vogüés, der einzig geartete historische Roman, durch den Lew Tolstoi mit einem Meisterschlage für alle Zeiten bewiesen hat, daß die Historienmalerei auch in der Dichtung niemals veralten kann, wenn sich nur der rechte Wiedererwecker findet.

Als der größte epische Schlachtenmaler hatte sich Tolstoi schon in den „Kriegsbildern“ und in „Sebastopol“ offenbart; seine wundersame Objektivität kommt ihm hier in erster

Reihe zu statten. Lange vor der Erfindung des Modewortes hat Tolstoi den Begriff des Impressionismus erfaßt; er giebt nicht, wie so mancher deutsche Erzähler, der sich für einen großen Schilderer hält, mit reporterhafter Gewissenhaftigkeit jedes Detail, jeden Gamaschenknopf, jeden Hufbeschlag an: aus diesen im Schweiße des Notizenmachens zusammengetragenen Baumaterialien ersteht uns nimmermehr ein ragendes Haus; Tolstoi giebt den Eindruck; und indem er die selben Erscheinungen zu verschiedenen Zeiten und auf verschiedene Individuen reflektiren läßt, erreicht er jene höchste Objektivität, die sich nicht etwa träg die Mühe erspart, uns um das stattliche Gebäude herumzuführen und nach der stolzen Fassade uns auch die Seitenflügel und die Hinterfront, den engen Hof und die feuchten Keller zu zeigen.

Niemals vorher ist der wüste Jammer eines Schlachtfeldes, der feige Verzweiflungmuth der auf die Schlachtbank geschleppten Soldaten so lebendig gemacht worden, wie es hier durch den leidenschaftlichen Friedensfreund geschah. Tolstois reiner Christenglaube verdammt den Krieg; die Tötung eines Menschen durch den anderen erscheint ihm ein Verbrechen an der Majestät des Menschenthumes. „Was ist denn in der That der Zweck des Krieges? Mord und Totschlag! Und seine Mittel? Spionage, Verrath! Was ist dabei die Triebfeder? Plünderung und Raub zum Besten der Heeresverproviantirung! Das heißt also: Lug und Trug in aller Form, unter dem Namen militärischer Manöver. Welche ist die Sitte, der sich das Militär unterwirft? Bei Mangel jeglicher Freiheit sogenannte Disziplin, Faullenzerei, Flegelei, Grausamkeit, Unzucht, Völlerei u. s. w., — und trotzdem ist der Soldatenstand der geehrteste Stand. Alle Herrscher, außer dem Kaiser von China, tragen militärische Uniform; und der Mann, der am meisten Menschen umgebracht hat, erhält Auszeichnungen und Ehren. Da kommen zum gegenseitigen Morden Tausende von Menschen zusammen, werden vernichtet, verstümmelt, getötet; hinterdrein aber werden Dankgebete dafür gestammelt, daß so viele Menschen getötet worden sind, und wird der Sieg hochgepriesen, denn je mehr Menschen getötet worden sind, desto größer ist er." Es ist der streitunfrohe, der friedliebende und ruhebedürftige Sinn des echtrussischen Volkes, der hier zum Worte kommt. Aus diesem Geist heraus ist das gewaltige Kriegsbild geschaffen; und besser als aus den täglich wechselnden Stimmungberichten unserer regirungfrommen Blätter erkennt der deutsche Leser, welche verheißende Kraftfülle dieses jugendstarke Russenvolk einstmals an die friedliche Menschheitarbeit wird setzen können.

Wer das Kriegshandwerk mit solchem Auge in der Nähe sah, Der kann von kriegerischem Ruhm nicht allzu groß denken; fast scheint es, als ob Tolstoi gerade im Felde gelernt hat, wie wenig der Einzelne gilt: er wird nicht müde, die kriegerischen Genies, und Napoleon zuerst, mit mildem Spott zu entlarven. „Ist denn jeder Mensch ein Genie, der rechtzeitig zu befehlen versteht: den Zwieback herbeizuschaffen und Dem zu heißen, rechts, Jenem aber, links zu gehen? Nein —: nur, weil Militärpersonen mit Glanz und Gewalt umkleidet sind und Schaaren von Speichelleckern der Gewalt widersinnig Eigenschaften des Genies beimessen, heißen sie ‚Genies'. Im Gegentheil aber waren die besten Generale, die ich gekannt habe, alberne und zerstreute Leute ... Ja, und der Bonaparte selbst! Ich besinne mich auf sein selbstzufriedenes und beschränktes Gesicht auf dem Schlachtfelde von Austerlitz. Nicht Genie oder besondere gute Eigenschaften muß ein guter Feldherr haben, im Gegentheil, die höchsten, besten Eigenschaften — Liebe, Poesie, Zärtlichkeit, philosophische, forschende Skeptik — müssen ihm fehlen. Er muß beschränkt sein, fest überzeugt, daß Das, was er thut, sehr wichtig ist: nur dann wird er ein guter Feldherr sein. Wehe ihm, wenn er ein Mensch ist, der liebt und schont, über Das, was Recht und nicht Recht ist, nachdenkt. Nicht von ihm hängt der Erfolg des Kriegshandwerkes ab, sondern von dem Menschen, der in Reihe und Glied schreit: ‚Verloren!‘ oder ‚Hurrah‘.“ Und hartnäckig kommt der Dichter immer wieder auf diesen Gedanken zurück; er zeigt, wie alle die vermeintlichen Großthaten, die russischen wie die französischen, die Schlachten und der Brand von Moskau, keineswegs der freiwilligen Initiative einzelner Menschen entsprangen, wie alle Pläne der strategischen Rathsversammlungen, in denen sich namentlich die deutschen Kriegstheoretiker nicht genug thun konnten, zu Schanden wurden vor der Ueberraschung des Augenblickes und wie man erst nachträglich, wenn das Ereigniß längst schon vollendet war, ein — später noch sorgsam retouchirtes — Schlachtenbild zum Wohlgefallen des lieben Publikums entworfen hat. Es kommt immer Alles anders, als der Verstand der Verständigen vorausschauend geglaubt hatte. Nicht abstrakte Empfindungen, nicht heroische oder sentimentalische Wallungen entscheiden das Loos der Schlachten, der blutigen wie der unblutigen; Alles kommt, wie es kommen muß, weil es eben so kommen muß. Und in dieser liebevoll angeschauten Welt ist der Geistesarme der Stärkste: der kümmerliche Bauer Platon Karatajew erträgt ihre Leiden leichter und froher als alle die Hochgebildeten in funkelnder Verstandesrüstung, denn zwei köstliche Güter hat er vor ihnen Allen voraus: die Geduld und den Glauben.

Der sterbende Held des Romans sammelt seine letzte Kraft zu dem himmelanstrebenden Wort: „Mitleid, Menschenliebe zu Denen, die uns lieben, Liebe zu Feinden sogar, jene Liebe, die der Herr auf Erden predigte: Das ists, warum mir leid um das Leben ist, ja, Das ists, was mir noch bliebe, wenn ich leben würde. Doch dazu ist es schon zu spät, — Das fühle ich!" Und auch der nach mancher Irrung spät bekehrte Held der „Anna Karenina" erkennt am Ende die niederträchtige Thorheit der Vernunft und er beschließt, fortan nicht für sich selbst, sondern für Gott zu leben.

Für Lew Tolstoi war es nicht zu spät; mit festem Schritt und kraftbewußtem Wahrheitmuth hat er den Weg des Mitleids und der Menschenliebe betreten, — den Weg, der zu den Mühsäligen und Beladenen führt. Und wiederum hat er uns die Geschichte dieser beschwerlichen Wanderung schlicht und aufrichtig erzählt in dem Büchlein: „Unsere Armen und Elenden."

Der Graf Tolstoi ist sehr reich und rings umher sieht er unendliche Armuth. Er will helfen und die ärgste Noth lindern. Er wird ausgeplündert und betrogen; aber auch diese Betrüger erscheinen ihm sehr beklagenswerth. „Sie Alle waren halbnackte, elende, mager, kränklich aussehende Leute. Es waren die Selben, die wirklich erfrieren oder sich erhängen, wie wir es oft durch die Zeitungen erfahren." Er sucht Genossen für sein Liebeswerk zu werben, aber überall stößt er auf kühles, unthätiges Bedauern, auf Phrasen von der Unabänderlichkeit dieses Elends. So kann man nicht leben, schreit der zürnende Schmerz des Christmenschen, und das ihm schon früher fremde und seltsame städtische Wesen wird ihm nun völlig zuwider, da er erkennt, daß man, „um die Weltanschauung eines anderen Menschen zu ändern, selbst die beste Lebensanschauung haben und ihr gemäß leben" muß. Er sucht alle Jammerorte auf, die Höhlen des Verbrechens und der Prostitution, und alles Schlechte, was er sieht, erscheint ihm als eine Folge unserer falschen, unwahren und im Kern unsittlichen Kultur, der auch die Prostitution so unentbehrlich ist, „daß es Regirungbeamte giebt, die für ihre regelrechte Existenz Sorge tragen." Er erinnert sich, daß er, so lange er seinen Stadtgenossen zu helfen suchte, sich selbst wie ein Mensch erschien, „der einen Anderen aus dem Sumpfe ziehen möchte und selbst auf eben solchem Moorboden steht“; und da er um sich schaut, wird er „mit Entsetzen vor der Verderblichkeit erfüllt, die wir — von Fabriken und Werkstätten, die unserem Luxus dienen, erst gar nicht zu reden — unmittelbar durch unser luxuriöses Leben in der Stadt unter den selben Leuten verbreiten, denen wir dann helfen wollen.“ Zurück zur Natur, ruft er mit Jean-Jacques; die Zusammenpferchung der Menschen in engen Städten, die Unmoralität reichen Besitzes an Geld und fremden Arbeitkräften erscheinen ihm als die unerschöpflichen Quellen allen menschlichen Elends und er beschließt, der Lehre nachzuleben, „die den Menschen seit den ältesten Zeiten übermittelt wurde, sowohl durch Buddha als durch Jesaias und Lao-tse und Sokrates, und die besonders klar und unbezweifelbar uns durch Jesus Christus und seinen Vorläufer Johannes den Täufer übermittelt wurde.“ Er verzichtet fernerhin auf die Ausnützung fremder Arbeit, die er als Sklavenhalterei bezeichnet, er legt die Kleidung eines einfachen Mushik an, er bestellt sein Feld selbst und lebt wie Lazarus, der nichts Gutes gethan hatte und doch deshalb selig wurde, weil er ein Bettler war. Durch Geben und Wohlthun hat er nicht viel erreicht, so lange er nicht dem Ruf des Herrn folgte: „Selig sind die Armen und Wehe den Reichen!“; nun hofft er, durch die Kraft des eigenen Beispiels die Menschen zu bessern und zu bekehren. Es ist das Loos der heutigen Generation des russischen Volkes, wie es Nekrassow besungen: „Ergieb Dich, kleinliches Geschlecht, dem unentrinnbaren, dem schrecklichen Geschick! Zu keinem schweren Kampf gerüstet, umfing Dich eine schwere Zeit. Wir liegen noch nicht im Grabe, wir leben und athmen noch: doch für die That sind wir längst abgestorben. Verdammt sind wir zu großem Wollen, — das kräftige Vollbringen ist uns nicht beschieden."

Eine starke künstlerische Persönlichkeit folgt stets einem unwiderstehlichen Drange, wenn sie neue Lehren gebiert; kein wirklicher Künstler setzt sich hin, um nun, nachdem alles Andere längst ausgeschöpft ist, auf die Suche nach etwas Neuem zu gehen; es sind nicht die Künstler, die uns die neue Kunstgeschichte schreiben. Der Schöpfer spricht durch Thaten, er erschafft, was und weil er schaffen muß. Dem Zwang der eigenen Melodienlosigkeit entnahm Richard Wagner seine neuen musikalischen Ideale; die eigene Leidenschaftlosigkeit führte Ibsen zur vernünftelnden Dramendialektik; und Emile Zola, der Größte der Großen, der seine Meister um Haupteslänge überragt, ward zum Historiographen des Geschlechtstriebes, nicht, weil er wollte, nein: weil er mußte, weil ein unwiderstehlicher Hang seines Temperaments ihn dahin führte, die Natur so und nur so zu betrachten. Darum erscheint es thöricht, den Grafen Tolstoi zu tadeln, weil er that, was er sicherlich thun mußte; er hat aufgehört, Romane zu schreiben, weil es ihn zu neuem Thun trieb; er hat deshalb nicht aufgehört, ein ganzer Dichter zu sein und ein großartiger Träumer.

Ein wunderherrlicher Dichtertraum ist seine Philosophie und seine Theologie, wie sie aus den Büchern „Mein Glaube" und „Ueber das Leben" zu uns sprechen. Die Glückseligkeitlehre Tostois stellt den Grundsatz auf: „Jeder Mensch lebt nur darum, daß es ihm gut gehe, um seines Wohles willen", und sie folgt der Heilandsverkündung: „Wer sein Leben erhalten will, Der wird es verlieren; und wer sein Leben verliert um meinetwillen, Der wird es erlangen." „Was sollen wir thun?" fragt der Dichter und „Wie werde ich glücklich?" Und er antwortet: Wir sollen die Städte verlassen, wir sollen die Industrie aufgeben und „die allerschrecklichsten Worte: Civilisation, Wissenschaft, Kunst"; wir sollen zum Naturzustand zurückkehren und zur ursprünglichen Idee des ersten, reinen Christenthumes, das ohne starre Dogmen und ohne Formelkram einen brüderlichen Liebeskommunismus lehrte. Bedürfnißlose Einfachheit, fruchttragende Arbeit und nimmer rastende Nächstenliebe auch für den Feind: Das sind die drei vornehmensten Glaubenssätze im Evangelium des Propheten von Tula.

Für die unbefangene, vorurtheilslose Betrachtung wird es nicht wohl möglich sein, in dieser Lehre die Spuren eines thörichten Mystizismus aufzufinden, in den Lew Tolstoi versunken sein soll. Nicht unsinnig-mystisch ist seine Lehre, wohl aber utopistisch. Es ergeht ihm wie jenem Manne aus dem russischen Märchen, der menschenfeindlich in den Wald geht, die Thiere zu lehren und zu erziehen, und der am Ende entsetzt steht, da die erste That der civilisirten Bestien ein Mord an Ihresgleichen ist. Tolstois himmlischem Gedankenflug wird früher oder später die Ueberzeugung aufdämmern müssen, daß seine Glückseligkeittheorie mit einem sittlichen Idealismus rechnet, der leider der überwältigenden Mehrheit der Menschheit völlig fremd, ja, mehr als Das: unverständlich bleiben muß. Und wenn alle Menschen nach der Lehre handelten, von zwei Kleidern eines Dem zu geben, der nackt und blos ist, so würde immer noch der besser Gekleidete die Anfeindung des minder Begünstigten zu bestehen haben. Und da man den Menschen mit seinen Menschlichkeiten einmal hinnehmen muß, wird man sich des niemals zu Ende gekämpften Interessenkampfes sogar freuen dürfen, ohne dessen spornenden Antrieb so vieles Große, Schöne und auch Gute ungeschaffen bliebe.

Aber die nüchterne Einsicht in den großartigen Irrthum der tolstoischen Primitivitätlehre darf uns nicht hindern, ihr Entstehen zu begreifen. Lew Nikolajewitsch ist der Dichter der Finsterniß. Ein Vierteljahrhundert ernster Geistesarbeit hat ihn die „Macht der Finsterniß" kennen gelehrt; und in dieses stumpfsinnige und trunksüchtige Dunkel, das nur der Aberglaube mit irrem Flackerschein erhellt, leuchtet der Dichter und der Philosoph — Beide sind Eins — hinein. Nicht mit der Fackel der Vernunft, die Rousseau der westlichen Welt aufgesteckt hat; für das unermeßliche Millionenreich, auf dessen schwarzer Fruchterde ein bodenwüchsiges Volk von breitstirnigen Gottesleuten sich in immer gleicher dumpfer Dienstbarkeit einhertummelt, taugt die Vernunft gar wenig. Denen sie nützen sollte, würde sie ewig unverständlich bleiben. Nicht liberale Ideen aus dem kultivirten Westen können hier helfen, nur der Glaube und die Geduld vermögen den russischen Menschen selig zu machen.

Rußland selbst versteht man nicht mit der Vernunft; an Rußland muß man glauben, hat der Dichter Tutschew gesagt. Die sprechend unähnlichen Schilderungen, durch die sich Iwan Turgenjew im Ausland einen weit berühmteren Namen gemacht hat als in seiner Heimath, sie haben das Urtheil über das zukunftsichere Riesenreich verwirrt und vielfach geradezu verfälscht. Turgenjew, der naturalisirte Pariser, blieb Zeit seines Lebens in den Anschauungen der vierziger Jahre, in den Lehren deutscher und französischer Gleichheitphilosophen befangen, indessen Rußland und sein Volk diese für sie untaugliche Weisheit längst überwunden haben. Turgenjew kannte stets nur die Oberfläche, die internationale Gesellschaft von Petersburg, und selbst die nihilistische Bewegung, der er den Namen gab, hat er im Kern niemals recht eigentlich erfaßt.

Nicht nach Gleichheit streben die Slaven, die so lange Sklaven waren. Da in der sagenhaften Urzeit die Unordnung wuchs in ihrem Land, schickten sie Gesandte zu fremden Edlen und ließen ihnen melden: Unser Land ist groß und mächtig und schön, aber es fehlt an Ordnung und Herrschaft; seid uns Fürsten! Und noch heute lehrt der Glaube der Raskolniken (Rechtgläubigen): Wie es in der Natur Grashalme giebt und Gebüsche und endlich hochgewachsene Bäume, die allesammt wieder unter einander ungleich sind, so giebt es und so muß es auch im staatlichen Leben Bauern geben und Edelleute und Fürsten. Tief in der Volksseele wurzelt dieser unterwürfige Dienstbarkeittrieb und für die ins Allgemeine verschwimmenden Freiheit- und Gleichheitideale wird sich der russische Bauer niemals bewaffnen. Alle Bauernaufstände im Zarenreich stritten für einen Mann, mochte er Pugatschew heißen oder Konstantin, und die Gefolgschaft der Dekabristen glaubte, der Loosungruf „Konstitutia" (Konstitution) bedeute — eine Frau, die Gattin ihres vermeintlichen Führers Konstantin! Wenn sich die russische Bauernschaft dereinst wieder erhebt — und der Tag wird kommen —, so wird sie der Anblick der Ungerechtigkeit aufgetrieben haben, die in den ökonomischen Verhältnissen, in der Erdvertheilung, liegt. Warum hat mein Nachbar mehr Land, als er bebauen kann, indessen ich mich mit den Meinen von dem Ertrage meiner Scholle nicht einmal nothdürftig zu ernähren vermag? So wird der Mushik fragen und er wird brennen und sengen und morden, um, wenn das gräßliche Zerstörungwerk vollbracht ist, eine neue Obrigkeit einzusetzen und neue Dienstherren freiwillig anzuerkennen.

Dienen und dulden will der Slave gern, wenn er Gerechtigkeit findet; einstweilen schätzt der russische Bauer den strengen und gerechten Gebieter höher als den milden Wohlthäter, der ihn glauben machen will, was er niemals glauben kann: seine Gleichberechtigung mit geistig starken, im Vollbesitz materieller und intellektueller Schätze befindlichen Menschen. Und ob des Grafen Tolstoi Traum von einem Tausendjährigen Reich des christbrüderlichen Kommunismus jemals sich erfüllen kann, mag zweifelhaft erscheinen. Sicherlich aber folgt unser bewundernder Blick dem muthigen, von Liebeseifer beseelten Säemann, der, ohne je zu ermatten oder zu verzagen, durch das dunkle Erdreich schreitet und die Samenkörner ausstreut für die Friedensernte der Zukunft.

Tolstoi, der große Dichter, und Tolstoi, der mächtige Sittlichkeitlehrer, der liebend das Leid seiner Welt lindern will, sie sind untrennbar. Und nur die eine Wunderlichkeit macht uns lächeln, daß, der selbst ein genialer Künstler ist, die Ueberlegenheit des Genies leugnen und nicht mehr für die Welt und ihre Geschichte bedeuten will als der an Geist Aermste von seinen Armen und Elenden. Aber auch Das ist der göttliche Irrthum eines wahrhaft großen Menschen, der nicht, nach prahlerischer Nullen Art, sich als das Centrum und den Stützpunkt der Welt erblickt.

Tolstois Welt ist die russische Welt. Man hat ihm früher wohl verbitterten Deutschenhaß nachsagen wollen; Das ist mindestens nicht das richtige Wort. Der moralisirende Dichter hat erkannt, daß alles westliche Wesen, alles deutsche Theorisiren seinem Volke nicht nützen kann; darum wünscht er, es dem Vaterlande fern zu halten. Von albernen chauvinistischen Regungen ist Lew Nikolajewitschs hoher Geist so weit entfernt wie seine reine Menschenliebe. Tolstoi, der Naturflüchtling, ist ein großer und ein ganz moderner Dichter; man soll ihn nicht nur loben: man soll ihn lesen. Den größten lebenden Wirklichkeitschilderer hat man ihn genannt und er verdient diesen Ehrennamen. Nicht auf dem Umwege abkühlender Reflexion ist er zum kraftvollen Realismus gelangt: er ergriff dieses Werkzeug, weil es seiner unleidenschaftlichen Objektivität die beste und die tüchtigste Handhabe bot. Alle die vielumstrittenen Ideen, die in der westlichen Literatur sich so geräuschvoll bemerkbar machen: die Erblichkeitlehre, die umwandelnde Kraft des Milieu, — lange vor Taine und Zola und Ibsen hat Lew Tolstoi sie erkannt und seinem Dichten nutzbar gemacht. Und die Art, wie er mit diesem Rüstzeug umgeht, ist die einfachste; er zeigt uns nicht die Menschen mit allerlei umständlichen Erklärungen ihres Wesens, er stellt sie uns nicht vor zu bequemem Geplauder: wir müssen sie selbst kennen lernen; und allmählich nur erfassen und durchschauen wir ihre Eigenart. Das ist die Objektivität der größten Dichter, die Shakespeares und Tolstois. Für den Leser ist sie nicht bequem, und wer sich flüchtiges Amusement verschaffen will, Der bleibe fern; dem ernsten Schönheitsucher jedoch eröffnet sich ein köstlicher, weil mühsam selbst errungener Genuß, und wenn er von den Gestalten des russischen Epikers schweren Abschied nimmt, so hat er ein weites Stück Welt gesehen und einen großen Kreis von Freunden gefunden, die er nie mehr vergißt.

Für Tolstoi wie für Ibsen ruht die heutige Gesellschaft und ihre Ordnung auf „schwankem Moorgrund". Wie ein grausamer, rücksichtloser Arzt tritt der unerbittliche Mann von Skien an das Krankenbette der Zeit und er ruft ihr zu: Bekenne Dich selbst schuldig an Deinem Leiden, so will ich die krebsige Wunde Dir ausschneiden, — und wenn auch ein Stück des Herzens dabei verloren ginge! Und von der anderen Seite naht ein mildblickender Menschenpriester, der des Gekreuzigten schmerzlich erhabene Gestalt in Händen trägt und zu dem Kranken spricht: Dulde und leide das Menschenloos, wie er geduldet und gelitten. Ich bringe Dir die Liebe. Die naturwissenschaftliche und die christliche Weltanschauung, sie verkörpern sich in diesen beiden großgewachsenen Dichtern; und erst ein kommendes Geschlecht wird festzustellen haben, wer der modernen Menschheit ein getreuerer, weiserer Berather war: der scharfsichtige Chirurg oder der Priester eines gereinigten Liebesglaubens.

Musotte.

In der wohlfeilen Ausgabe der auteurs célèbres*) ist kürzlich des Abbé Prévost berühmte Erzählung von Manon Lescaut und dem Chevalier Desgrieux erschienen, die Fibel und die Bibel gallischer Galanterie. Mehr als hundertundfünfzig Jahre sind über das Werk dahingegangen und jung und herrlich ist es heute wie am ersten Tage. Nur die Namen brauchte man zu ändern, hier und da ein Stäubchen, ein feines Spinnengewebe fortzufegen, und das Buch dürfte 1891 entstanden sein. Dann würden es deutsche Literaturkritiker hoch und höchst preisen, als einen wahrhaft modernen Roman, und sie würden, nimmer müde, uns erzählen, nie zuvor sei Aehnliches gewagt worden wie dieses hohe Lied von der Maitresse, der mit dem Degen der junge Liebende das frühe Grab schaufelt, im fernen und blutig modernen New-Orleans. Aber die ewig neue Geschichte ist alt, Niemand liest sie und die arme, luxustolle Manon, die ohne bunte Bänder und zarte Spitzen nicht leben konnte, ist längst von jüngeren Schönen verdrängt. In der französischen Dichtung ist indessen ihre Spur nicht verloren und Paul Bourget, der

*) Paris. Marpon et Flammarion.

im achtzehnten Jahrhundert gewiß das Mäntelchen eines Abbé mit zierlichster Grazie getragen hätte, schuf nach ihrem Ebenbilde seine treulose Colette und Maurice Barrès entlehnte ihr Züge zur holden Bérénice. Was menschlich ist an der Schöpfung des Prévost d'Exiles, Das ist geblieben und nur das Zeitliche hat sich umgebildet. Desgrieux ist kein Malteser mehr, er trägt keinen Degen an der Seite und keinem anderen Orden gehört er an als dem weltlichen der Bohémiens; und wenn jetzt die alte Geschichte ihm just passiret, dann bricht ihm nur selten noch das Herz entzwei. Auch die Galanterie hat sich materialisirt und Bourget hat für diese Umwandlung in seiner Physiologie de l'amour moderne*) das hübsche parodistische Wort gefunden: Tout est pour le vieux dans le meilleur des demi-mondes.

An ihren Frauengestalten sollt Ihr sie erkennen, die Herren Poeten, von Kalidasa bis auf Ibsen. Gute Dokumente zur Völkerpsychologie ließen sich aus den Literaturen gewinnen, wenn man von der Frau, von dem ewig Ursprünglicheren, ausginge, und eine Kulturgeschichte der französischen Gesellschaft hätte dann zunächst mit zwei Typen zu rechnen: mit der verheiratheten und mit der galanten Frau. Das Mädchen, das einmal liebende, spielt in der französischen Dichtung keine große Rolle, so wenig wie im französischen Leben; die kleine Klosterschülerin wird erst in der Ehe frei und interessant. Ein deutsches Gretchen und Klärchen, eine sentimental ästhetisirende Luise sucht man vergebens, vergebens auch die frohen und klugen Jungfrauen Altenglands, die Porzia und Rosalinde. Hier herrscht die verheirathete Frau und die Maitresse; und wie man die Entwickelung der französischen Ehe vielleicht am Besten aus

*) Paris, Alphonse Lemerre, 1891.

den Werken der Dichter, von George Sand bis zu Bourget, studiren kann, so gewinnt auch die Naturgeschichte der Maitresse, von Prévost bis zu den Neuesten, kulturelle Bedeutung.

Manon Lescaut war die ungeschminkte Dirne, aus der Anschauung einer naiven und überaus duldsamen Zeit betrachtet. Ihre moralische Vorurtheilslosigkeit war nicht bemäntelt, kein Schönheitpflästerchen entstellte ihre blühende Frechheit. Für Alle käuflich, die verderbte Schwester eines habgierigen Glücksjägers, blieb sie für ihren Ritter doch la maîtresse de mon coeur. Die melancholische Anmuth ihrer leichten Reize, die Selbstverständlichkeit ihrer unbewußten Laster verklärte ihre Gestalt mit dem heißen Zauber einer auf ihren schönen Leib schamlos stolzen Phryne. Vor ganz Paris hätte auch sie ihre Gewänder sinken lassen; und die feine Kunst ihres Dichters bestand eben darin, daß er sie in ihrer ganzen skrupellosen Menschenschwachheit dennoch unserer Antheilnahme nahe zu bringen wußte, daß er sie nicht idealisiren, nicht entsündigen wollte. Sie lebte, diese Manon, und sie blieb jung und frisch, weil sie lebendig war, ein gesehenes, nicht ein erklügeltes Geschöpf, ein klassisches Denkmal erlebter Literatur. Goethe selbst, der große Tolerante, gewann sie lieb und bei Philinen mag er ihrer gedacht haben.

Die Jahre vergingen und über die naive Poesie trug ein erstes Mal die bitterlich soziale Tendenz den Sieg davon. Rousseau und Voltaire gaben den Ton an, die Dichtung bereitete der Revolution den Boden, Frau von Staël und nach ihr die Sand rückten mit der emanzipirten Frau ins Treffen, Chateaubriand und Lamartine katechisirten die sündige Welt in herrlichen Gedichten, mit der heidnischen Lebenslust war es aus. Der tugendsam pedantische ami du peuple, der Robespierre zu Pferde, wie die Staël Napoleon genannt hat, sie wußten von Manon Lescaut nicht mehr als der neue Pharao von Joseph. Aber der gallische Geist läßt sich dauernd nicht unterdrücken. Béranger erschien und durchbrach mit den heiteren Liedern von der süßen Lisette die eintönige Melodie seiner napoleonischen Legende und mit Alfred de Musset kam die poetische Bohème herauf. Seine Mimi Pinson besteht mit allen Unehren neben Manon Lescaut. Auch sie ist, 1843 geboren, jung geblieben bis auf diesen Tag, la blonde que l'on connait, qui n'a qu'une robe au monde et qu'un bonnet. Sie war die Mutter aller Grisetten, einfach, anspruchslos, reizend, immer verliebt, ohne prüde Vorurtheile, ein Dirnchen, aber ein entzückendes, von dem der Dichter sagen durfte: qui dit ce qu'il sait, qui donne ce qu'il a, qui fait ce qu'il peut, n'est pas obligé à davantage. Es ist, wunderbar genug, unbemerkt geblieben, wie stark der Einfluß Prévosts auf Musset wirkte: Mimi stammt von Manon, Octave von Desgrieux ab und Desgenais ist die geistreichere Variante des nüchternen Tiberge, an den Goethes Carlos nicht selten erinnert. Aber Musset war kein Epigone, er war ein Kind seiner Zeit, und was er schuf, Das trug die bestimmt ausgeprägten Züge des enfant du siècle.

Allmählich war das Prunkkleid des Caesarismus zerschlissen und verblichen, Paul Louis Courier und Benjamin Constant läuteten mit demokratisch hellen Glöckchen die Legende zu Grabe, — die liberale, die bourgeoise Epoche kündete sich dämmernd schon an. Zuvor aber mußte der große romantische Rausch verdampfen, mußte die neue kraftgenialische Verherrlichung blinder Leidenschaft überwunden sein. Während Musset mit Mimi Pinson lachte und weinte, während Lisettes Tugend schon in Vergessenheit gerieth, stand Victor Hugo am Werke, um Marion Delorme in Didiers Armen die berühmte zweite Jungfräulichkeit zu bereiten. Niemals war einem Gallier bisher der Einfall gekommen, die Courtisane zu vergöttern und zu erlösen: man hatte sie genommen, wie sie war, mit ihren reizenden Lastern und Lüsten, mit ihrer animalischen Anhänglichkeit, und Gedichte von zartester Menschlichkeit waren so entstanden. Nun kam die Romantik, der alles Menschliche fremd war, sie setzte die Idee auf den poetischen Thron und in ihrem nur für das Uebermaß der Leidenschaft entflammten, nach effektvollen Kontrasten unruhig umherspähenden Programm durfte die Rehabilitation der Dirne nicht fehlen. Victor Hugo hatte sich in seine groteske Heilandsrolle einmal eingelebt, er mußte seine Magdalena haben, gleichviel, wo er sie finden sollte. Vor den Kirchthüren war sie nicht mehr oder noch nicht zu entdecken, so zog er denn seine beauté de nuit aus dem parfumirten Boudoir und reichte ihr im Namen der alleinseligmachenden Leidenschaft des Lebens Krone. Es war die Apotheose des Dirnenthums.

Victor Hugo hat Schule gemacht. Bald war nur die Courtisane noch des Interesses werth und achselzuckend ging die Dichtung an der anständigen Frau vorüber. Der jüngere Dumas modernisirte die Geschichte der Marion Delorme und die lutetische Gesellschaft lag entzückt den Kameliendamen zu Füßen. Das war um die Wehen des zweiten Kaiserreiches herum, mit dem die geschminkte Hetärenwirthschaft ihren Höhepunkt erklimmen sollte. Vergebens nahm Murger sich der kleinen Mimi Pinson an, schrieb später Paul de Kock seine Grisettengeschichten: die Zeit der Cocotte großen Stils brach an und in unzähligen Dramen und Melodramen sah man schwindsüchtige Frauenzimmer, durch die Liebe entsündigt, engelhaft dahinsterben, in der Gloriole. Die sittliche Farbenblindheit feierte ihre lärmenden Orgien und die Tuilerien suchten ihren Stolz in der Nachahmung der Halbweltsitten. Es ist vielleicht mehr als ein Zufall, daß die Kameliendame im Staatsstreichsjahre 1852 auch die Bühne im Triumphschritt erobern durfte.

Nachgerade aber begann diese allgemeine Engelmacherei die verständigen Leute zu ärgern und die literarische Reaktion kündigte sich vernehmlich an. Ein Jahr nach der Kameliendame erschienen die Filles de marbre von Barrière und Thiboust, die wiederum bei Musset den Marco-Typus entlehnt hatten. Jetzt wurde der Mann, der Liebende, das kränkelnde Opfer, die Frau wurde zum Vampyr, zum kaltherzigen Dämon. Auch hier vernahm man nur falsche, melodramatische Noten, auch hier blieb alles Menschliche fern. Octave Feuillet, der sonst sehr schlau die Galanterie in die legitime Ehe einzuschmuggeln wußte, schloß sich mit seiner Dalila der neuen Mode an und der durch Sirenentücke vernichtete Jüngling mit dem Blutsturz im letzten Akt ist seitdem in der französischen wie in der deutschen Literatur — Sodoms Ende! — unangenehm heimisch geworden. Meist ist er ein Künstler, dessen Genie wir auf des Autors unehrliches Gesicht hin glauben sollen. Mit der Cocottenverhimmlung wars vorläufig aus, seit Barrière und Thiboust gerufen hatten: Ins Dunkel mit Euch, Ihr geschminkten Gespenster, und Platz für die anständige Frau, die zu Fuß geht, — oder, wie der pariser Witz variirte: die den Omnibus benutzt. Der derbe Vertreter des gesunden Menschenverstandes und der bürgerlichen Tugend, Emile Augier, führte im Mariage d'Olympe gegen die frech sich in den Vordergrund drängende Hetäre einen Streich, der noch sicherer getroffen hätte, wenn seine Absichtlichkeit nicht verstimmt hätte. Diese Olympia war mit gar zu gehässig philiströsem Blick angesehen, um künstlerisch erfreuen zu können, und mit Recht konnte Zola von ihr sagen: C'est une traîtresse du boulevard du crime, elle n'est pas la fille moderne. Diese, die moderne Dirne, hat Zola selbst in Nana durchaus studirt mit heißem Bemühn, aber er hat uns einen sozialen Tendenzroman in leuchtenden Farben gegeben, nicht eine naiv empfundene Dichtung, und Nana ist eine kostumirte Idee, ein Symbol, so gut und besser noch als Marion Delorme. Zu Manon Lescaut verhält sich Nana wie eine entkleidete Makart-Dame zur sinnlich heiteren Nacktheit der hellenischen Kunst; sie ist ein Zerstörungferment, das nur selten die Art einer strotzenden Dirne von Fleisch und Bein borgt und meist in den tiefgründigen Gewässern des Symbolismus schwerfällig umherplätschert. Tief menschlich und von bleibender Wahrheit ist dagegen das Gemälde, das Alphonse Daudet in seiner Sapho entwarf, in der unerreichten Studie des Verhältnisses, wie der Berliner, des collage, wie der Pariser den schmerzhaft schönen Zustand illegitimen Liebesglückes nennt.

Bei Daudet schließt sich die Kette, deren erstes Glied der Abbé Prévost gar kunstvoll gefügt hatte. Der Kreis war durchlaufen: man hatte Manon und Mimi verachtet und geliebt, Marion und Marguerite vergöttert und erlöst, Marco und Olympia in den Höllenpfuhl verdammt, — mit Sapho begann man das alte, süße Spiel von Neuem. Die Tendenz fiel allmählich ab, die reinkünstlerische und reinmenschliche Betrachtung siegte abermals. Claude Larcher wurde Bourgets betrogener Lieblingsheld, sanftere Sitten lösten Augiers rauhe Tugend ab, die Maitresse sollte nicht ferner mehr der verhaßte Dämon heißen, die literarische alliance franco-russe, deren Bedeutung nicht gering geschätzt werden darf, vereinte den slavischen Mitleidenskult der altfranzösischen Galanterie. Und nun entstand ein wiederum modernisirter Manon-Typus von feinstem, melancholischem Reiz, nun wurde

Musotte geboren, die einfältige Heldin des gleichnamigen Schauspieles von Guy de Maupassant und Jacques Normand.*)

Das Stück gehört Maupassant ganz und gar an: seiner wundervollen Skizze L'enfant**) ist der Stoff entnommen, und wenn Herr Normand bei der Szenenführung behilflich war, so zeigt die Sprache in jedem Wort doch die graziöse Kunst des normannischen Troubadours. Am vierten März ist Musotte im Gymnase erschienen und noch hat man nicht gehört, daß die Leiter unserer freien und unfreien Bühnen sich um das Drama beworben hätten; sie gehen eben nur auf die Jagd nach Sensationstücken von Sardou, Dumas, Bisson und Genossen, die feineren literarischen Arbeiten von Lemaître, Porto-Riche und den Jüngeren allen bescheren sie uns nicht, obwohl da Schätze zu heben sind. Musotte, nicht zu verwechseln mit Murgers lustiger Musette, ist der Kosename eines Modells, mit dem ein erfolgreicher Maler drei Jahre glücklich verlebt hat; ihres zierlichen Lärvchens (museau) wegen wird sie tändelnd Musotte genannt. Sie hat ihrem Jean zu allen Frauen, den guten wie den bösen, gesessen, ihr Bild hat ihm die erste Medaille eingetragen, und als er sie nach einem lustigen Frühstück zur Feier der Saloneröffnung ins Haus nahm, da mochte sie in dem graulichten Atelier bei den Modellpuppen nicht allein bleiben. Jean kam, sie im Dunkel zu trösten ... und ein friedsames Leben hub an, ohne stürmische Leidenschaften, ohne geräuschvolle Katastrophen. Und friedlich, wie es bestand, löst sich auch das Verhältniß: Jean liebt ein reines Mädchen, er will heirathen, Musotte versteht und entsagt und widerwillig nur nimmt sie ein letztes Geschenk, das ihre Zukunft

*) Musotte. Pièce en trois actes. Paris. Paul Ollendorf 1889.

**) In dem Novellenbande „Claire de lune“, Paul Ollendorf, Paris 1888.

sichert. Am Abend der Eheschließung beginnt das Stück. Zum ersten Male ist Jean mit seinem Weibe allein und sie finden Worte von entzückender Einfachheit für ihr junges Glück. Da bricht die Vergangenheit hart in das wunderbar feine und zarte Idyll. Der Brief eines Arztes ruft Jean rasch an das Sterbelager Musottes. Die arme Kleine hat dem Geliebten, um sein neues Glück nicht zu stören, ihre zu spät entdeckte Mutterschaft verschwiegen, sie ruft ihn nun herbei, da sie vom Kindbett nicht wieder aufstehen soll. Eine peinliche Situation. Man kann nicht zu ungelegenerer Stunde Vater werden, als da man eben Gatte sein will. Aber keinen Augenblick schwankt Jean, ob auch sein Eheglück auf dem Spiele steht: er eilt zu Musotte und gelobt unter heißen, aber nicht unmännlichen Thränen der Sterbenden, dem Knaben ein Vater zu sein und ihm in der jungen Gattin eine Mutter zu geben. Die Szene gehört zu dem Allerschönsten, das die neue Dramatik hervorgebracht hat. Der rührende Tod Musottes ergreift uns durch seine gar nicht sentimentale Schlichtheit ungleich stärker als das große Theatersterben der Kameliendame und der Frou-Frou, stärker selbst als Mimi Pinsons liebliches Ende. Und wenn schließlich, nach einer ganz echt empfundenen Auseinandersetzung, die anfangs schmerzlich verstörte junge Frau sich muthig entschließt, das Muttererbe der armen Musotte anzutreten, wenn selbst eine Gesellschaftstante ihren Segen zu diesem wunderlich verfrühten Familienzuwachs giebt, dann haben wir ein Stückchen Menschenschicksals erlebt und gern stimmen wir in ein in das Urtheil Lemaîtres: Et la morale de l'histoire, c'est que, si bizarrement que soit arrangé la société, quelles que soient les hypocrisies et les conventions sur lesquelles elle repose, il n'y a pas de situation inextricable pour les très-bons cœurs.

Die dramatischen Mängel der Arbeit gehen uns hier nicht an. Der erste und der letzte Akt sind bei aller Feinheit im Dialog übermäßig breit und ein eigentlicher Konflikt ist, da wir uns im Kreise nur gütiger Menschen sehen, nicht vorhanden. Der Mittelakt aber, den Musotte beherrscht, ist ein Meisterstück; und ein Zwiegespräch zwischen der Hebeamme, die früher im Ballet hüpfte und jetzt auf ihre besondere Weise der Oper dient, und der normannischen Amme, die im ledigen Stande zum dritten Male des Säugens menschenfreundliche Pflicht versieht, ist allerechtester Maupassant ersten Ranges. Freie und feine Sittlichkeit regirt hier überall und ihrem Anspruch muß am Ende auch die Konvention sich beugen und die Sitte. An leichter Hand, ohne gegen konventionelle Lügen je zu toben, führt der Dichter gute Menschen vom Wege pharisäischer Vorurtheile ab, — empor zu höherer Moralauffassung. Sie hatten sich gewöhnt, nur als Zuschauer eine gute Handlung zu bewundern, wenn sie in ihren Folgen sie selbst nicht betraf; sie lernen, durch rein menschliches Mitempfinden, dieser Doppelmoral entsagen, die im Theater entzückt, was sie in der Wirklichkeit mit philistrischem Schauder erfüllt.

Musotte ist besser als Marguerite, besser auch als Mimi, in deren schlankem Persönchen die holde Unregelmäßigkeit der Bohème verherlicht werden sollte, sie reiht sich direkt an Manon Lescaut und Sapho. Von jener hat sie die Frohnatur, von dieser die brennende Modernität und den gesunden, den Gesetzen der Gesellschaft gelassen sich fügenden Verstand. Noch auf letztem Lager lacht sie den Gedanken hinweg, sie, Musotte, könnte eine legitime Frau Martinel werden; nur für ihren Kleinen träumt sie solches regelrechte Glück. Diese liebevolle Resignation, die, wie sie sind, die Dinge nimmt, waltet mit leisem Zauber durch

3*

das ganze Werk und unterscheidet es anmuthig von jener Sauserliteratur, deren Unreife das kleine persönliche Schicksal zu thöricht drohenden Angriffen gegen die Weltordnung aufbläht. Der sanfte Rattenfänger Guy de Maupassant, dem so viele holde Wunder schon gelangen, hat es zu Stande gebracht, den beiden beherrschenden Typen der gallischen Dichtung gleichzeitig gerecht zu werden: der Frau und der Maitresse, — und Das giebt seinem ersten dramatischen Versuch bleibende Bedeutung. Nicht so hoch hat er sich das Ziel gesteckt wie unser Goethe, da er um die verschollene Wundermär vom Grafen von Gleichen dramatisch sich bemühte; aber auch die schmächtigere Musotte dürfte, wie ihre sittlich und geistig ungleich höher stehende Schwester Stella, einem Schauspiel für Liebende den Namen geben. Deutsche Frauen sollten die Bekanntschaft der armen Kleinen nicht verschmähen und von ihr eine Tugend lernen, die von der prüden Sitte allzu oft ins Dunkel verscheucht wird und deren freimüthigster Bekenner heute Maupassant ist: die Duldsamkeit, die, eigener Menschenschwäche sich bewußt, nimmer den ersten Stein aufhebt, um den am Boden liegenden Leidensgenossen zu treffen. Ernste Gedanken von evangelischer Art kann man mitunter auch aus den so übel beleumdeten Dramen der frivolen Franzosen schöpfen und man braucht kein Chevalier Desgrieux zu sein, um für Musotte eine Thräne zu haben.

Paul Heyse.

Von Gottfried Keller hatten wir gesprochen und uns wieder einmal ganz thöricht geärgert über das Ausbleiben eines breiten Erfolges für den großen Schweizer. Das „Warum“, so eifernd wir es suchten, schien nicht zu entdecken. Da hub Einer an zu sprechen, der lange geschwiegen hatte. „Warum? Das will ich Euch geschwind sagen: Weil er die Frauen nicht für sich hat, Euer Schweizer; weil in seiner herben, klaren Bergluft nur die starken und die gesunden Weiber athmen können; und wie viele starke und gesunde Frauen es heute giebt, Das sagt Euch gefälligst selbst und vergeßt auch nicht die Frage, ob Ihr gerade die starken und die gesunden unter uns am Meisten liebt.“ Denn der Eine, der lange geschwiegen hatte, war eine Frau. Da saßen nun die Eiferer alle stumm.

Zu allen Zeiten sind, seit unsere Aeltermutter sich die erste Laubrobe fabrizirte und kritischen Umgang pflog, die künstlerischen Erfolge wesentlich durch die lieben Frauen bestimmt worden; sie haben in der Neuzeit Jean Paul auf den Thron erhoben, sie haben Heine bekränzt und Hamerling gefeiert, obwohl sich deutsche Professoren alle erdenkliche Mühe gegeben haben, ihnen diese Ideale aus dem Herzen zu reißen;

von Kleist und Keller haben sie niemals viel wissen mögen und dem schweizerischen „Shakespeare der Novelle“ haben sie stets ihren Paolo vorgezogen, den poetischen Frauenarzt mit den weichen Zügen und den sanften Händen. Und wenn der angebliche Ausspruch des Fürsten Bismarck, Paul Heyse sei kein Dichter für Männer, jedem anderen Poeten vielleicht die Wege versperrt hätte: Heyses Beliebtheit hat ihn überdauert, denn ihn hütete und hegte eine stärkere, von keiner Seite zu zerschmetternde Macht: das Amazonencorps der ewig jungen Frau Eva. Der schöne Troubadour aus dem deutschen Norden ist heute ein Sechzigjähriger; noch durchzieht ihm kein grauer Faden das braune Gelock und auch das große, strahlende Auge blickt noch jung; aber die Fülle blühenden Fleisches hat die geschmeidige Elastizität der Gestalt in behagliche Korpulenz umgewandelt, der Dichter der schönen Seelen hat Fett angesetzt. Und doch ist ihm seine beschürzte Gemeinde, die Ibsens schlecht sitzenden Rock nicht vergessen kann, treu geblieben und zum fünfzehnten März wird es an duftenden Briefchen und anonymem Stickwerk in diesem Jahre gewiß nicht fehlen in der Münchenerstadt.

Paul Heyse ist eben ein Sonntagskind in Allem: in Berlin ist er geboren und ist doch ein Romane und ein Provençale eher als ein nüchterner Norddeutscher; im Triumphjahr der Romantik, 1830, trat er ins Leben, als eben in Paris die entscheidende Hernanischlacht geschlagen wurde, und doch, bei aller Verehrung für Eichendorff und andere Taugenichtse, hat ihm kein dickflüssig romantischer Blutstropfen die Phantasie vergiftet; „Roms verschollene Glocken“ läuten nicht in sein Dichten hinein, und will man ihm die Blutsverwandten suchen, so wird man an Goethe und Hoelderlin eher als an die Sänger der mondbeglänzten Zaubernächte, an Alfred de Musset eher als an Hugo denken müssen.

„Un enfant du siècle“ hat sich Musset genannt, ein Kind der Welt ward Heyse, — und kein passenderes Motto wüßte ich für den reichen Schatz der heysischen Novellistik als jene kleine tirolerische Romanze, die dem Rolladichter eine erste Geliebte sang und die ihm haften blieb im Ohr, als er, der Liebe müde, in den berüchtigt schönen Armen der treulosen Aurore Dudevant kurze Rast fand:

„Altra volta gieri biele,
Blanch' e rossa com' un flore;
Ma ora nò. Non son piu biele.
Consumatis dal' amore.“ *)

Die Frauengestalten, die Heyse in langem Zuge uns vorüberführt, sie waren alle einstens schön weiß und rosig; an allen aber auch — von L'Arrabiata bis zur Stiftsdame — zehrte das feine Feuer erotischer Gluth, und wenn sie von uns schieden, waren sie selten anders als „consumatis dal amore“.

* * *

Ein klassischer Philologe war des Dichters Vater, seine Mutter eine Glaubens- und Gesinnungsgenossin Rahels; die Blutmischung, auf die der Determinist Heyse so große Stücke hält, hat in ihm ein herrliches Produkt der Rassenkreuzung zu Tage gefördert. Auch er mag wohl vom Vater die Statur haben und die hellenistische Weltanschauung obendrein; die Mutter mögen wir uns vielleicht denken, wie Edwin in den „Kindern der Welt“ seine Mutter beschreibt: „Sie hatte, was man einen Anflug von Romantik zu nennen pflegt, ein Ungenügen an der trockenen, kahlen, wunderlichen, aber wunderlosen Wirklichkeit der Dinge um sich her; da

*) Musset übersetzt den Vers: „Autrefois jétais belle, blanche et rose comme une fleur; mais aujourd'hui non. Je ne suis plus belle, consumée par l'amour.“

Dies nur einem Bedürfniß ihrer Natur entsprang und sie vor Niemand damit prunkte, wenn sie es auch vor Niemand verleugnete, so behielt diese poetische Neigung, sich eine lichtere Welt über dieser nüchternen und armsäligen zu erbauen, durchaus den Reiz des Natürlichen und war zumal für den schlichter gearteten Mann eine Quelle steter Verjüngung." Wer erkennt hier nicht das mütterliche Erbe des Poeten, seine Stärke und seine Schwäche zugleich? Der unvergleichliche „Reiz des Natürlichen" bleibt ihm immer getreu, wenn er uns in seine lichtere Welt geleitet; und daß auch ihm die „trockene, kahle, wunderlose Wirklichkeit" nichts gilt, haben wir oft mit Betrübniß erfahren. Er hat einmal irgendwo gesagt: „Je mehr man den Menschen und den Dingen auf den Grund kommt, desto häßlicher werden sie." Da ist es denn kein Wunder, wenn die anmaßlichen Führer der kopromanischen, erdaufwühlenden Literatur von Heyse nichts mehr hören wollen und ihm höchstens mit mitleidigem Lobspruch sein Formentalent attestiren. Es geht ein demokratischer Zug auch durch die Kunst, hat der ehrliche Enthusiast Fontane neulich gesagt; wie sollte da der vornehme Aristokrat Paul Heyse nicht literarisch vereinsamt sein, er, der immer von der Menschheit Höhen herabgeblickt hat auf das Gehudel und Gewimmel da unten?

„Ein Märtyrer der Phantasie", so lautet der Titel einer feinen Novelle von Heyse; und ein Märtyrer, aber auch freilich ein Held der Phantasie ist er selbst, der nie etwas Anderes war als ein Dichter, der nie einen anderen Beruf kannte als den eines Apollopriesters. Vor beinahe vierzig Jahren erschien seine erste Dichtung — „Die Brüder. Eine chinesische Geschichte in Versen" — und seither hat seine erstaunlich reiche Natur in geruhigem „Sich-Gehen-Lassen", ohne Hast und ohne Zwang, außerordentlich reiche Ernten geliefert: zwei große Romane, etwa fünfundzwanzig Novellen, weit mehr als ein Dutzend Dramen, das Epos „Thekla", kleinere epische Gedichte wie „Der Salamander", „Raffael" u. a. sind ihm entstanden und ein beträchtlicher Gedichtband umschließt seine herrliche Lyrik. Rechnet man dazu noch vier Bände italienischer Uebersetzungen, Meisterwerke ebenbürtiger Nachdichtung, so wird man vor so üppiger Fruchtbarkeit, vor so müheloser Produktionkraft, in Bewunderung stehen. Und man wird auch begreifen, warum es dem des Gottes vollen Dichter mit der gesammten Wirklichkeitwelt ergehen mußte wie seinem Märtyrer der Phantasie mit dem Weibsvolk von Fleisch und Blut: „Was ich so rund um mich her von artigen Frauen und Jungfräuleins kennen gelernt, schien mir aus viel zu grobem Stoff, zu wenig appetitlich für einen Feinschmecker meines Schlages, der das Rarste und Ausgesuchteste, so oft er nur wollte, sich in der Phantasie auftischen konnte."

Noth und Bitternisse sind Heyse erspart geblieben, und wo er sie bei Anderen sah, da hat er sich eiligst aus dem Staube gemacht, weil er sich aus so traurigem Anblick keinen Vortheil ersah; er ist, wie fast alle Aristokraten und wie ihr großer Parteiführer Wolfgang, ein Wenig Egoist und ein ganz klein Wenig eitel; mit der altruistischen Mitleidenspoesie, die im Zeitalter des Arbeiterschutzes mit nächtiger Klage hervorkriecht, hat er nichts gemein. Fürstengunst und Frauenhuld sind ihm, wie selten Einem, zu Theil geworden und es spricht für seine kernechte Natur, daß er auch aus güldenem Käfig sich stets herausgesehnt hat in die schönere Freiheit, wie sein Antinous sich fort sehnt aus den schimmernden Fesseln, mit denen ihn der kaiserliche Freund Hadrian an seinen Hof gekettet hält. Wir müssen den tief wurzelnden, echt aristokratischen Hang des Dichters zur Vornehmheit und Schönheit konstatiren, weil dieser Zug erst den Schöpfer und die Geschöpfe recht erklärt; aber die unbefangene Betrachtung, die vom prachtschillernden Pfauen kein Spatzengezwitscher verlangt, wird, wie Abraham Lincoln zu dem Fürstensprossen, auch zu Paul Heyse sprechen müssen: Ihr Adelsbrief soll Ihnen bei uns nicht schaden!

* * *

Natur und Freiheit! Das sind die Losungworte, denen Heyse gefolgt ist. Er geht nicht von der Natur aus, er sehnt sich nach ihr zurück; er empfindet nicht natürlich wie die Alten: er empfindet, ein später sentimentalischer Poet, das Natürliche. Er ist ein Kind der Aufklärungzeit: und wo er einmal, die vornehme Gelassenheit bei Seite werfend, „offenen Krieg" ansagt — ohne ihn übrigens durchzukämpfen —, da gilt sein Fehderuf den lichtfeindlichen Sittenrichtern, die uns das Andersdenken, das Andersfühlen „ins Gewissen schieben", die das Natürliche verkümmern wollen und die freie Sittlichkeit der Ganzen einpressen in das enge, athemraubende Schnürleib jener Sitte, der die Halbheit, die zur Nachtzeit nur den Heiland sucht, sich willig beugt und biegt. Hier ist Heyse ein ganz moderner Geist und — im religiösen Sinn des Wortes — ein Naturalist, kein Offenbarungsgläubiger. Ein leidenschaftlicher Atheismus zieht sich durch sein ganzes Dichten; und Heyse begegnet dem robusteren Dichter des „Vierten Gebotes", wenn er, mit stark persönlichem Accent, sein merkwürdiges Zwittergeschöpf Toinette („Kinder der Welt") sprechen läßt: „Wenn die Elemente meines Wesens, die mich vom Glück ausschließen, durch eine bloße blinde Fügung des Weltlaufes sich gefunden und vereinigt haben und ich an dieser Konstellation zu Grunde gehen muß, — so ist Das fatal, aber kein unerträglicher Gedanke. Ein Gottvater aber, der mich unseliges Geschöpf de coeur léger oder auch aus pädagogischer Weisheit so traurig zwischen Himmel und Erde herumlaufen ließe, um mir später einmal für die verpfuschte Zeit in der Ewigkeit eine Gratifikation zukommen zu lassen, — nein, lieber Freund, alle durchlauchtige und undurchlauchtige Theologie kann mir Das nicht plausibel machen." Und wie spricht Anzengrubers junges verkauftes Weib? „Vor Jahren wohnte ein Mediziner in unserem Hause, den ich, als kleines Mädchen, von ganzem Herzen verabscheute, weil er arme Kaninchen lebend zerschnitt. Er wußte ganz genau, wie weit er sich auf die Stärke dieser Thierchen verlassen konnte, ob sie ihm tot unter dem Messer bleiben würden oder wie lange sie lebend und leidend zu erhalten waren, wenn er ihnen durch gute Pflege ‚Kraft verlieh, die Prüfungen zu ertragen'. Wollen Sie mich glauben machen, Gott wäre so ein Mediziner?" Für Heyse wie für Anzengruber, so weit ihre Pfade auch sonst auseinanderführen, ist der Zustand des Leidens etwas den natürlichen Daseinsbedingungen Widerstrebendes, nicht, wie etwa für Tolstoi, ein heiligendes, sittlich läuterndes Moment; sie sind heitere, frohe Künstler und zur christmoralischen Märtyrerschaft haben sie, wie Egmont zur spanischen Lebensart, auch nicht den mindesten Blutstropfen in sich.

Und darum ist Heyse, trotz seinem ganz modernen Freiheitdrang, ein Fremdling in unserer engbrüstigen, bekleideten Welt; er sucht das Nackte, das fröhlich Sinnliche, ihn bangt es nach Sonne und im Italerland ist er zu Hause; im kalten Norden hat er sich geistig nie heimisch machen können, denn hier liefe er Gefahr, „die innere Harmonie, auf die Alles ankommt", zu verlieren. Er ist der „letzte

Centaur", dessen herrliche Wundergestalt man verlacht, dem man den Rücken kehrt, um allerlei fünfbeinigen und zweizüngigen Kälbern nachzulaufen. Paul Heyse ist der Fleisch gewordene Protest der Natur gegen jegliches Dogma, er ist ein sinnenfreudiger, alle Konvenienz verachtender Heide, der nun mit wehmüthiger Melancholie die feigenblätterige Wirklichkeit erschaut, und von ihm selbst mag gelten, was er seinem Liebling Friedrich Hölderlin zurief:

„. . . . Mit hellem Griechenblick
Hast Du ermessen, in Dein Loos ergeben,
Den jähen Abgrund zwischen Traum und Leben
Und der Verspätung herbes Mißgeschick."

Vor diesem jähen Abgrund mag wohl auch Heyse zaudernd einstmals Halt gemacht haben; Muth gehörte dazu, nun entschlossen in das volle Leben hinabzutauchen, wie es heute, oft nicht ohne Beinbruch oder schwere innere Verletzung, der Realismus thut; Kraft und Genie und nicht geringeren Muth aber braucht es auch zum adlerkühnen Wolkenflug, und Heyse vernahm, da er am Abgrund, stand die Stimme:

„. . . . . Erschrick
Vor dieser Tiefe nicht! Hinüberheben
Wird Dich ein Schwingenpaar mit sicherm Schweben,
Die ätherleichten: Dichtung und Musik."

Der, dem niemals Schwingen sproßten, mag nach dem den offenen Griechenhimmel Suchenden mit Steinen werfen. Treffen wird er ihn nicht, denn „mit prachtvollem Sprunge setzte der Centaur über die Köpfe der verfolgenden Bauern hinweg."

* *
*

Der liebe Gott ist gar nicht so rachsüchtig, wie uns seine Subalternbeamten oft glauben machen wollen: er hat das atheistische — oder, was vielleicht im Grunde das Selbe sagt: das pantheistische — Kind der Welt unter die Schaar der Gotteskinder aufgenommen, denen alle Dinge zum Guten dienen müssen. Selbst der tiefste Schmerz, der den Menschen traf, den Dichter hat er nur gefördert: der Verlust geliebter Kinder hat Heyse — in „Marianne" und „Ernst" — die schönsten und die ergreifendsten Töne lyrischen Empfindens auf die Lippe gelegt. Der vom Leiden sich verstimmt abwandte, aus Furcht, „die edle Harmonie zerstört zu sehen," das Leiden erst hat ihn auf die erhabene Höhe lyrischen Ausdrucks geführt. Damals erst hat es sein „liebeverwöhntes Menschenherz" empfinden gelernt, daß „kein Tändeln frommt, wenn wir am Leben kranken"; und waren es vorher manchmal gar zu süßliche Düfte, die seines „Herzens Rosenbeet" enthauchte, so wehte nun ein erfrischender, kräftig aufrüttelnder Sturmwind darüber hin.

Liebe, Liebe, nichts als Liebe finden wir in Heyses Novellen. Der „Falke", die eigentliche Geschichte, das Spezifische, das sie von tausend anderen und ähnlichen Geschichten unterscheidet, alles Das wechselt in immer neuer, phantastisch ersonnener Gestalt; das Motiv bleibt fast immer das selbe, im Paradies wie in der Welt, in der Provence und in Rothenburg ob der Tauber, im sechzehnten und im neunzehnten Jahrhundert. Immer giebt es ein blondes oder auch ein schwarzes, meist auch ein wildes und vornehmes Jungfräulein, das consumatis dal' amore ist, weil es den Rechten nicht bekommen konnte oder weil es im rechten Augenblick das natürliche Gefühl ängstlich eindämmte und nun für solche Versündigung an der Menschlichkeit schwer leiden muß. Heyse, Turgenjew und — Zola sind die drei einseitigsten Liebegläubigen der gesammten modernen Literatur; alle Drei sehen nur die eine treibende Kraft in der Welt, die den beiden Novellisten Liebe und Zola schlechtweg

Paarungtrieb heißt. Man hat es Zola oft und nicht mit Unrecht vorgeworfen, daß er durch eine an Manie grenzende Ueberschätzung der Bedeutung geschlechtlicher Dinge sein Weltbild verzerrt; und daß man auch den Dichter der „moralischen Novellen“ lüsterner Unsittlichkeit geziehen hat, ist allbekannt. Beide sind eben, der Naturalist wie der Idealist, der Sammler menschlicher Dokumente wie der himmelanstrebende Hellasschwärmer, Märtyrer ihrer Phantasie, und während es scheint, „als ob sie sehr heißblütige, sinnliche Gesellen wären, mit einer rechten Türkenphantasie, die ihnen nun, da sie arme Teufel von guten Christen sind und keinen Harem halten können, Alles, was gut und theuer ist, wenigstens aus dem Geisterreich heraufbeschwört,“ sitzen sie gemüthlich, der Eine in München, in Medan der Andere: bons bourgeois, bons pères de famille, bons gardes nationaux und so weiter. Das ist Dichterloos.

Von Stil und Vortrag hält Heyse nicht viel; und doch dankt er, genau wie Turgenjew, seinem Stil und Vortrag die schönsten und die feinsten Wirkungen. Beide sind mehr Erzähler als Schilderer; von der modernen Art der Vergegenständlichung ist ihre Subjektivität weit entfernt und auch darin mag man den deutschen und den russischen Klassiker der Novelle einander gesellen, daß sie Beide von extremem Ueberschwang mit feinem Bewußtsein fern bleiben. Heyses Empfinden bewegt sich stets in dem konzentrischen Kreise des schönen Maßhaltens; er lächelt öfter als er lacht, und er weint still, „mit dem Tuch vorm Munde“. Diese harmonische Gehaltenheit läßt ihn den heiß begehrten Lorbeer des Dramatikers nicht erhaschen, obwohl auch seine verfehltesten Bühnenstücke mehr werth sind als die gesammte lärmende Durchschnittstheatralik; aber das Publikum, dem man das Zuhören im Theater mit schrecklichem Erfolge abgewöhnt hat, weiß mit diesen leisen Subtiliäten nichts anzufangen und verlangt nach zupackender Gewaltsamkeit. Heyses Natur und Begabung ist eine feminine und so gelingt ihm kaum je ein Aufsteigen ins Allgemeine, ein Zusammenfassen von Einzelnerscheinungen zu einem großen Bilde; auch seine Romane sind nur künstlich verschlungene Novellenbündel; er bleibt stets bei den ewigen Paradiesestypen von Mann und Weib, wenn er sich auch freilich bei der Idylle nicht so lange und mit solcher Vorliebe aufhält wie bei dem „Sensationroman der Weltgeschichte," der mit dem Sündenfall beginnt. Weiblich nenne ich dieses Klammern ans Individuelle nach dem Wort des Daniel Stern, der, selbst ein Weib und eine Gräfin dazu, gesagt hat: „La femme ne généralise point; l'individu est tout pour elle."

* * *

Zola ward erwähnt; und es mag zum Abschluß gestattet sein, die Stellung unseres Poeten zu jener Bewegung abzugrenzen, die in dem französischen Romancier ihre höchste Spitze und ihren kräftigsten Ausdruck findet. „La bête humaine," der Titel seines neuesten Romans, dessen gelbes Deckblatt mit der erstaunlichen Ziffer „31.e mille" mir eben neben Heyses Gedichtband entgegenschielt, könnte den Sammeltitel abgeben für alle Hervorbringungen des „Naturalismus". Zola und die Seinen sehen nur das Thier — die Uebersetzung „Bestie" erscheint mir, beiläufig gesagt, nicht sehr glücklich — im Menschen; nachdem die Hugoisten mit ihrer berüchtigten Unterscheidung zwischen Erhabenem und Groteskem, zwischen Guten und Bösen, überwunden sind, kommen nun die Zolaisten mit ihrem scheinwahren Wissenschaftsatz: Tugend und Laster sind Produkte wie Vitriol und

Zucker. Sie sind Thiermaler vom allerersten Range und ihr Meister ist ein großer und starker Künstler. Das Höchste aber und das Feinste in der Menschennatur, den Geist oder — theologisch gesprochen — den göttlichen Odem, der das Thier erst zum Menschen macht, lassen sie uns fast immer schmerzlich vermissen; Zola selbst hat keinen bedeutenden, keinen über den primitiven Instinkt hinauswachsenden, keinen aufrecht einherschreitenden Menschen auf die Beine gestellt und in den Werken seiner Nachtreter wird man vergebens nach edlen Rassentypen suchen. Entspricht diese neumodische Begrenztheit nun der Wirklichkeit? Ist es die „vérité vraie," daß alles Große, Starke und Feine, das wir tagtäglich vollbracht sehen, von zufällig entwickelteren Thieren geleistet wird? Die ganze Lebensfrage dieser Art von Naturalismus wird durch die Antwort auf diesen Satz bedingt.

Paul Heyse sagt: Nein. Und er fügt hinzu, auf die vorüberwandernden Schaaren seiner freien Adelsmenschen deutend: „Achten Sie auf die feine Form der Köpfe und die zarte Bildung der Schläfen und im Gang und Tanz und Sitzen die natürliche Anmuth." Und wenn ihn ein Treue wedelnder Hund zu trösten kommt im ersten bitteren Schmerz seines sonnigen Lebens —: er scheucht den Geistlosen fort und ruft: „Des Menschen Weh versteht der Mensch allein, kein Gott, kein Thier. Der Kummer ist erlaucht, und Du, so treu Du winselst, bist gemein."

Hedda Gabler.

Wunderbar mischen in der geheimnißvoll lockenden Persönlichkeit Henrik Ibsens einander abstoßende Gegensätze sich: eine von Grund aus lyrische Natur, ganz in leise schwingenden Stimmungsgenüssen lebend, wird durch rauhe Erfahrung zum unbarmherzig satirisirenden Dramatiker mißtrauischen Zweifels; ein entrüsteter Idealist, der mit jungen Füßen keck in den Kampf für Bürgerfreiheit hineinsprang, wird zum ungeselligen Befehder jeder staatlich geregelten Genossenschaft; der unter engen Fjordfelsen groß und traurig gewordene Skandinave bekennt sich als Europäer; der entschlossenste Radikale bleibt der bedächtigste Pedant. Der unheimliche Mann, der nie sich entschließen mochte, ein eigenes Heim zu begründen, haust heute in München, wie er in Rom, in Dresden, im Vaterlande gehaust hat: einsam, verschlossen, beobachtend, zweifelnd. Sein Arbeitstag ist geregelt, trotz dem des pünktlichsten Bureaukraten, seine Mussezeit läuft prompt wie ein Uhrwerk ab. Auf langen, einsamen Spazirgängen, sein Biograph Henrik Jäger hat es uns erzählt, denkt er seinem Stoff nach; erst wenn der ganze Plan vor dem scharf blinzelnden Auge fertig steht, wird zum Papier gegriffen und in steilen, schwerfällig feinen Zügen wird das

Drama dreimal niedergeschrieben. Das erfordert jedesmal rund zwei Jahre, deren Hauptarbeit in den Sommer fällt. Wer diesen auf die Stunde pünktlichen Betrieb des eifernden Korrektheitfeindes kannte, Der wußte, um den Advent 1890, daß die Zeit erfüllet ward. Und richtig: fast genau zwei Jahre nach der „Frau vom Meere" ist das vieraktige Schauspiel „Hedda Gabler" erschienen, diesmal, der gesteigerten Beachtung des Dichters entsprechend, in vier Sprachen zugleich.

Ein neues Drama von Ibsen ist ein Ereigniß für Alles, was gern zur Literatur gehören möchte. Noch haben die Bestrebungen eines ernst, doch auch gar trüb nach oben drängenden Geschlechtes uns nicht einen Schritt über den beängstigend schmalen Felspfad des Magus aus dem Norden hinausgeführt, noch ist Ibsens Technik, Ibsens Sprache Ziel und Vorbild allem dramatischen Volk. Was Jenem unter besonderen Verhältnissen ein herbes Lebensgeschick heraufführte, wird blindgläubig nachgeahmt und das Mahnwort des Führers wird nicht beachtet: „Wo da fehlt Persönlichkeit, ist die ganze Herrlichkeit nur ein klapperndes Skelett." Dem literarischen Treiben fern — und auch wohl nahe — Stehende aber überlaufen den beneideten Frühleser des neuen Werkes mit der spürenden Frage: Ein Fortschritt oder ein Rückschritt? Es ist ganz merkwürdig, wie schwer sich die einfache Erkenntniß Bahn bricht, daß man, auch wenn man die Richtung wechselt, fortschreitet und daß man das Rückschreiten gemeiniglich nur in Balettaufzügen übt. Die Frau vom Meere galt als ein „entschiedener Rückschritt": grausame Unerbittlichkeit hatte man erwartet, — und der Dichter war taktlos genug gewesen, Frau Ellida in Freiheit sich akklimatisiren zu lassen; einen neuen Typus des Ehe-Egoisten glaubte man fordern zu dürfen, — und man erblickte einen Mann, der selbstlos zu lieben verstand. An der Stelle des gewohnten Fragezeichens brüstete sich ein kräftiger Punkt. Ein entschiedener Rückschritt. Wird es Hedda Gabler besser ergehen? Hier droht eine neue Ueberraschung und eben darum möchte ich mir erlauben, von einem Fortschreiten zu sprechen, ohne einstweilen die Richtung zu diskutiren. Es ist der alte Ibsen, der zu uns spricht, der Alte auch darin, daß seine Neigung zum Räthselhaften — lieblose Beurtheiler würden sagen: zum Abstrusen — mitunter noch empfindlicher sich bemerkbar macht als in Rosmersholm und in der Frau vom Meere, obwohl der ein Bischen senile Hang zu lastender Gedankenüberfracht in dem neuesten Drama wieder einer weit frischeren Darstellung gewichen ist. Aber es ist eine neue Note in Hedda Gabler, es klingt ein fremder, ein unibsenischer Ton mit, und wer sich gewöhnt hat, mit gespitztem Ohr in die nordische Dichtung zu horchen, Der merkt es bald: Henrik Ibsen variirt in seiner Weise ein Thema von — August Strindberg.

Der jüngere Schwede ist des Norwegers stärkster Gegner; ein unkritisch begeistert zu Strindberg schwörendes Geschlecht hat Ibsen längst ins alte Eisen geworfen. Es wiederholt sich die ewig spaßhafte Schilderhebung einer neuen poetischen Dynastie, die alle alten Götter mit anständiger Pension quieszirt und einen neuen Weltenanfang feierlichst verkündet. Sie dürften sich schon die Hände reichen, die beiden tot Proklamirten von München: Paul Heyse und Henrik Ibsen, wenn nur ihre Wege sich kreuzen wollten; Beiden wirft man ihren weiberverklärenden Madonnenkult vor, ihren schlimmen Verrath am eigenen Geschlecht. Unser feinsinnlicher Landsmann mag sich bedanken, daß ihm kein Bestreiter von der rücksichtlosen Kraft Strindbergs erstand; mit unbarmherzigen Streichen, höhnend bald und bald schmerzlich schreiend, ist dieser in Zarathustras Zauberkreise hart gewordene Recke der Legende zu Leibe gegangen, die Ibsen leis und eintönig spann: „Lieben, Alles opfern und vergessen werden —: Das ist die Geschichte des Weibes.“ In einer knappen Reihe von gesunden Satiren und krankhaften Karikaturen hat Strindberg diesen ausschweifenden Feminismus bekämpft; er hat sich erdreistet, zu der bewunderten Leichenrede der Frau Alving als Ergänzung die Aussage des toten Kammerherrn zu fordern, und in dem deutsch bisher noch nicht veröffentlichten Trauerspiel „Gläubiger“ hat er den programmatischen Satz aufgestellt: „Das Weib ist das Kind des Mannes, — und wenn sie es nicht ist, dann wird er eben das Ihrige und dann: dann ist es eben die verkehrte Welt.“ Das ist Strindbergs Lauratypus aus dem „Vater“: das Weib, das bemuttern, verhätscheln, lenken und niederducken will; Hebbel hatte ähnliche Regungen belauscht, als er in seinen Tagebüchern von der kratzenden Neugier der Frau sprach, jeden Mann auf seine Widerstandskraft hin zu prüfen; vielleicht darf an ein noch früheres Dokument, an Goethes sehr merkwürdige Aufzeichnungen über seine Schwester, erinnert werden. Aber Strindberg kennt noch einen anderen Typus: das Halbweib, die Männer- und Mutterschafthasserin, die Macht, Ansehen, Glück auf eigene Faust erwerben möchte, ohne der schwächlichen Konstitution die zu solchem Ringen erforderliche Kraft abtrotzen zu können; denn zum „Glück gehören starke und lebensfähige Arten“ und dieser Typus ist nicht lebensfähig. Darum müssen sie sterben, Strindbergs Fräulein Julie und Ibsens Hedda Gabler.

Vom alten Kriegeradel stammen sie Beide ab und gemeinsam ist ihnen auch die aus langer Generationentartung stammende Verderbtheit, die Lust am gefährlichen Spiel mit stacheligen Worten, mit losen Liebeshändeln, mit blanken Waffen. Julie ist ein Fräulein, Hedda ist keine Frau. Mit klugem Bewußtsein hat Ibsen, der alte Fallensteller, der seit seinem Catilina nie mehr einen Namen auf das Titelblatt schrieb, sein neues Drama Hedda Gabler genannt. Das Thema kündet schon in dieser Benennung fein und auffällig doch sich an. Frau Hedda Tesman, die Gattin des Privatdozenten der Kulturgeschichte, ist in der Ehe Hedda Gabler geblieben, die im langen Reitkleid, mit wehenden Federn durch die Straßen fegende Generalstochter, die keine größere Lust kannte, als von jungen und alten Bonvivants sich Schlüpfrigkeiten zutuscheln zu lassen und ihren muthlosen Thatendrang aus Knallpistolen in die leere Luft zu feuern. Den Mann, der — ich citire Nietzsche — Manns genug war, das Weib in ihr zu erlösen, hat sie furchtsam verschmäht; der junge Eilert Lövborg griff in schwüler Stunde nach ihrem spröden Reiz, doch sie ängstete sich vor diesem wild genialen Schrecken der Kleinstadt und bedrohte ihn, brutal wie alle Furchtsamen, mit der vertrauten Waffe. Der schwarmgeistige Feuerkopf ging und verdarb; Hedda Gabler aber tanzte weiter. Es kam aber auch ihre Stunde; sie war bald dreißig, sie war arm, und hatte sie schon in der Schule der lichtblonde Lockenkopf einer kleinen Gefährtin zu blaßwüthigem Neid gereizt, so sah sie nun knirschend jüngeren Göttinnen auf den Gesellschaftaltären geopfert. Da kam eben recht Jörgen Tesman seines Wegs gegangen, ein junger, lammsmüthiger Gelehrter, „sowohl korrekt wie solid", — und gute Zukunftaussichten sollte er ja wohl auch haben. Sie nahm ihn zum Mann und der liebenswürdig beschränkte „Fachmensch" war schon entmannt, ehe er noch eine Frau hatte; er war ein Tantenkind und seine trippelnde Bethulichkeit war der Frau nach drei Tagen lästig. Denn sie lechzte nach Thaten, nach all den großen, den schönen Thaten, die sie nie thun konnte, für die wohl ihr Wünschen, nicht ihre Kraft reichte; der Mann ihrer Wahl sollte Weinlaub im Haar tragen, — und Jörgen trug einen weichen Filzhut. Das war trivial, beinahe „drollig“. Und das Drollige fürchtete Hedda; sie bebte vor dem Ausgelachtwerden; sie wußte, warum.

Auf der Hochzeitreise ließ sichs noch erträglich an. Neue Städte, neue Landschaften, ein ununterbrochener Touristenstrom, fremde Gesichter; mit dem Geld schien es ja auch nicht zu hapern. Nun aber wieder daheim, in einem kleinbürgerlichen, von Tantensorglichkeit mit Geräth überlasteten Gelaß, ohne Livreediener, ohne Reitpferd, auf eine alte Landmagd angewiesen, als Frau eines sowohl korrekten wie soliden Privatdozenten, — unausstehlich. Beinahe möchte Hedda, der man mit schämiger Geheimnißthuerei schon von neuen Sorgen und Pflichten, die ihrer harren sollen, zu wispern beginnt, das Anerbieten eines galanten Gerichtsrathes annehmen und den langweiligen Ehewinkel zu einem an Abwechselung reicheren Dreieck schließen. Sittliche Vorurtheile halten sie nicht zurück, aber sie fürchtet den Skandal, sie mag nicht aus dem Gleise hüpfen, denn da giebts immer Leute, die Einem auf die Füße sehen, ... und so bleibt sie aus Leutefurcht wiederum tugendhaft und seufzend erkennt sie ihren Beruf, sich zu Tode zu langweilen. Lieber noch Das, als Pflichten auf sich laden und Forderungen.

Da wirbelt ein Ereigniß ins stille Puppenheim. Eilert Lövborg ist wieder da, der Verschollene; er hat ein Buch geschrieben, das Aufsehen gemacht hat, er soll ordentlich geworden sein. Ein Wunder, dessen die Stadt voll ist. Und die das Wunder vollführt hat, sie stürzt Hedda ins Haus: der verhaßte, der neidenswerth krause Flachskopf aus der Mädchenklasse. In einer schlimmen Nothehe mit einem brutalen Alten ist sie verunglückt, aber das zärtliche Mutterweibchen hat bei Lövborg Ersatz gefunden. Als Lehrer kam er zu den Stiefkindern und die zarte Frau nahm ihn in gute Schule: er trinkt nicht mehr, mit dem Lüdern ist es aus, er arbeitet und Frau Elvsted ist seine Genossin; ihr hat er, das er nun im Manuskript mit sich hat, diktirt, das große Werk über die Kulturmächte der Zukunft, und manches Wort steht auch von ihr drin. In der Liebe zum Angstkind ward sie gedankenreich, die Aermste. Nun ist sie ihm nach und will nie mehr zurück zum Manne, dem sie kein Mutterglück dankt, — nie wieder.

Hedda erwacht; sie vergleicht. Dieses winzige Ding also hat den Muth, dem Skandal zu trotzen; diese Handvoll schwächlichen Frauenfleisches hat, was sie nie vermochte, die stolze, die anmaßlich träumende Hedda Gabler, Macht und bestimmenden Einfluß auf einen Mann, einen richtigen Mann aus vollem Leben, einen Mann, der nicht wie ihrer über die brabanter Hausindustrie im Mittelalter geschrieben hat, sondern über die Kulturmächte der Zukunft, einen Mann, der abgelebt aussieht und einen Cylinder trägt, der wohl gar noch berühmt, am Ende Minister werden kann?! Dieses ungleich geartete Paar hat ein Geisteskind, das Beide in gemeinsam liebender Sorge hegen dürfen, ein Kind, das der Empfangenden keinen Schmerz des Gebärens bereitet hat, das keine Pflege bei Tag und Nacht heischt, kein Opfer an Schönheit verlangt und doch von dem Fluche der Unfruchtbarkeit befreit. Und sie, Hedda Gabler, lebt an der Seite eines knickernden Fachmenschen und soll gar noch ein quarrendes Baby vor schwatzhaften Tanten produziren? Ihr Hochmuth ist tötlich getroffen. Nicht der gehorsame Schürzenheld, ihr Mann, nicht der geckige Gerichtsrath kann ihr Ersatz bieten. Sie konnte Eilert Lövborg haben, sie hat ihn verschmäht, weil sie feig war; sie ist auch jetzt zu feig, ihn der schmeichelnd Gehaßten zu entreißen und sich sein zu bekennen. Aber sie kann das verlorene Spielzeug zerstören, das Erziehungwerk der Todfeindin vernichten; vielleicht, daß sie dann mindestens den alten Jugendgenossen noch einmal wiedersieht, heiß und fröhlich, mit Weinlaub im Haar, — und wer weiß, wenn sie recht viel kalten Punsch trinkt, vielleicht hat sie dann den Muth zu dem Großen, das lockt und zieht! ...

Mit spitzem Wort kitzelt sie Lövborg vom Mäßigkeitpfade. Der Unselige fällt in altes Laster zurück, auf nächtlicher Bummelfahrt verliert er seinen Schatz, sein Manuskript, und Hedda — Hedda verbrennt in kindisch jauchzender Zerstörunglust das ungetreulich gehütete Kind; Heft auf Heft läßt sie im Flackerfeuer verschwinden. Nun hat die Andere auch nichts mehr: nicht Mann, nicht Kind, nicht Geliebten. Denn Der ist zerstört und zerbrochen. Nicht mit Weinlaub im Haar ist er der schönheitdurstigen Hedda zurückgekehrt; in böse Frauenzimmerhändel hat ihn der Rausch, die Verzweiflung über den nie zu ersetzenden Verlust verstrickt; auch um diese Freude hat er sie geprellt. Aber sie will ihre „That" haben, sie muß ihre Macht erproben: dem zermorschten Manne giebt sie eine ihrer gehegten Pistolen; er will ein Ende machen, — „in Schönheit" soll er es thun, mit ihrer Waffe, auf ihr Geheiß, kraft ihrer Macht. Dann wenigstens wird sie über die Rivalin triumphiren; Das hätte die Kleine nicht erreicht. Aber wird er es thun? Zagend harrt sie, von Wünschen umgetrieben ... Tot wird Lövborg gefunden, doch nicht in Schönheit ist er gestorben; in wüster Gesellschaft, trunken, vielleicht nicht einmal freiwillig, hat er die Kugel in den Unterleib gejagt. Nicht in die Schläfe, nicht einmal in die Brust; — eine häßliche Wunde. Jörgen Tesman aber und Frau Elvsted sind bald eifrig am Werke, des Verstorbenen Manuskript aus pietätvoll bewahrten Schnitzeln und Blättchen wieder herzustellen; recht ein Amt für Jörgen, dies Kramen und Ordnen in eines Anderen Geistesschatz, wobei man zugleich als selbstloser Freund und als tüchtiger Fachmensch Ehre gewinnen kann; Frau Elvsted ist getröstet, sie hat ein neues Muttergeschäft. Bei Tante Julle werden sie künftig am Abend sich treffen. Und Hedda wird der skabreuse Herr Rath gern Gesellschaft leisten, er, der ihr Geheimniß kennt, der sie nun doch gekirrt hat und der sein Lösegeld eintreibt, ein unbequemer, ein gefährlicher Gläubiger. Nein. Sie ist überflüssig in dieser engen Welt und selbst zur Schande fehlt ihr der Muth. Das Lächerliche und Niedrige kann sie nicht tragen, das Große und Schöne, Das mit dem Weinlaub im Haar, kann sie nicht fassen. Sogar der Fachmensch mit seinem ewigen „Denk nur" entgleitet ihr. Und den Rath mit dem gefärbten Haar —! . . . Sie erschießt sich. Auf dem Sopha liegt sie in Schönheit. Die Kugel ist sauber in die Schläfe gedrungen. „Ums Himmelswillen — so was thut man doch nicht!" sagt der Gerichtsrath. Das Stück ist aus.

Hedda Gabler läßt keine Lücke hinter sich. Sie war keine Frau, sie wollte kein Kind, nicht einmal einen eigenen Gedanken konnte sie nähren. Sie war unfruchtbar, lebensunfähig, der tragische Typus eines entarteten und verarmten, zum Lebenskampfe nicht mehr kriegstüchtigen Feudalgeschlechtes. Sie strauchelte und warf den verwandten Vertreter des jede Schranke parvenudreist mißachtenden Großgehirnadels aus mühsam gewonnener Bahn, indessen die Anderen gemächlich ihrer Lebensaufgabe fortwirken dürfen: Jörgen seiner philologischen Sammelwuth, Frau Elvsted ihren neuen Pflicht als bald heimgeführtes Mutterweibchen, der Rath seinen galanten Hinterthürabenteuern, Tante Julle ihren armen Kranken, selbst die Dienstmagd ihrer täglichen Scheuerfrohn. Ibsen hat hier das Problem der Unfruchtbarkeit, das ihn seit den „Kronprätendenten“ immer wieder beschäftigte, mit mächtigem Griff in ganz originelle Beleuchtung gerückt, und wenn er auch weislich jeder verallgemeinernden These, jedem subjektiven Kommentar aus dem Wege ging und nur handelnde Menschen vorführte in eng geschlossenem Kreise, so spricht doch Dem, der es erfaßt zu haben glaubt, aus diesem merkwürdigen Werk vornehmlich eine Stimme, die den anspruchsvoll zuwartenden Gast, der die Hände nicht rühren mag, gebieterisch fortweist vom Lebensmahle, wo Jeder sich seine Speise selbst bereiten muß. Es ist das Trauerspiel von der geputzten, der Genüsse begehrenden Selbstsucht, die an Allem mäkelt, den Tischgenossen den Appetit verdirbt und selbst nichts herbeizubringen vermag; Alles ist ihr zu niedrig, zu häßlich, zu drollig; sie sperrt den Mund auf, daß ihr das Schöne hineinfliege. Denn sie ist natürlich Idealistin wie alles verarmte Edelmannthum. Auch ein Arbeiter führt hier über die müssigen Nimmerzufriedenen soziale Klage; den Besitz- und Kraftlosen, den Unproduktiven, Geburtrechte Ansprechenden ladet er vor Gericht.

Es ist wiederum eine Katastrophe, die uns der Dichter zeigt; er zieht eine Lebensbilanz; rund und nett steht sein Exempel da, ein fester Strich darunter: mit diesem Quotienten läßt sich die Multiplikation nicht machen, fort also mit der unnützlich sich blähenden Ziffer. Die Frau vom Meere konnte für die Kinder des Gatten leben, bei der kleinen Hilde fand sie eine Liebesaufgabe, drum durfte sie sich akklimatisiren; Hedda Gabler wünscht und lebt nur für sich und an ihrer egoistisch zagenden Ohnmacht geht sie zu Grunde: unfähig, mit begrenztem Behagen sich zu bescheiden, unfähig auch, das befreiende, das große Glück muthig zu packen mit rücksichtlos klammerndem Griff. Daß diesmal ein Weib vor den Schranken erscheint, giebt dieser Ibsendichtung pikanten Reiz; weit sind wir von den lichtartig liebelosem Männervergnügen herniederbrennenden Opferweibern, weit auch von jenem starkbrünstig begehrenden Walkürengeschlecht, das dem Manne den Pfad weist zum Kampf mit den feindlichen Schicksalsmächten, das ihn muthig nach Walhall führt. Wie die Furia im „Catilina", wie die Hjördis der „Nordischen Heerfahrt", treibt auch Hedda den Mann ihrer Wünsche in den Tod; aber wo jene frei wählten, da zaudert sie schwächlich; wo jene ins Herz trafen, da spielt sie — l'enfant infirme des Alfred de Vigny — mit Feuerbränden und Pistolen; nicht der Vestatempel hielt sie, auch nicht ein unzerreißbarer Christglaube des Erträumten: eigene Schwäche des Wollens lähmt ihr die Hand „und kein Gedanke rüstet sich zur That". Ibsen ist noch moderner geworden. Daß sein einsamer Geist durch Strindbergs schrillen Hohn zum ersten Male auf die Kehrseite des Menschheitbildes gewiesen wurde, erscheint nicht unglaubhaft, doch ist auch Selbstbefruchtung nicht ausgeschlossen; denn — in allen Literaturen kündet er sich an, bei Maupassant und Bourget und Tolstoi —: der neue Typus kommt herauf und Ibsen ist feinhörig für den Etappenmarsch der Artentwickelung. Von Strindbergs schneidender Subjektivität ist er fern geblieben; Alles ist weicher, plastischer, mehr organisch erwachsen, weniger Schreibtisch-Psychologie. Nie vielleicht ist angeborene Unliebenswürdigkeit, nörgelnde Impotenz liebevoller und mit subtilerer Farbe gemalt worden, nie hat Ibsen gutmüthigen Männeregoismus gerechter und zarter gestaltet als in diesem merkwürdig ragenden Drama.

Nicht mit Nothwendigkeit brauchte die diesmal umständlichere Intrigue in Norwegen sich abzuwickeln und mit den qualmigen Nordlandnebeln sind auch viele üble Hirndünste entwichen und eigensinnige Marotten. Der Horizont ist freier, die Darstellung weniger scholastisch, der Dialog nicht mit grilliger Moralphilosophie überbürdet. Strindbergs Forderung ist erfüllt: gleich Radzähnen greift das Gespräch in einander, wie ein Meer wogt der Dialog hin und her, „versieht sich in den ersten Szenen mit einem Material, das später bearbeitet, wieder aufgenommen, repetirt, entwickelt und wieder aufgelegt wird, gleich dem Thema einer musikalischen Komposition.“ Dieses Thema nur sollte die Analyse hier hervortauchen aus dem Dämmerdunkel, darin sechs knapp und scharf gekennzeichnete Menschen sich finden, sich lassen, Jeder ein Typus, Jeder eine Individualität. Unsere lieben Frauen werden, ich fürchte fast, in Schaaren nun der Ibsengemeinde den Rücken kehren; mancher Mann aber wird vielleicht finden, daß Henrik Ibsen diesmal mit allem Kunstrüstzeug der modernen Technik mehr als zuvor altem Stirilisirungbrauch sich genähert und daß er aus Tausenden von Frauen eine Normalfrau geschaffen hat, mit der die Zukunft zn rechnen haben wird. Und wenn Jörgen, der Fachmensch, meint, von der Zukunft wüßten wir doch nichts, so erwidert der weiter blickende Lövborg, der nicht über mittelalterliche Hausindustrie, der vom kommenden Kulturgang schreibt: „Nein. Aber es läßt sich doch immerhin Eins und das Andere darüber sagen.“

Meyerbeer.

Eine glänzende militärische Leichenparade bewegte am sechsten Mai 1864 sich durch die sonnigen Straßen von Paris. Sappeurs der Nationalgarde voran, nach ihnen Musikcorps der kaiserlichen Garde, die sechsspännige Leichenkarosse, ein Ceremonienmeister mit den Orden des Toten, Korporationen mit umflortem Banner, Diplomaten und hohe Militärs in Trauerkutschen: so wälzte, durch ein unübersehbares Menschenspalier, von den champs élysées bis zum Nordbahnhof der Zug sich fort, in dem, seltsam genug, auch ein Synagogendiener mit dem Alten Testament zu erblicken war. Alle Künste opernhafter Inszenirung hatten sich vereint, die Trauerhalle würdig und schön zu schmücken; neben dem riesigen Katafalk, auf den mächtige Opferfeuer düsteren Glanz herabstrahlten, hatte das Personal der preußischen Gesandtschaft Aufstellung genommen, der Gesandte selbst, Graf von der Goltz, ergriff einen Zipfel des Bahrtuches und unter den Trauerrednern nahm vor dem Oberrabiner der große Emile Ollivier das Wort, um die geistige Verbrüderung der „schwesterlichen Nationen“, Deutschlands und Frankreichs, zu feiern und den „Sieg der Humanität“, im dankbaren Angedenken Dessen, dem der pompöse Aufwand galt. Der Tote war Giacomo Meyerbeer. Als Jakob Beer war er, der erste Sohn eines jüdischen Bankiers, am fünften September 1791 in Berlin geboren worden, in der Rue Montaigne war er am zweiten Mai 1864 gestorben, der Adoptivsohn Frankreichs, und gut erfunden jedenfalls ist der letzte Ausspruch, den die Legende ihm zuschreibt: „Crescendo ..., Forte ..., jetzt Fortissimo, nun Diminuendo, noch mehr Piano ... so war es schön!" Der Sterbende glaubte eine Probe zu dirigiren und sprach sich die bündigste Grabschrift. Der mit allen Nerven und Muskeln um den Erfolg gerungen hatte, dem huldigten nun im Tode zwei Länder. Denn auch in Berlin, wenn man auch militärische Ehren hier dem jüdischen Musikanten selbstverständlich versagte, geleiteten Prinzen, Oberhofchargen und Diplomaten die leblose Hülle Meyerbeers vor das Schönhauser Thor und die Galawagen der Majestäten fehlten nicht im Zuge. „So war es schön."

Heute, da man die hundertste Wiederkehr seines Geburtstages feiert, heute drängt die Frage sich auf: Wie hat Meyerbeer und durch welche Mittel seinen fast beispiellosen Weltenerfolg erreicht? Robert Schumann verwies die Hugenotten zu den Kunstreitern, in den Circus Franconi, und fand in der Musik Meyerbeers nichts als eitel „Gemeinheit, Verzerrtheit, Unnatur, Unsittlichkeit"; Hector Berlioz nannte die selbe Musik eine Encyklopädie aus den Werken Anderer; für Felix Mendelssohn war der Robert eine „kalt berechnende Phantasiegestalt" und Wagners leidenschaftliche Ausfälle gegen das Judenthum in der Musik sind bekannt. So urtheilten die Mitstrebenden und die Nachfolger. Von den großen Vorgängern hat Einer, der üppig geniale Rossini, Meyerbeer einen Heuchler gescholten und der Andere, der feierlich gespreizte Spontini, hat mit giftiger Beziehung auf Meyerbeer und Mendelssohn 1844 zu Richard Wagner gesagt: „Oh, croyez-moi, il y avait de l'espoir pour l'Allemagne, lorsque j'étais empereur de la musique à Berlin; mais depuis que le roi de Prusse a livré sa musique au désordre occasionné par les deux juifs errants qu'il a attirés, tout espoir est perdu." *) Und nun ist die Vestalin, ist der Cortez längst vergessen, die Tadler sind im Tode verstummt, Wagner herrscht und wirkt, — aber die vier großen Opern Meyerbeers hat der ganze Heerbann der Eddawelt nicht in die Flucht zu schlagen vermocht und das jüngste musikalische Wunderkind Mascagni hat neben anderen Pathen auch den Robertkomponisten zur Taufe gebeten.

Der junge Jakob Beer stand mit dem Glück auf gutem Fuße. Ein reicher Vater, eine gütige Mutter, die Möglichkeit einer umfassenden Bildung, keine Schwierigkeit in der Berufswahl, dazu einen treuen, nach äußerlich gleichen Zielen strebenden Freund in Karl Maria von Weber, frühe Triumphe als Klaviervirtuose: für einen Künstler, der ein Charakter werden will, fast zu viel des Glücks. Wurde Wagner durch ungezählte Hemmnisse, durch Jahrzehnte lang währende Verkennung immer mehr in sich selbst zurückgetrieben, zu immer eigensinnigerem Fanatismus verärgert, so konnte Meyerbeer, dem nichts im Wege stand, zu geschlossener Selbständigkeit niemals sich finden. Man muß Goethe heißen, um überreichliche Gunst des Schicksals ertragen zu können; Geister von weniger großartigem und universellem Gepräge müssen meist durch ein Martyrium von Sorge und Mangel schreiten, ehe sie mannbar werden und der eigenen Kraft bewußt. Meyerbeer hat dieses stählende Bewußtsein nicht

*) Wagners Ges. Schriften. Fünfter Band: Erinnerungen an Spontini. Leipzig. E. W. Fritzsch.

erworben; er blieb, unmännisch mißtrauisch, zeitlebens, wie Heine ihn genannt, ein ängstliches Genie; und auch Beethoven, in dessen Wellington-Symphonie er, 1815 in Wien, die große Trommel besorgen sollte, behielt Recht, da er lachend sprach: „Es ist nichts mit ihm; er hat keinen Muth, zur rechten Zeit dreinzuschlagen.“

Aber auch den Muth ersetzte das Glück. Nach mancherlei Irrfahrten durch italienische und religiöse Musik fand Meyerbeer schließlich seinen eigenen, den eklektischen Stil, und als am zweiundzwanzigsten November 1831 Robert der Teufel das helle Licht der Großen Pariser Oper erblickte, da hatte der Aengstliche doch zu rechter Zeit dreingeschlagen. Die geschickte Synthese von Rossini und Spontini, der ungeheure Apparat an sinnlich reizender Ausstattung, die fahle Romantik, der blendende Glanz des Orchesters: der Erfolg war gesichert und er wurde zur Vergötterung, weil die Opernbühne leer und die Konstellation die günstigste war. Rossini hatte nach seinem Tell-Wunder sich zum Schweigen verdammt, Auber kehrte von der Stummen zu der seiner graziösen Kunst näher liegenden Konversationoper zurück und Spontini war nur noch das geschwätzige Gespenst seines Ruhmes. Und Frankreich war für die Romantik reif geworden. Die Julirevolution hatte ausgetobt, die Hernanischlacht war gewonnen, Victor Hugo erfüllte mit sublimen und grotesken Ungeheuerlichkeiten die Szene, im Salon siegten Ary Scheffer, Vernet, Delacroix. Da erschien Meyerbeer und brachte aus dem Freischützen den Höllenspuk, vom Rossinismus die Süßigkeit, vom Demokratismus das wilde Grollen und Jauchzen gewaltiger chorischer Massen und aus eigenem Besitz die theatralisch wichtigste und werthvollste Kunst: in Lust und Schmerz eine bunt aus den verschiedensten Elementen zusammengesetzte Menge zu amusiren. Der zärtliche Papa Teufel, die heilige Mutter aus dem unheiligen Kloster der tanztollen Nonnen, vor Allem aber der lebensgierige Held, „der nicht genau weiß, was er will, der beständig mit sich selber im Kampfe liegt, ein treues Bild des moralischen Schwankens damaliger Zeit, einer Zeit, die sich zwischen Tugend und Laster so qualvoll unruhig bewegte und nicht immer Kraft genug besaß, den Anfechtungen Satans zu widerstehen"*): amusant im Theatersinne war er selbst, war seine verworrene Umgebung. Sechs Jahre hindurch, vom Crociato bis zum Robert, hatte Meyerbeer den europäischen Geschmack durchaus studirt mit heißem Bemühn; nun hatte er das Rezept gefunden und, glücklich wie immer, auch zugleich den wackeren Apotheker, bei dem er es anfertigen lassen konnte: Eugène Scribe.

Herr de Lagenevais, der Kritiker der „Revue des deux mondes", hat nicht ohne einige Berechtigung Scribe den wahren Reformator der großen Oper genannt. So reich Meyerbeers Talent als eines Finders und Erfinders war, allein konnte er seinen Traum nicht verwirklichen, jenen Traum einer riesigen, passionirten und dekorativen Schaustellung mit Musik, die alles bisher Dagewesene an Effekt überbieten sollte, überbieten mußte. Auch Maler, Balletmeister und das ganze Massenaufgebot theatralischer Aeußerlichkeiten reichten dazu nicht aus; Das verlangte einen Textfabrikanten, der zugleich Maschinist sein, durch alle Lande, vom Himmel durch die Welt zur Hölle, wandern, vor keinem noch so unsinnigen Wagniß zurückschrecken und vom Abenteuerlichen zum Abenteuerlichsten fortschreiten konnte, ohn' Ermatten, ohne Reu' noch Scheu. Dieser Mann war Scribe, und erst als er diesen Helfer gefunden hatte, war Jakob Beer der große Giacomo Meyerbeer geworden. Scribe, der die Stumme von Portici aufgestöbert hatte, schaffte nun uner-

*) Heine: Lutetia.

müdlich neue Sensationstoffe herbei: der durch die Liebe geläuterte Teufelssohn, die Bartholomäusnacht, die Gräuel der Wiedertäuferei und der Kolonialerlebnisse mußten der Reihe nach herhalten und jedesmal gabs einen Erfolg, dessen Gleichen die Opernbühnen vormals nicht gekannt hatten. Das war endlich modernes Amusement, Amusement für die Modernen. Da gab es — bei Roberts Hazardvergnügen, unter den Vanillebäumen der galanten Königin von Navarra, beim leichtlebigen Nevers und seinen schneidigen Freunden, beim Bacchanal des falschen Propheten — bis zur Selbstverhöhnung frivole Lüderlichkeit; da schossen, in Selikas Märchenhainen, phantastisch-erotische Wunderblumen auf; da wurde, in der Schwertweihe der Hugenotten und im frommen Pfaffenkonzil der Afrikanerin, der wilde Glaubenshaß zornig gegeißelt vom Sohne der berlinisch-jüdischen Aufklärung; da vertraten Alice, Valentine, Fides und Selika superlativisch aufopferungfähige Tugend und aus den unheimlichen Zügen der Bertram und Nelusko grinste wüster Höllenhohn hervor; da gab es historisch bewegte Hintergründe, blutige Kämpfe um Freiheit des Glaubens und der Kultur; Vergewaltigung drohte und Jungfrauenraub und Ehebruch wurden verübt, indessen hell und dunkel getönte Glocken erklangen und das Lutherlied machtvoll brausend durch die Lüfte schwang. In quellender Fülle tauchten schmeichelnde Melodien auf und nieder und über sie hinweg raste und schluchzte und jubelte in raffinirter Harmonie das Orchester, dem hier zum ersten Male die äußersten, die zartesten und die brutalsten Instrumentationeffekte abverlangt wurden —: wahrlich, es hätte nicht der vereinten Meisterschaft des Tenors Nourrit, des Bassisten Levasseur, der Primadonna Falcon und der Tänzerin Taglioni bedurft, um solche Werke in solcher Zeit zum Triumphe zu führen.

Ist Meyerbeer ohne Scribe nicht zu denken, so ist er

auch nicht allein als Musiker zu beurtheilen. Seine Musik hat oft, das Ungemeine zu erreichen, gemeine Mittel nicht verschmäht; es genügt, Das zu beweisen, die Erinnerung an die stillos banalen, fast frechen Couplets der Alice im Robert, die abwechselnd eine Heilige und eine Operettenheldin vor uns steht. Ein französischer Kritiker hat von dieser für Meyerbeer besonders charakteristischen Figur sehr hübsch gesagt: „Lorsque j'entends au début la phrase pleine d'emotion et de recueillement, la présence de Raimbaut voyageant seul avec cette jeune fille n'a rien qui me choque; mais la petite personne qui chante si galamment ‚Quand je quittai la Normandie' me paraît en savoir déjà long, et je commence à me montrer beaucoup moins rassuré sur le compte d'un pareil ange qu'un beau garçon accompagne nuit et jour en ses pélerinages.“ Das ist ein Beispiel für viele, die hier nicht zu betrachten sind, wo nicht von dem Musiker, wo von dem Theatermanne und dem Effektkünstler Meyerbeer die Rede sein soll.

Er war ein Theaterereigniß ersten Ranges. Hatten bis dahin Dichter und Komponisten in der Einsamkeit ihre Werke reifen lassen, so bedachte Meyerbeer bei der winzigsten Einzelnheit den Anspruch der Bühne und die Eigenart seiner Sänger und der Erste erfand er jene Monstrekunst, die mit allen Werkzeugen Seele und Geist und Sinne des Publikums zu umklammern bemüht ist, die durchs Ohr den Zuhörer, durchs Auge den Zuschauer erobert, ohne die Kunstmittel ängstlich zuvor auf ihren Edelgehalt zu prüfen. Die Genesis seiner Opern giebt darüber ergötzliche Belehrung; ein ewiges Aendern und Anpassen und Umwerfen findet man da. Der Robert, anfänglich für die komische Oper bestimmt, wird zur großen Oper mit Ballet ausgereckt; Bertram, ursprünglich eine Barytonpartie, wird während

5*

der Proben für den genialen Bassisten Levasseur umgesetzt; in der Schwertweihe der Hugenotten tritt für Katharina von Medici Valentinens Vater ein, und da der Aktschluß das Liebespaar von der Bühne und vom Beifall fern halten würde, ersinnt der Komponist noch in zwölfter Stunde das große Duett Raouls und Valentinens, wohl das Mächtigste und Packendste, was ihm je gelungen ist. Nie ist er zufrieden, immer wieder bangt ihn um den Erfolg; bald ist die Ausstattung zu reich und bald wieder zu mager; von der Erwerbung bestimmter Darsteller macht er das Aufführungrecht abhängig; für die Vorbereitung des „Pardon de Ploërmel“ (Dinorah), einer Oper, die den Grundmangel seiner Natur, die Abwesenheit jeder Naivetät, grausam enthüllt, fordert er achtzig Proben und bis nach seinem Tode hält er die Afrikanerin, die auch zweimal umgearbeitet war, in seinem Pult, obwohl ein Staatsminister und Marschall von Frankreich persönlich in der Rue Montaigne erscheint, den ängstlichen Meister zur Herausgabe zu bewegen. Er traute den Gesangskräften der großen Oper nicht mehr und der umständliche Reklame- und Claque-Apparat, den er erfunden und schlau genug organisirt hatte, schien ihm nicht den sicheren Erfolg zu verbürgen, dessen Ausbleiben den Ehrgeizigen niederwerfen mußte. Eine Charaktermischung, die an den dritten Napoleon gemahnt, — wie das napoleonische und das meyerbeerische System einander überhaupt merkwürdig ähnlich sind: Beide waren Kinder und Günstlinge einer Zeit, der sie den raffinirtesten und amusantesten Ausdruck zu geben wissen. Nur das Sedan, das der Empereur nicht zu vermeiden verstand, blieb dem Theatraliker gnädig erspart, und während die kaiserreichliche Herrlichkeit längst verblichen ist, prunkt die große Oper, jenes unsinnige, bunte, barbarische, spannende und amusirende Dekorationstück, das dem Geschmack eines erregungsgenußsüchtigen Publikums entspricht, heute noch in den schillernden Farben, deren Geheimniß Meyerbeer listig erlauert und mit genialer Kraft ausgemünzt hat.

Er ist sein Genre und sein Genre ist er. Darin beruht sein ungeheurer Erfolg, daß er wußte, was von der Mode ersehnt wurde, und daß seine Talentmittel ihm erlaubten, diese Sehnsucht zu stillen. Wo er es fand, nahm er — das Gute nicht nur, nein, auch das Triviale und selbst das ganz Schlechte; bei Italern, Franzosen und Deutschen, in der protestantischen, in der katholischen und jüdischen Kirchenmusik nahm der kosmopolitische Eklektiker Anleihen auf und in rastlosem Bemühen, ein nervöser, geschäftig betriebsamer Erstling der Eisenbahnzeit, zimmert er sich einen internationalen Ruhm, dessen Grundgebälk heute noch fest erscheint. Und wenn die weltbürgerliche Romantik auch durch die nationale Romantik, wenn der konventionelle Opernheld Raoul auch durch Siegfried, das lachende Kind, und den reinen Thoren endgiltig verdrängt werden sollten: Meyerbeers Einfluß auf die Musik- und Theatergeschichte bleibt, sei er nun wohlthätig oder unheilvoll, bestehen. Jeder Nachfolgende hat von ihm gelernt, Verdi so gut wie Wagner, Jener die schneidenden, grellen Kontraste, Dieser die raffinirte Instrumentation. Auch der Mensch Meyerbeer, der, wie durch den Ring einst Polykrates, durch stilles, fast verschwenderisches Wohlthun den Neid der Götter zu beschwören suchte, steht, trotz manchem komischen und allzu modernem Zuge, als eine gütige, in ihrer furchtsamen Schwäche noch sympathische Persönlichkeit vor unserm Erinnern. So oft von den überschwänglich unterthänigen Briefen Wagners aus den ersten vierziger Jahren der Blick zu seiner antisemitischen Schrift von 1852 kehrt, in der er den „innigst verehrten Herrn und Meister" von ehedem so tapfer schmäht, so oft auch ist man versucht, mit dem weisen Nathan wieder zu fragen: Wer ist denn hier der Jude?

Dostojewskij.

Ein Verzeichniß von Märtyrern oder ein Register von Sträflingen hat Alexander Herzen die Geschichte der russischen Literatur genannt. Früh und gewaltsam sind dem still gährenden Reiche seine vorragenden Dichter geraubt worden: Puschkin und Lermontow, die slavischen Romantiker, fielen im Zweikampf, lange bevor sie ihr wehmüthig kosendes Lied zu Ende gesungen hatten, und Gogol, der Vater der modernen rnssischen Dichtung, starb kaum dreiundvierzig Jahre alt. Wie seine Pflanzen, so treibt das Land der Gegensätze auch seine keimkräftigen Menschen zu hastiger Reife und zu frühem Welken; der ungeheure Zwiespalt, der zwischen der düsteren Wirklichkeit und dem überhitzten Gedankenleben jäh sich öffnet, er verschlingt Alles, was sich ihm muthwillig mit schwindelfreiem Blicke naht.

Als Gogol dem älteren Freunde Puschkin die ersten Kapitel der „Toten Seelen" vorlas, da fand der Poet als einzige Kritik den Ausruf: „Gott! wie traurig ist unser Rußland!" Er fand das Vaterland wieder in der Dichtung des jüngeren Genossen und in trauernder Bewunderung grüßte er Rußlands größten Prosaiker. Und wieder, da wir das Leben und das Lebenswerk Dessen überschauen, der des Neulandes Gogol geworden ist, drängt sich der Ruf hervor: Wie traurig ist dieses Rußland! Ein Dichter, der im Armenhospital geboren wird, den man vom Schaffot nach Sibirien schleppt und dessen Leiche dreißig Jahre später Hunderttausende zur Ruhe geleiten: nur in Rußland kann sich solch ein Lebensroman abspielen; nur Rußland konnte einen Dichter wie Dostojewskij hervorbringen.

Nicht eine Lebensgeschichte des großen Dichters soll hier gegeben werden; doch zu eng verknüpft ist seine Dichtung mit seinem harten Geschick, sein Schaffen wurzelt zu tief im nationalen Erdreich, als daß es möglich wäre, hier pedantisch zu scheiden und zu unterscheiden.

In dem selben Jahre 1821, das Frankreich den Schöpfer seines modernen Romans, Gustave Flaubert, schenkte, erwachte im moskauer Armenhospital der kleine Fedor Michailowitsch Dostojewskij zu freudlosem Erdendasein. Das Kind kränkelte und zeigte bald die ersten Spuren jener epileptischen Anfälle, unter denen der Mann später so schwer zu leiden hatte. Trotzdem sollte er Soldat werden, und so sehnsüchtig er nach humanistischer Bildung verlangte —: er wurde in der petersburger Ingenieurschule untergebracht und erst nach bestandenem Unterlieutenantsexamen gelang es ihm, sich ganz der Literatur zuzuwenden. Unter Armen und Elenden war er aufgewachsen; und der erste Roman des Dreiundzwanzigjährigen trug den Titel „Arme Leute". Der ganze Dostojewskij ist in diesem Erstlingswerk schon enthalten.

Damals regten sich die ersten Keime jener Bewegung, die wir heute mit dem Worte Turgenjews Nihilismus nennen; zu Beginn der vierziger Jahre hatten zugleich mit den Systemen Hegels und Feuerbachs die sozialistischen Lehren von Proudhon, Fourier, Saint-Simon und Louis Blanc in das Zarenreich Eingang gefunden; die besten

Elemente der Jugend begeisterten sich an diesen Flammen. Dostojewskij hatte sich der Gruppe des Agitators Petraschewskij angeschlossen und schwärmte mit den Gemäßigten von der Aufhebung der Leibeigenschaft und von den Segnungen einer Konstitution, während die radikaleren Genossen an eine gewaltsame, völlige Demolirung des morschen Gesellschaftgebäudes dachten. Am dreiundzwanzigsten April 1849, früh um fünf Uhr, wurden vierunddreißig Verdächtige verhaftet und ins Gefängniß geworfen. Dostojewskij war unter ihnen. Acht Monate saß er in Untersuchunghaft, jeglicher Geistesnahrung beraubt und gezwungen, wie er in einem Briefe klagt, „von meinem eigenen Gehirn allein zu leben;“ von Zeit zu Zeit öffnete ein junger mitleidiger Soldat das Schiebefenster und flüsterte den Gefangenen zu: „Ihr langweilt Euch gewiß? Leidet geduldig. Auch Christus hat gelitten.“ Dostojewskij hat das Wort nicht vergessen. Er hat das Leiden gelernt und im Leiden das Mitleiden im Geiste der urchristlichen Lehre.

Am zweiundzwanzigsten Dezember stand er auf dem Schaffot, und während die ersten Opfer russischer Justiz an den Pfahl geschnürt wurden, erzählte Fedor Michailowitsch seinem Nebenmanne die Fabel einer im Kerker entworfenen Novelle. Erst als die Soldaten bereits angelegt hatten, wurde die weiße Fahne gehißt; Zar Nikolaus war gnädig genug, diese jungen Leute, von denen die Meisten nichts Anderes dachten und wollten als er selbst, „nur“ nach Sibirien zu schicken. Einer von ihnen, Grigoriew, ward auf der Stelle wahnsinnig; und auch Dostojewskij hat, trotz seiner äußerlichen Ruhe, sein Leben lang unter dem Eindruck dieser furchtbaren Minuten auf dem Schaffot gestanden. Niemals aber hat er geklagt. Der zarte, kränkelnde Dichter mit der sensitiven Natur eines schwachen Mädchens und dem unbeugsamen Willen eines altrussischen Bauern ging in die sibirische Einöde, das Evangelium in zitternden Händen tragend, das ihm, wie den Genossen, von den Frauen der Dezembristen eingehändigt wurde.

Zehn Jahre hat er, theils in Sibirien, theils im kaukasischen Strafregiment lebend, so verbracht: in unfruchtbarer Arbeit dahinkeuchend, mißhandelt, von gemeinen Verbrechern umringt, ohne schreiben, ja, ohne denken zu können; denn nie war er allein. Und gerade in dieser fürchterlichen Zeit ist seine Kraft erstarkt: er hat lieben gelernt. Das bittere Leid, das einen kleinen Geist gebrochen hätte, ihn hat es zum großen Dichter gemacht. Im Zarenreich heißt jeder Verbrecher seit den ältesten Tagen ein Unglücklicher. So kennt auch Dostojewskij, der ein Russe und nichts als ein Russe sein will, seit jener Schreckenszeit nur noch Unglückliche; Verbrecher und Bösewichte, die man hassen müßte, giebt es für seine Christusnatur nicht. Und mit des alten Tragikers herrlichster Mädchengestalt spricht der so ungerecht mißhandelte Dichter aus dem neuen Rußland: „Nicht mitzuhassen, mitzulieben bin ich da."

Als ein angehender Nihilist war Dostojewskij geschieden; nach zehn Jahren kehrte er über den Ural zurück, ein zum Glauben Erwachter. Leiden und Mitleiden hat er gelernt; er hat sein Kreuz auf sich genommen. Bis zu seinem Tode fast ist ihm das Leid ein treuer Gefährte geblieben; stets war er ein Gehetzter, ein Bedrängter, ein Armer. Und als man ihn am zwölften Februar 1881 hinaustrug zur letzten Stätte, da folgte ein Volk von Armen und Elenden seinem Dichter, in leidenschaftlichem Schmerz drängten Tausende zur offenen Bahre; nur bei Skobelews Leichenfeier war ein ähnlicher Massenaufstand erlebt worden. Der kluge Loris Melikow, dessen liberaler Versuch so schnell zu

Ende gehen sollte, weigerte sich standhaft, gegen die Leidtragenden einzuschreiten; er zog es vor, dem Gefühl der Massen sich anzuschließen, statt den nutzlosen Versuch zu wagen, es zu unterdrücken. Vier Wochen nach dieser gewaltigen Huldigung vor dem Dichter der armen Leute war Kaiser Alexander II. ermordet, — und die Schreckensherrschaft trat wieder ein in ihre angemaßten Rechte.

Dostojewskij war bis zum Fanatismus vaterlandsgläubig. Rußland und die slavische Welt erschien ihm wie ein Land der Auserwählten, das allen anderen Ländern vorauszuschreiten bestimmt war. In einem Zwist über die Vorzüge der occidentalen und der russischen Literatur findet er das stolze Wort: „Wir Russen haben den Geist aller anderen Völker und den des russischen Volkes obendrein; wir können daher wohl diese verstehen, aber nimmermehr diese uns." Und dennoch, — wie traurig ist dieses Rußland Dostojewskijs! Aber dieser moralische Asket erblickt in jeder neuen Leidensstation der Geschichte des geliebten Volkes eine neue Gnadenbezeugung des Herrn, denn: nur wer leidet, ist ihm groß und glücklich. Ueber dem Lebenswerk dieses merkwürdigen Menschen liest man als unsichtbares Motto jenes berühmt gewordene Wort, das Raskolnikow, den menschenliebenden Mörder, vor der Straßendirne in den Staub sinken läßt: „Nicht vor Dir beuge ich mein Knie; vor dem Leid der ganzen Menschheit werfe ich mich zu Boden."

Untrennbar ist in Dostojewskijs Schaffen vom Dichter der Politiker und der Christ. Den Begriff einer nur auf eigenen Schönheitgesetzen beruhenden, von der Summe der Wirklichkeiterscheinungen losgelösten Kunst kennt man nicht in einem Lande, daß keine Oeffentlichkeit, keine Presse, kein konstitutionelles Leben besitzt; in die Dichtung drängt hier der Kampf des Tages. Die Russen sind die natürlichen

Realisten, wie die Franzosen Realisten geworden sind durch rein verstandesmäßige Beobachtung der Zeitströmung. Schon Nikolaus Gogol sprach von jenen „kleinen Dingen, die nur in der Erzählung klein erscheinen, indessen sie im Leben so überaus wichtig sind"; und in einem der letzten Sätze, die er in die „Beichte eines Schriftstellers" eintrug, hat er seinen Entwickelungsgang so bezeichnet: „Das Leben in seiner Realität habe ich verfolgt, nicht Traumbilder der Phantasie, und ich bin zu Dem gelangt, der die Quelle allen Lebens ist."

Zu ihm ist, wie Tolstoi, auch Dostojewskij gelangt. Mit dem ganzen Fanatismus des Slaven hat er den fast gleichzeitig von dem Autor der „Paroles d'un Croyant" und von George Sand, der Dichterin der sozialen Uebel, bekannten Gedanken einer „geistigen Kirche" umfaßt. Der echte Glaube ist ihm das Allheilmittel für jegliches Leid und Elend der Welt; der slavophile Christglaube soll sich — so will er — streitbar machen und mit den Waffen der Liebe den „unchristlichen" Katholizismus und seine Konsequenzen, den Protestantismus und den Sozialismus, aus dem Wege räumen. „Auch der Sozialismus ist ja ein Erzeugniß des Katholizismus, auch er ist, wie der Atheismus, eine Frucht der Verzweiflung, der sich an Stelle der verlorenen sittlichen Idee, die in dem wahren Christenthum ruhte, etwas Neues schaffen wollte, um den Seelendurst der verschmachtenden Menschheit zu stillen. Aber nicht mit dem Worte Christi stillen sie ihn, sondern mit Blut und Gewalt, mit den selben schrecklichen Mitteln, deren sich das neue Rom im Kampfe um die Weltherrschaft stets bediente. Fort mit dem Glauben an Gott, fort mit dem Eigenthum, mit der Individualität — Fraternité oder Tod, und wenn es zwei Millionen Köpfe kostete! An ihren Früchten sollt Ihr sie erkennen, steht geschrieben. O, wir müssen Widerstand leisten, und zwar bald, sehr bald, wir müssen unseren Christus, den wir in unserem Glauben uns bewahrt und gerettet haben, dem Westen gegenüber, der diesen Christus nicht mehr kennt, zur Geltung und Anerkennung bringen." Das ist die Mission des panslavistischen Gedankens, wie ihn Dostojewskij faßt, und in folgerichtigem Vorwärtsschreiten mußte der Dichter zu dem Bekenntniß gelangen: Der Schwache und Leidende ist der wahrhaft Starke und Glückliche; erst die Kreuzigung, die unsagbar schmerzliche, macht den Menschensohn zum Heiland der Welt.

In dem dreibändigen Roman „Der Idiot" hat der Dichter diesen vollkommenen Leidensmenschen gezeichnet. Fürst Myschkin, der Idiot, der ein glückloses Dasein in unheilbarem Wahnsinn beschließt, ist ein „Auserwählter Gottes, des Allmächtigen". Wie der nach der That reuige Raskolnikow, so hat auch der unschuldige Myschkin sein Kreuz auf sich genommen und seine einzige Furcht ist, seines Leidens unwürdig zu sein.

Der Idiot ist Dostojewskijs Lieblingsgestalt. Der feine Erkenner der russischen Dichtung, E. M. de Vogüé, der aus dem persönlichen Verkehr mit dem kranken Dichter eine reiche Fülle dankenswerther Einzelnheiten mitgetheilt hat, hebt treffend hervor, wie Dostojewskij im Idioten sich selbst gezeichnet hat, — nicht zwar, wie er wirklich war, wohl aber wie er sein wollte. Auch Myschkin ist Epileptiker; aus seiner geistesschwächlichen Jugendzeit hat er den Schimpfnamen „Idiot" bewahrt. Ein Mann von hohem Geist und kindlich reinem Sinn steht er vor uns: die langjährige Krankheit hat alle unedlen Geisteskräfte verkümmern lassen und im steten Verkehr mit Kindern und Geisteskranken ist Myschkin selbst ein Kind geblieben. Er kennt keine egoistische Regung, keine brennende Begierde, keinen Neid, keinen Haß; er spricht nie eine Lüge aus und liebt, die ihn verachten und verspotten; er ist ein Kind, das Himmelreich ist sein. Und dieser ganz und gar phantastische Charakter aus einer nie gekannten mystischen Idealwelt ist mit einer Kraft hingestellt, mit einer unerbittlichen Wahrheit entwickelt, daß man ihn glaubt: kein Dichter hat jemals eine merkwürdigere Kraftprobe gegeben als dieser weltfremde, epileptische „Skythe“, der alle früheren literarischen Voraussetzungen in Trümmer schlägt und über den Ruinen seine eigene bizarre Welt erbaut, eine Welt von Wahnsinnigen und Schwärmern, von Mördern und Selbstmördern, von Unglücklichen und Kindern.

Was wird aus diesem Denker mit der Kindesseele, wenn er aus der Abgeschiedenheit der Krankenanstalt heraustritt in die Wirklichkeitwelt? Er wird verspottet, belacht, betrogen, ausgebeutet, aber sein rein lachender Kinderglaube überwindet alle Anfeindung und erzwingt ihm endlich Liebe; und mit dem letzten Rest an stumpfsinniger Zärtlichkeit liebkost noch der Wahnsinnige den Mörder des geliebten Weibes.

Einen russischen Don Quixote wollte Dostojewskij schaffen; und im Anfang hat er offenbar daran gedacht, auch seinem Helden die rührende Beschränktheit zu verleihen, die dem Ritter von La Mancha erst das eigenartige Gepräge giebt. Aber des traurigen Leidensdichters Sache war nicht der befreiende Humor; Cervantes kann über seinen Ritter von der traurigen Gestalt lächeln: Dostojewskij kann nur mit ihm leiden; aus dem leichten Spiel reißt es ihn bald empor zu den höchsten Problemen der Menschenseele, hinab in den tiefsten Abgrund des Menschenelends. Da erst fühlt er sich heimisch und aus dem unbeholfenen Ritter der Tugend erwächst eine moderne Christusgestalt: der reine Mensch.

Der Idiot kennt keine irdische Liebe, von der die Dichter

singen; und auch Dostojewskij kennt sie nicht, der Dichter, der dem eigenen geliebten Weibe das ersehnte Glück an der Seite eines Anderen bereiten half. Nur wahnwitzige Sinnengier, die mordet, um zu besitzen, hat er in schmerzhaft fesselnden Gestalten verkörpert, oder die Heilandsliebe für Mühsälige und Beladene; der zuckende Nerv oder die rinnende Thräne führt seine Liebenden zusammen. Zwei Frauen bringen dem Idioten ihr Herz entgegen: Aglaia, deren phantastisch überhitzte Mädchenlaune in dem Fürsten nur den von Anderen unterschiedenen Ausnahmemenschen liebt und deren Jugend später einem polnischen Abenteurer und einem Jesuitenpater zum Opfer fällt; und Nastassja Filippowna, die Gefallene. Dieses früh verführte Weib steht leidensbürtig neben der Sonja aus „Schuld und Sühne.“ Die Dirne erkennt am Ehesten die stille Hoheit des von aller Welt verhöhnten Idioten; da ihre flammende Leidenschaft sich nicht zu schweigender Entsagung zwingen will, geht sie freiwillig in den sicheren Tod, des Geliebten Glück zu gründen. Und der Idiot? Er liebt keine von beiden Frauen mit menschlicher Mannesliebe, und wenn auch die mädchenreine Aglaia sein Herz etwas lebhafter schlagen macht, — muß er nicht mit der unglücklichen Verführten weinen? Nastassja will er zu seinem Weibe machen, und da sie vom Altar fort ihm entläuft, um ihn mit ihrer Schande nicht zu beschmutzen, folgt er ihr und sucht und findet sie — als Leiche. Mit dem Manne, der sie in blinder Leidenschaft gemordet hat, durchwacht er zu Füßen des Totenbettes eine köstlich wehmüthige Nacht; kein Hauch von Sentimentalität zerstört die grausame Schönheit dieser Situation: der Tobsüchtige und der Idiot nehmen gemeinsam das Kreuz auf sich und sind glücklich, weil sie leiden. Grausender Bewunderung voll liest man die letzten Worte: „Rogoschin (der

Mörder) stieß von Zeit zu Zeit ein abgerissenes, zusammenhangloses Murmeln hervor; dann begann er zu schreien und zu lachen. Jedesmal streckte der Fürst seine zitternden Hände nach ihm aus und fuhr ihm streichelnd über den Kopf und über die Wangen.... Das war Alles, was er thun konnte. Ihn selbst aber überlief es immer wieder mit neuen Schauern und ein endloser Gram erfüllte sein Herz. Es war bereits Tag geworden. Völlig kraftlos und gebrochen, streckte er sich endlich langsam auf seinem Lager aus und schmiegte seinen Kopf an das bleiche, unbewegliche Gesicht Rogoschins. Thränen flossen aus seinen Augen auf Rogoschins Wangen, aber vielleicht fühlte er gar nicht mehr, daß sie flossen. . . ."

Das ist ein psychopathischer Fall und keine Handlung, werden die Schönheitästhetiker sagen. Und gewiß ist das Lesen eines Buches von Dostojewskij eine Marter viel eher denn ein Genuß. In endlos traurigem Zuge ziehen sie an uns vorüber, die Narren und die Tollen und die Verbrecher, kein freundlicher Sonnenblick erhellt diese Wahnsinnswelt, in der die Kranken den schützenden Verband von schwärenden Wunden reißen und die Irren in unheimlicher Grübelsucht des eigenen Hirnes verworrene Gänge abspähen, sich selbst zu zergliedern und im eigenen Denken den einen schwanken Punkt auszufinden, von dem die Geisteserschütterung begann. Nichts bleibt uns zum Trost auf dieser Leidenspilgerschaft als die allgewaltige Liebe des Dichters, die über den nächtigen Wassern des blutigen Thränenstromes in mystischer Reine dahinschwebt.

Und dennoch findet auch diese Liebe ihre Grenze am Ende der slavischen Welt. Dostojewskij verabscheut den Westen eben so leidenschaftlich, wie er den Osten und den Norden liebt. „Nein, nein, Alles ist Schwindel, Alles Lug und Trug in diesem windigen Europa. Geben Sie Acht, ich werde Recht behalten.“ Mit diesem Wort schließt der „Idiot“. Aber dieser Abscheu trifft nicht — wie bei Lew Tolstoi — alle Geisteskultur, sondern nur die „glaubenslose“ Lehre des Occidents. Beide Dichter umfassen das nordische Sittlichkeitideal mit ekstatischer Inbrunst, Beide sprechen mit Jean Jacques Rousseau, dem großen Philantropen des achtzehnten Jahrhunderts: „Tout est bien, sortant des mains de l’auteur des choses; tout dégénère entre les mains de l’homme.“ Doch nur Tolstoi geht bis zur Mahnung mit: „Sachez être ignorant“; der Prophet von Tula erblickt in Wissenschaft und Kunst der menschlichen Uebel größtes, und wie sein großer französischer Vorfahre hätte auch er auf die von der Akademie in Dijon gestellte Preisfrage: „Si le rétablissement des sciences et des arts a contribué à épurer les mœurs?“ mit einem empörten Nein geantwortet. Sagte er doch schon in „Anna Karenina“: „Alles Unheil kommt von dem dummen Verstand, von dem Schurken Verstand her.“ Anders Dostojewskij; auch Tolstoi ist Autodidakt, aber er kommt von den Höhen der Gesellschaft und sucht das Primitive mit der leidenschaftlichen Uebertreibung des Konvertiten; aus der Tiefe, aus Nacht und Elend, steigt Dostojewskij empor und, was er selbst einst so eifrig gesucht, kann er niemals ganz verachten lernen. Er bekämpft nicht die Kultur, aber er liebt sie nur da, wo ein reiner Christenglaube, ein apostolischer Kommunismus sie mild durchleuchtet. Der einfältige, plump resignirte und von natürlicher Menschenliebe erfüllte Bauer Platon Karatajew ist des Grafen Tolstoi Menschheitideal; den Fürsten Myschkin, das kinderreine Genie, den geistig hochentwickelten und seelisch doch urwüchsigen Menschen, erhebt Dostojewskij auf den Thron. Das ewige

Gesetz von der Anziehungskraft der Gegensätze erweist sich auch hier wirksam, auf den Höhen poetischen Schaffens.

Und das selbe Gesetz erklärt auch den Erfolg dieser „Asiaten“ in Europa: die gezähmte Bestie reizt der gefahrlose Verkehr mit dem wilden Thier, der Hund staunt den Wolf an. Darum zieht es uns immer wieder zu diesen unsäglich traurigen Büchern, nach deren Lecture uns — wie Voltaire witzig von Rousseaus Werken gesagt hat — ein ganz außerordentliches Gelüsten ankommt, auf allen Vieren zu kriechen. Zwei Wilde haben in der schwachgemuthen Kulturzahmheit unserer Jahrhundertwende sich den stärksten Erfolg erstritten, zwei Ungezähmte, die jetzt des modernsten Europäerempfindens beide Pole bezeichnen: der Dichter Raskolnikows und der Sänger Zarathustras. Und es ist ein seltsames, doch nicht unverständliches Zusammentreffen, daß Beide das Problem des großen Gewaltthäters beschäftigt hat, der den Anfang dieses Jahrhunderts durchtoste. Mit Bonaparte, dem Brecher alter Tafeln, haben Beide sich, Jeder auf seine Weise, auseinanderzusetzen versucht.

* * *

Der Dichter der armen Leute war kein feiner Künstler wie Turgenjew, kein kraftvoller Plastiker wie Tolstoi; seine Technik ist oft dürftig und unklar, die Komposition verliert sich namentlich in seinen späteren Werken in dicken Nebel. Dostojewskij war ein armer, kranker, nervöser Mensch, der vom Schicksal schnöde behandelt wurde und jeden Brocken seiner stets lückenhaften Kenntnisse sich mühsälig selbst erwerben mußte. Er „stellte sich vor, man müsse einfach hinsehen und dann drauflosmalen“, — und er malte den mächtigen fest zugefrorenen Strom des russischen Reiches, unter dessen

Eisesdecke es dennoch lebt und schnappt und brütet, er malte beim fahlen Morgengrauen, was er „einfach“ gesehen: er mußte Noth und Elend und Jammer und Thränen malen.

Kraft im Wollen und Kraft im Leiden fordert dieser weiche und starke Mensch, der mit wahrhaft hellseherischem Blick in alle Abgründe der menschlichen Seele hinabtaucht und den der unwiderstehliche Drang peinigt, einen Gedanken, ein aufblitzendes Erinnern zu verfolgen bis in die fernsten Wurzeln ihres Entstehens. Dostojewskij ist der Psychiater unter den Dichtern; als der große Phantast der Idee, ist er gleichzeitig der subtilste Erkenner moderner Handlungmotive und der gründlichste Durchforscher des Nervengeflechtes moderner Menschheit aus der slavischen Welt. Diese Gründlichkeit ist oft grausam und schmerzhaft, aber das traurige Auge des Arztes erstrahlt von unendlicher Liebe und die Hand, die den Leidenden hält, berührt ihn in mitleidiger Zärtlichkeit. Ernst ohne Strenge und weich ohne Schwäche sind die großen dichtenden Moralisten aus dem Zarenreich.

Das Evangelium der Duldung und der Bruderliebe predigt Dostojewskij, er verlangt, man solle die andere Wange hinhalten, wenn die eine geschlagen wurde, und seinem urchristlichen Sinn erscheint ein Krieg, die Hinrichtung eines Menschen durch den Menschen („Nein, mit einem Menschen darf man auf diese Art nicht umspringen!“) als ein Majestätverbrechen an der Sittlichkeit. Und da Lew Tolstoi wie er denkt, da beide Dichter ihr Leben daran gesetzt haben, in den Volksgeist des Millionenreiches einzudringen, und da dem Lebenden wie dem Toten das Volk in schwärmender Begeisterung anhängt, so braucht der Menschheitfreund die Hoffnung noch nicht aufzugeben, es werde dermaleinst der Tag erscheinen, an dem dieses jugendstarke, aus tausendjährigem Schlummer mählich erwachende Geschlecht, dessen Sittlichkeit noch unangetastet, unangefressen vom lastenden Staube der Konvention ist, dem rechten Weckrufe folgen wird und der rechten Weisung.

Vielleicht, daß alsdann das prophetische Wort zur Wahrheit wird, das der Dichter der „Toten Seelen" sprach: „Schon hört man das Schluchzen aufsteigen aus dem sittlichen Leiden der Menschheit; alle Völker Europas unterwirft sich das Uebel; geräuschvoll bewegen sie sich, die Unglücklichen, ohne zu wissen, wie sie sich retten könnten; alle Heilmittel, jede Hilfe, die ihnen die Vernunft empfiehlt, sind unerträglich und erleichtern sie nicht. Noch lauter wird dieses Stöhnen werden, bis zu dem Tage, wo auch das härteste Herz vor Erbarmen brechen, wo eine bisher unbekannte Macht des Mitleidens eine gleichfalls unentdeckte Quelle erquickender Liebe eröffnen wird. Dann wird der Mensch in heißerer Liebe entbrennen für den Nächsten und für die Menschheit, als man deren je sah auf Erden."

Diese opferbereite Liebe glühte in Dostojewskij, er lebte und starb in ihren Flammen und weit über die Grenzen hinaus, die seine slavische Beschränktheit ihr zu ziehen versucht, wirkt sie fort, — erwärmend, tröstend, einen neuen, fruchtverheißenden Menschheitboden mit mildem Schein umleuchtend.

Klassische und moderne Ausstattungstücke.

Nach sechzehnjähriger Wanderschaft hat die Theatertruppe des Herzogs Georg von Meiningen sich schlachtenmüde in die thüringische Kleinresidenz zurückgezogen; nicht mehr in Europa: in Meiningen werden künftighin die Meininger heimisch sein. Nun, da ihr Wähnen Frieden fand, ist es wohl an der Zeit, ihre Thaten zu wägen auf kritischer Schale; und es lockt zugleich die Aufgabe, die beiden Endpunkte zu betrachten, die unseres modernen Theaters breiteste und lärmendste Erfolge bezeichnen in den beiden letzten Jahrzehnten: das klassische und das moderne Ausstattungstück. Vielleicht, daß wir bei solchem Rückblick entdecken, wie es die nämliche Geistesdisposition war, die dem erfinderischen commis voyageur der Wissenschaft, Herrn Jules Verne und seinen Legataren, und den frisch tapezirten Klassikern willige Aufnahme bot.

Zunächst ist festzustellen, was heute schon allgemein vergessen scheint, daß die Meiningerei keineswegs von den Meiningern erfunden worden ist. Von dem bei Lebzeiten schon mythischen Theatergrafen Hahn-Hahn, der mystisch-brünstigen Ida kostümtollem Vater, der als Schmierendirektor in selig lächelndem Elend zwischen bunten Theaterfetzen starb, bis zum verunglückten düsseldorfer Abenteuer des an die Wegscheide zwischen entrückter Romantik und derbsinnlichem Naturalismus gestellten Karl Immermann hat es eigentlich nie an Versuchen gefehlt, durch opernhaften Prunkputz dem recitirenden Drama auf die Beine zu helfen. Und nicht von Meiningen: von der kunstberühmteren Hofstadt an der Ilm sind auch in neuester Zeit die ähnlichen Zielen zustrebenden Versuche ausgegangen. Franz Dingelstedt hat in Weimar vor den Meiningern gemeiningert; er fing mit den Königsdramen sacht an, bald kamen ihrer mehre dran, und während der ehemalige politische Nachtwächter seine glänzenden Arrangeurtalente auf langen Fortschrittsbeinen nach München und in die wiener Burg trug, wo dem alten Hassenpflugbefehder Titel winkten und Orden, war die zeitgerechte Mode heimlich von Weimar nach Meiningen übergesprungen. Als später dann, noch unter Dingelstedts Direktion, die Meininger nach Wien kamen, wollte es ihnen nicht recht glücken; szenischer Glanz war der Makartstadt nicht neu und vor der schauspielerischen Mittelmäßigkeit bäumte sich gerechter Burgtheaterstolz.

Ist demnach das Meiningerthum auch nicht in des Herzog Georgs Ländchen erwachsen, so hat es doch dieser merkwürdige Bundesfürst in ein System gebracht und ihm propagandistische Kraft verliehen. Herzog Georg ist mehr als ein reich begabter Kunstliebhaber und weniger als ein ganzer Künstler; mit dem feinsten Verständniß für die eigenthümliche Grundstimmung einer Dichtung verbindet er einen an den vornehmsten Werken der bildenden Kunst genährten Hang zu malerischer Farben- und Formenwirkung, der immer, wie ein selbstherrlicher Illustrator, geneigt ist, den Dichter zu meistern, anstatt ihm bescheiden zu dienen. Dabei ist der Fürst ein rastloser Raritätensammler und enthusiastischer Bibelotmensch; um eine altgenuesische Chokoladentasse, ein selbst vom Direktor der berliner Nationalgalerie auf den ersten Blick für echt genommenes Wunderwerk der nürnberger Imitationkunst, auf die Bühne zu bringen, mußte Fieskos stilles Gemahl sich von der schülerhaft kokettirenden Julia in einer nie gespielten Szene beschimpfen lassen; und dem Wintermärchen ward das antike Gewand ausgezogen, weil für des Phöbus Apollo Orakel ein byzantinisch bemalter Heiligenschrein aufgespürt worden war. So verzettelte dieser feinsinnige Spezialist, der doch das Ganze erfassen wollte, seine Kraft und statt eines künstlerisch freiwaltenden Organismus kam nur ein äußerst kunstvoller Mechanismus heraus. Hätte dem vornehmen Mäcenaten mit den genialen Regieeinfällen, deren köstlichste vielleicht die Wiedergabe des Schillerkostüms an die zu geisttötender Mittelalterlichkeit entstellten Räuber und die pfadweisende Behandlung des ersten Fiesko-Aktes betrafen, hätte sich ihm ein ebenbürtiger Dramaturg gesellt, das Paar hätte Wunder wirken können, wie sie mit dem gewiß nicht edleren Material der meininger Hofkapelle in kürzester Zeit der unwiderstehlich aufs Ganze gehenden Impetuosität Hans von Bülows gelangen. Aber der Vermittler zwischen dem fürstlichen Impressionisten und dem dichterischen Ansprnch war ein derber Praktiker, der die empfangenen Anregungen auf langen Kunstfahrten gemächlich vergröbern ließ.

Starke Wirkungen sind, nicht daran ist zu zweifeln, von den Meiningern ausgegangen und erst da scheiden sich die Ansichten, wo es festzustellen gilt, ob diese Wirkungen kunstförderliche oder kunstschädigende waren. Mein Empfinden drängt zu dem knappen Urtheil: die szenische Kunst hat gewonnen, die Schauspielkunst, die eigentliche Trägerin der zum Leben erwachten dramatischen Dichtung, hat an Werth und Bedeutung beträchtlich verloren. In diesem von fürstlichem Mäcenatenthum gepflegten Kunstprinzip war dennoch ein demokratisch gleichmacherischer Zug: nicht mehr der Einzelne, die große oder doch in der Tragik ihres Geschickes zur Größe heranwachsende Persönlichkeit entschied, sondern die Masse, das lebende und das tote Milieu; nicht mehr Karl Moor beherrschte mit titanischer Sturmrede die mächtigen Räuberszenen: die neue und glänzend bewältigte Aufgabe ging darauf aus, Leben und Treiben einer Räuberbande in deutlich bestimmten Zeitbedingungen mit überreichlichem Detail lebensvoll zu schildern; Fieskos Streben und Irren trat zurück vor der in berauschender Bilderpracht lebendig gemachten Darstellung genuesischen Volksgewühls und des Grafen von Lavagna großartiger Monolog im Anblick der herrlichen Stadt verklang rettunglos in die Unaufmerksamkeit eines schaulustigen Publikums, das sein Opernglas auf eine prächtige, morgenröthlich angestrahlte Dekoration richtete. Die Beispiele ließen sich häufen; immer und überall drängten Nebenzwecke hervor; Unwesentliches verschlang mit lärmendem Gepränge den künstlerischen Hauptzweck und in den Foyergespräche vernahm man wohl entzückte Ausrufe über echte Bäume, echte Thüren, echte Rüstungen, — den Wiederhall eines tiefgreifenden künstlerischen Eindruckes mochte man vergebens suchen.

Und so ist es geblieben, nachdem das Meiningerthum sich längst über alle Bühnen verbreitet hat. In Berlin, wo preußische Sparsamkeitrücksichten den Herrn von Hülsen an der Verwirklichung ähnlicher Pläne, mit denen er sich nach Rudolph Genées Zeugniß lange vor dem Herzog Georg trug, hinderten, ist man von puritanischer Nüchternheit in der Gestaltung des szenischen Bildes geschwind zu überladener Prachtentfaltung gelangt. Klassische Dramen haben dadurch eine ungeheure Anzahl von Aufführungen erreicht;

recht entschieden aber möchte ich bezweifeln, daß damit zugleich das Verständniß und die liebevolle Empfänglichkeit für den Geist dieser Werke gewachsen ist. Nicht durch bündige Thatsachenbeweise ist diese Annahme zu stützen; befremdlich aber wäre es doch, wenn der erstarkte Sinn für edle Bühnendichtung nur den Dramen zu Gute gekommen wäre, die dem Regievirtuosen zu Paradezwecken dienen, während die stilleren, äußerlichem Prunk sich entziehenden Werke — ich nenne Stella, Clavigo, Tasso, des Briten Charakterlustspiele, den ganzen Hebbel und die feinsten unter den Grillparzerstücken — auf unserer Bühne fast heimathlos geworden sind. Ganz sicher aber und von Kundigen unwidersprochen ist der unheilvolle Einfluß der Meiningerei, die jetzt ja auch moderne Stücke beleckt und Hand in Hand mit dem Niedergange der deutschen dramatischen Produktion vorschritt, auf die Schauspielkunst; zum willenlosen Regiesklaven erniedert und zur toten Nummer in einem szenischen Rechnenexempel, verlor der Schauspieler immer mehr von seiner individuellen Wesensart. Eine Theaterpraxis, die in ein vorher bis in die subtilsten Einzelnzüge fertig gestelltes Bild menschliche Gestalten hineinzuzwängen versuchte, konnte mit starken, selbstsicheren Persönlichkeiten überhaupt nicht wirthschaften, und wo sie solche fand, da zog sie ihnen die straff sitzende Uniform an. In dem heutigen, nach meininger Muster eingerichteten Theaterbetriebe ist die größere oder geringere Schaffenskraft eines Schauspielers eine Sache von verhältnißmäßig untergeordneter Bedeutung; ob Herr Hinz oder Herr Kunz den Wallenstein, den Demetrius spielt: nicht Das entscheidet über den Erfolg, sondern das pünktliche Zusammenwirken von geschickten Theaterschneidern, Theatermalern, Maschinisten, Beleuchtern mit den echt gerüsteten Pappenheimern oder den echt entrüsteten polnischen Landboten. Nur eine Neugestaltung des modernen Repertoires, wie sie jetzt im Werden scheint, kann hier eine Wandlung schaffen, wenn sie den Schauspieler vor große, noch nicht ausgeschöpfte Darstellungaufgaben führt, die er ohne Tapezirerhilfe bewältigen muß.

Das Zeitalter der Meiningerei und der ganz eng mit ihr verwandten kulturhistorischen Romane im Ebersstil hat uns auch das „wissenschaftliche" Ausstattungstück geschenkt. Das frühere Ausstattungstück tummelte sich, in schrankenloser Ungebundenheit, zwischen Feen und Fabelwesen umher; der Gestiefelte Kater, Klein-Däumling, die Weiße Katze waren seine Helden und an dem tollen Spuk erfreute sich, aller Wahrscheinlichkeitmaßstäbe seelenvergnügt ledig, auch der ernstere Sinn. Man sollte meinen, daß gerade in der Aera realistischer Kunstübung dieses der buntesten Phantastik eingeräumte Eckchen sorglichst bewahrt werden müßte. Mit Nichten. Heute konkurrirt das Ausstattungstück mit den banausenberühmten Panoramen; Wirklichkeit will es getreulich schildern und seine von albernen Späßen an den unmöglichsten Stellen durchbrochene Handlung strebt nur danach, Illustrationen zu den Karten überseeischer Länder zu bieten. Die Feenwelt ist verbannt und auf die tolle Walpurgisnacht folgt nun ein katzenjämmerlich belehrsames Aschermittwochsvergnügen. Der trübsälige Wechsel wird erklärlich, wenn man einen Augenblick die „wissenschaftliche" Kunstbetrachtung anschaut, die sich heute auf Kathedern und in den Straßen spreizt. Ein weithin vorragender Bekenner dieser Kunstbetrachtung, Herr Professor Du Bois-Reymond, hat erst in diesen Tagen in einer akademischen Rede gesagt, Kentauren, Sphinxe, Hydra und Pegasus seien Gebilde einer naturverachtenden Kunst, „welche der moderne Mensch, naturwissenschaftlich gebildet, wie er ist, nur mit Unwillen anschauen kann." Hier wird also ausdrücklich ex cathedra die Nothwendigkeit einer Zug um Zug übereinstimmenden Formengleichheit zwischen dem Kunstwerk und den in der Wirklichkeitwelt vorhandenen Modellen als Dogma aufgestellt und es wird kühnlich behauptet, die Ausgeburten frei und selbstherrisch schaffenden Künstlergeistes könne der Moderne „nur mit Unwillen" noch anschauen. Sieht es so auf den Höhen deutschen Geisteslebens aus, — wer mag mit den Kärrnern hadern, die solche Lehre zu popularisiren und dem eigenen Interesse nutzbar zu machen suchen?

Aus dem von pseudowissenschaftlichem Flugsamen erfüllten Nährboden dieser Geistesdisposition sind sie beide erwachsen: das klassische und das moderne Ausstattungstück. Die Phantasie ist, das zarte Seelchen, ausgeflogen, — wer weiß, wohin. Und nun sitzen sie da, die nach Kunst Lechzenden, und ergötzen sich an Künsten und möchten Alles mit Händen greifen und auf seine Echtheit prüfen: Bäume und Thüren und Rüstungen und Dampfschiffe; und flugs sind auch phantasielose Stückeschneider zur Hand, den Gaumen der Verlangenden mit dekorativer Leckerei zu kitzeln. So vergnügt sich ein künstlerisch unfruchtbares, in selbstbewußter Anmaßlichkeit decadirendes Geschlecht. Auf die Wunder alter Kunst lächelt es unwillig und hochnäsig herab, der Geist unserer klassischen Dichtung wird unter bunten Bergen von Schneiderarbeit begraben, der entflatternden Phantasie werfen kleinkrämerische Schlucker Schleudersteine nach. Wenn uns aus diesem sinnverwirrenden ästhetischen Marasmus, drin jedes Gipfelchen sich dreist vermißt, daß es allein der Erde Schooß entsprossen, ein starker Führer leiten wollte zu den reinen Höhen einer wahrhaft künstlerischen Auffassung —: wir wollen ja nicht zaudern, ihm zu folgen, mag er nun Goethe, Rembrandt oder Nietzsche heißen.

Fontane.

Zwischen Weihnachten und Sylvester des Heilsjahres 1819 gab es im Himmel ungeheure Heiterkeit: der altgewohnten fröhlich-seligen Feststimmung, der die ganze Welt nach Lebkuchen, Tannennadeln nnd Punsch duftet, hatte sich diesmal noch ein ganz besonderer Anlaß zu vergnüglichster Himmelslust beigesellt. Unter den um die Jahreswende zur gefälligen Kenntnißnahme eingesandten Büchern befand sich nämlich eines, das in jenen lichten Höhen, allwo die alten und die neuen Götter mit allerlei Dichtersleuten fraternisiren, zunächst Kopfschütteln und dann schallende Heiterkeitausbrüche hervorrief. Es trug den Titel „Die Welt als Wille und Vorstellung" und mußte just erschienen sein. Da stand in wundervoller stilistischer Verschnörkelung zu lesen, wie der Menschen Leben eitel Prellerei und Mystifikation und eine unnützlicher Weise störende Episode in der seligen Ruhe des Nichts sei. Nun ist man im Himmel nicht empfindlich; Anklagen wegen Gotteslästerung oder Majestätbeleidigung kommen dort kaum vor und so trugen denn auch die Lebenslästerlichkeiten des großen deutschen Feuilletonisten aus der Goethestadt nur zur Belebung der Feiertagslaune bei. Am Ende aber kam man doch darin überein, Etwas müsse geschehen; und nach längerer Debatte ward beschlossen, dem Nichtigkeitdeklaranten da unten einen so recht seelenvergnügten Poeten entgegenzustellen. Ganz schön; aber wo den hoffnungvollen Sprossen so schnell hernehmen? Denn noch im selben Jahr sollte er ins Leben treten. Der liebe Hergott hielt flink nun fleißig Umschau, — und richtig fand er kurz vor Jahresschluß noch, was er brauchte. Schon vor Darwin gab man dort oben viel auf Deszendenz, und da es sich traf, daß in dem Städtlein Neu-Ruppin Abkömmlinge hugenottischer Gascogner, die in der Mark heimisch geworden waren, just einem kleinen Familienzuwachs entgegensahen, glaubte man allgemein, die rechte Mischung gefunden zu haben. Ein barbeiniges Ding — ein Engel oder eine Muse — ward herabgeschickt in Herrn Joachim Hans von Ziethens Geburtstadt und mit sothaner himmlischer Assistenz kam pünktlich am dreißigsten Dezember 1819 ein Knäblein auf die Welt. Sie nannten es Theodor Fontane. Und Der in Neu-Ruppin vor siebenzig Jahren geboren ward, heute schreitet er in der deutschen Reichshauptstadt den Jüngsten und Modernsten rüstig voran im wilden Literaturstreit; getreulich aber seiner optimistischen Mission, lacht er in den düstersten Winterabend kreuzfidel hinein:

„Das Leben lacht, trotz Sturm und Klippen,
Nur Steurer muß die Liebe sein.“

* * *

Zu den schönsten Enttäuschungen meines Lebens zähle ich den Eindruck des Havellandes in der potsdamer Gegend. Da ist man nun in Berlin aufgewachsen und hat allen Spottreden über die „Jejend“ lokalketzerischen Sinnes gelauscht und plötzlich, nach kaum halbstündiger Eisenbahnfahrt, erblickt man diese herrlichen Wasserflächen im Waldeskranz;

und wieder über ein Veilchen, so steht man auf der Pfaueninsel, die wie ein Baumbouquet aus dem blauen Wasser taucht und uns allerlei vertraute Erinnerungen weckt an eine unglückliche Königin, an einen sagenhaften Goldmacher und eine nervöse Tragoedin aus der schlimmen Lutetiastadt. Und während man in entzücktem Staunen auf die buntfröhlichen Haveldörfchen schaut, kommt wohl ein alter Gärtner oder Einer vom Pfauenhofstaat des Weges und erzählt, wem er die Freude an dem einsamen Erdenfleckchen anmerkt, von manchem Fest, das hier gefeiert ward und bei dem der blonde Herr der Fröhlichste war von Allen, der nun dort drüben begraben liegt —: „Da — Sie sehen ja wohl den Thurm der Friedenskirche übers Wasser weg!“

Gerade so ist es mir mit Theodor Fontane gegangen. Seine „Wanderungen durch die Mark Brandenburg“ — vier dicke, große Bände, denen sich als nicht minder umfangreiches Supplement die „Fünf Schlösser“ anreihen — blickten mich von den Repositorien der Leihbibliothek so unverliehen langweilig an, daß ich nie den Muth finden mochte, einen der schwarz gebundenen Gesellen zu entführen. Wanderungen durch die Mark Brandenburg: Das klingt so nach der historischen Botanisirtrommel, und wenn man öfters mit Gymnasiallehrern patriotische Landpartien in den Grunewald unternommen hat, faßt Einen sein Leben lang ein heiliges Grauen vor solchen Dingen. Die Pflicht sollte mich auch hier zu echtem und rechtem Genuß führen: es galt, die „Fünf Schlösser“ zu besprechen, und so mußten wohl die Vorgänger auch gekannt sein. Offen gestanden: mit Seufzen ging ich dran; was ich aber fand, nicht besser kann ichs ausdrücken als mit Fontanes Worten über die Schönheiten der Mark: „Eine Fülle, ein Reichthum sind mir entgegengetreten, denen gegenüber ich die bestimmte

Empfindung habe, ihrer niemals Herr werden zu können. .... Möchten Sie auch in Anderen jene Empfindungen wecken, von denen ich am eigenen Herzen erfahren habe, daß sie ein Glück, ein Trost und die Quelle echtester Freuden sind."

In Schottland, „angesichts eines im Leven-See sich erhebenden alten Douglas-Schlosses", kam Fontane der Gedanke: „Je nun, so viel hat Mark Brandenburg auch. Geh' hin und zeig es." Er zog aus, ein Vorurtheil zu bekämpfen, und entdeckte — das preußisch-deutsche Feuilleton. Diese „Wanderungen" sind ein Originalgewächs; sie gleichen jenen köstlichen Weinen, die nur in bestimmtem Gelände reifen konnten und an deren blumiger Würze sich doch nachher alle Welt mit innigem Behagen letzt. Und wie die alten Weine wollen auch die zwanglos durch die Jahrhunderte fortlaufenden Kulturbilder genossen sein: langsam, gemächlich, schlückchenweise, würde Fontane sagen. Vom alten Fritzen und vom alten Ziethen, von den Quitzows, den Puttlitz, den Koeckeritz und Lüderitz und Itzenplitz wird uns da erzählt, und wenn wir anfangs auch ein Bischen zweifeln in berlinisch verdorbener Demokratenart: am Ende glauben wir es dem erprobten Führer doch, daß die Junker anders sind und besser als ihr Ruf und daß sie mitunter in später Zechstunde allerlei skeptische „Radikalismen laut werden lassen, Urtheile von einer Fortgeschrittenheit, als flösse nicht die Niplitz oder die Notte, sondern mindestens der Hudson oder Potomac an ihrem alten Feldsteinthurm vorüber." Wer auch nur einen preußischen Junker von der rechten Art gekannt hat, wird zugeben müssen, daß es ein Meisterstück knapper Charakteristik ist, wenn Fontane schreibt: „Er ist von einem scharfen und eindringenden, ja, so weit lediglich praktische Dinge mitsprechen, von einem umfassenden Blick und führt seinen Existenzkampf nicht deshalb so hart und erbittert, weil er des Gegners Recht verkennte, sondern gerade deshalb, weil er es erkennt. Er vermag nur nicht den einen letzten Schritt zu thun, den vom Erkennen bis zum Anerkennen." Und Fontane ist konservativ.

Mit verweilender Umständlichkeit werden diese Fußwanderungen geschildert; geschildert, nicht erzählt; denn Fontane ist unter den Deutschen Der, dem die sinnlichste Sprache zu Gebote steht; ihm lebt Alles, und selbst wenn er keuchend dem letzten berliner Zuge entgegenstrebt, bemerkt er noch die pickenden Sperlinge am Droschkenstand. Ein Muster solcher Vergegenständlichung ist z. B. im vierten Bande der „Wanderungen" die Weihnachtfahrt nach Malchow: in zehn Zeilen ist da das weihnachtliche Treiben am Alexanderplatz, die verschneite Chaussee nach Weißensee mit ihren wintertraurigen Vergnügunglokalen zu lebendigster Anschaulichkeit gebracht. Das Beste aber soll noch kommen. Nach einer erkälteten Abweisung im Heim des malchower Schultyrannen kehrt unser Wanderer auf „Schusters Rappen" im Pfarrhause ein. „Und hier war ich denn nun und wartete. Unter Umständen nichts angenehmer als solche Warteviertelstunden, in denen man die Geschichte des Hauses oder den Charakter seiner Bewohner von den Wänden liest. Denn nichts spricht deutlicher als Zimmereinrichtungen und selbst die nichtssagenden und modisch-indifferenten machen keine Ausnahme. Sie weisen dann eben auf nichtssagende und modisch-indifferente Leute hin. In der Studirstube zu Malchow aber war nichts indifferent; und die Grec-Borte der Gardinen, der gothisch geschnitzte Schlüsselkasten mit Bild und Spruch, dazu der über dem Sopha thronende thorwaldsensche Christus inmitten der abgestuften Schaar seiner Jünger, Alles stimmte zu den hohen Bücherrealen, auf denen die theologischen und Fritz

Reuterschen Schriften in aller Friedlichkeit beisammenstanden. Und dazu die ‚Kreuz-Zeitung' auf dem Tisch, und ein Luftton, in welchem die Morgen-Cigarre nachdämmerte. Das märkische Pfarrhaus in seiner anspruchslosen und doch zugleich von Kunst und Schönheit leise berührten Behaglichkeit hatte nie lebendiger zu mir gesprochen." So sieht ein Dichter; und so vom Einzelnfall aufs Ganze generalisirt ein beschaulicher Weltweiser. Und wer nun nicht die Leute kennt, die in solchem Zimmer paffen und lesen und den Kopf schütteln, Der wird sein Lebtag kein Fontaneverständiger werden.

Malchow bietet dem Raritätensammler nichts: eine gleichgiltige, schändlich restaurirte Kirche und ein Kirchenbuch; aber doch: „ein entzückender Tag. Die Gruft hatte nichts herausgegeben. Aber das Leben hatte bunt und vielgestaltig zu mir gesprochen. Und Das bedeutet das Beste."

Da haben wir den unverwüstlichen Optimisten, den seine wundervolle Gutgelauntheit überall zu Hause sein läßt. Giebts keine Rosen zu pflücken, ein Tannenzapfen sieht sich auch hübsch an; und schweigen die alten Chroniken, so schwatzt wohl am Wege eine märkische Magd.

* * *

Sechzig Jahre war Fontane alt, als seine erste poetische Erzählung erschien. Der neu-ruppiner Apothekerlehrling — wie Ibsen hat er Pillen gedreht, doch mögen sie süßer geschmeckt haben als die von Grimstadt in Norwegen — war inzwischen längst ein Zeitungschreiber geworden und ein Wanderer durch England, Schottland, Schleswig-Holstein und Frankreich, von wo er seine Eindrücke stets getreulich mit heimbrachte, den Freunden zu zeigen, was man erlebt, wenn Einer eine Reise thut. Die

Bücher: „Ein Sommer in London“, „Jenseits des Tweed“, „Aus den Tagen der Okkupation“, „Kriegsgefangen“, hatten einen nicht zu großen Leserkreis erfreut, als (1878) der erste Roman von Fontane erschien. Es war ein berliner Roman aus der Zeit zwischen der jenaer Katastrophe und dem Befreiung- oder, wie man wohl euphemistisch sagt: Freiheitkriege und er hieß: „Vor dem Sturm“. Die vier Bände bringen, in ungleich feinerer Ausführung freilich, was den ruppiner Landsmann Gustav Kühn so mark- und weltbekannt gemacht hat: bunte Bilderbogen; Reste der französirenden Bildung des achtzehnten Jahrhunderts, preußische Junker, polnische Kavaliere, Herrnhuterinnen und Nachkömmlinge der Markgräfin von Bayreuth, märkische Gradheit und rheinsberger Esprit: das Alles findet man hier auf prächtig erschautem landschaftlichem Hintergrunde abgebildet. Schmerzlich vermißt der Betrachter nur den langen Athem des Epikers; der Kulturroman zerbröckelt in Genrebildchen von erlesenem Reiz und es ist ein schönes Zeichen von des Dichters ehrlicher Selbsterkenntniß, daß er nie wieder in der Freskomalerei des historischen Romans sich versucht hat. Wer so viel aus Eigenem dazuthun will, muß sich den Rahmen enger spannen. Und Fontane wollte nur Bestes geben; er durfte sich diesen Luxus gestatten.

Seitdem hat er, seiner empirischen Natur gemäß, anstatt ins Breite zu pinseln, den Einzelnfall gesucht und von diesem erst ist er aufgestiegen ins Ganze. Immer lockt irgend ein apartes psychologisches Problem, — und so entsteht eine Novelle; meist aber wölbt sich über dem besonderen Geschehniß ein weiter, blauer oder auch wohl grauer Horizont, — und so wird, ehe man sichs noch versah, ein Roman daraus. Das Alles vollzieht sich gleichsam zufällig, instinktiv, wie es der Stoff und das Temperament des

Gestaltenden eben so mit sich bringt. Fontanes Wesen ist die Verneinung aller korrekten Pedanterie; und ich bin überzeugt, er weiß erst, was er geschaffen hat, wenns fix und fertig vor ihm steht. So wenigstens wirkt es: unmittelbar und mühelos bei aller Neigung zur Reflexion. Man vergißt die sechs Schöpfungtage mit ihrer Last und freut sich nur des siebenten.

Fontane ist muthig; er hat früh nach Stoffen gegriffen, die von der satten Reporterkritik „peinliche“ genannt werden; auch der Dieb findet es ja höchst peinlich, wenn man ihn beim Kragen nimmt. Und wenn unser Dichter im „Schach von Wuthenow“ z. B. einen Offizier von 1806 auf die Beine stellt, der, durch höchsten Befehl gezwungen, ein von ihm verführtes Edelfräulein zu heirathen, „im Moment des Gehorchens den Gehorsam in einer allerbrüskesten Weise bricht“ (diese schmunzelnde Diskretion ist echt fontanisch!), so ist hier mit konzentrirterer Kraft und dadurch eindrucksvoller als in langen Leitartikeln in dem Einzelnfall „ein Symptom, eine Zeiterscheinung dargestellt, welche sich nur in jener Armee zutragen konnte, die statt der Ehre nur noch den Dünkel und statt der Seele nur noch ein Uhrwerk hatte.“ Und so, gesellschaftkritisch gestimmt, aber mild und betrachtsam, schritt nun der Wanderer fort; wie er früher alte Burgen gesucht hatte und Gräber und Mauersprüche, so schaute er nun nach jungen Seelen aus und nach alten Originalen; sein Fortschreiten war noch immer ein Vorwärtsschreiten, — und ganz plötzlich stand er mitten drin im allermodernsten berliner Leben, zwischen schneidigen Reiteroffizieren und bethulichen Gemüsezüchtern, mitten in den „Irrungen, Wirrungen“. Wieder sah er, was vor ihm kein Deutscher gesehen hatte: das „Verhältniß“, nicht eine imitirte Filtration oder ein collage nach daudetschem Muster, sondern wiederum etwas Neues: den typisch-berlinischen Herzensbund auf Zeit, der von den Sinnen geschlossen und vom Verstand gelöst wird in herzlicher Freundschaft. Von wilder Leidenschaft ist da freilich keine Spur; der märkische Junker ist schwerfällig, aber voll praktischen Sinnes; er weiß: eines schönen Tages heißt es, Abschied nehmen und ein gutgemästetes Gänschen heimführen aus einem reichen Edelhof, denn „Ehe ist Ordnung". Und auch Lene Nimptsch, das gutgeartete Mädchen, weiß es nicht anders; sie ist weich und träumerisch-sinnlich, wie fast alle Frauen bei Fontane, aber sie ist auch vernünftig und lebensfroh; sie hat ihren Lieutenant von ganzem Herzen geliebt, uneigennützig und unorthographisch, und nie kann sie ihn vergessen; aber auch sie weiß es: „Ehe ist Ordnung", — und so nimmt sie am Ende den wackeren Gideon, da ihr der Botho in adeliger Unerreichbarkeit entgleitet. Ganz leise scheint mir jedoch schon in diesem einzig gearteten Buch die Frage anzuklingen: Ist auch wirklich Alles gut in unserer Gesellschaftwelt? Muß man ein prächtiges Geschöpfchen wirklich lassen aus Standes- und Standesamtsvorurtheilen? Fontane ist konservativ und mit einem kleinen Seufzer antwortet er: Es muß wohl so sein. Aber ich bin nicht sicher, daß er nicht eines Tages — meinetwegen mit achtzig Jahren — laut und deutlich, und am Ende gar in der Vossischen Zeitung, sagen wird: Nein.

* * *

Eifrig hatten wir diskutirt und die bedrohlichen Worte auf „ismus", bei deren Anblick die Redakteure nervös und die Leser ungeduldig werden, waren nur so durch die toleranten Lüfte geschwirrt. Du lieber Gott! was sollte die Kunst Alles nicht! Keine historischen Stoffe und keine Ideen, keine Kommerzienräthe und keine Geschichten von sogenannter Liebe; darstellen sollte sie, nicht schönfärben, auf der Erde bleiben und nicht in die Wolken klettern; und wie der germanische Poet ganz anders zu verfahren habe als sein romanischer Genosse: es wurde Alles festgesetzt und sauber registrirt von klarköpfigen Leuten. „Und Alles ohne Liebe."

Nun kam ich nach Hause, und da lag ein neuer Band mit der einfachen Aufschrift „Gedichte von Theodor Fontane."*) Vorn eine treffliche Photogravure des Dichters, die nur freilich sein Bestes nicht geben kann: das große, blaue Fritzenauge, das aus dem Bureaukratenkopf hervorlacht wie ein Band Goethe aus einem Aktenstoß. Erst wollte ich nur naschen; aber immer hastiger wüthete das Messer zwischen den Blättern des wohlbeleibten Buches, und hätte nicht heimtückisch Petroleummangel der nächtlichen Lesung ein Ende gesetzt, ich wäre bis zur letzten Seite 439 vorgedrungen. Das war force majeure, und so mußte ichs aufgeben; aber als ich nun, zum Licht tappend, des heißen abendlichen Kunstgezänkes dachte, da fand ich mit den Schwedenhölzchen zugleich das erlösende Wort: Ist ja Alles Unsinn!

In dem Gedichtband da stand von Helden und Königinnen aus dem Jahre 1066 und von Sprungriemenassessoren aus dem Jahre 1889; vom Britenkönig Heinrich und vom Dulderkaiser Friedrich; von den Hamiltons und Grays und von den Ribbeck auf Ribbeck im Havelland; von Derffling und Bismarck; von Marien Stuart und Schwerin-Putzar, dem Märzminister; Schlösser und Hütten, Vorder- und Hinterhäuser thun sich auf; märkische Stoppelfelder

*) Dritte vermehrte Auflage. Verlag von Wilhelm Hertz. 1889.

reihen sich an schottisches Hochland; Herren und Totengräber, Fürstinnen und Fischermädchen, üppige Tyrannennaturen aus der Renaissancezeit und Kolonialwaarenlehrlinge aus Alt-Berlin sprechen zu uns, Jeder in seiner Sprache, Jeder aus seiner Anschauungwelt heraus. Und die Kunst soll oder soll nicht —?! Ist ja Alles Unsinn! Von Fontane hab ichs gelernt; und Jeder wirds lernen, dem dieser Dichter spricht.

Unter seinen prachtvoll persönlichen Bemerkungen zu Ibsens „Gespenstern" findet sich eine, die, in ihrer allgemeingiltigen Selbstverständlichkeit heute natürlich vergessen, auch unseres Fontane Macht erklärt; nicht in der absoluten Wahrheit, sagt er da, sondern in der Macht der Ueberzeugung beruht alle Wirkung in Kunst und Leben. Da ist ausgesprochen, was Mancher wohl dunkel gefühlt hat: kommt eines Tages wieder ein Dichter mit leidenschaftlichem Glauben an die Hellenenwelt, so haben wir ein Griechendrama; und packt uns eines Anderen schaffenskräftige Phantasie und reißt uns ins Mittelalter, so glauben wir auch ihm, wie wir heute inbrünstig an die Meerungethüme von Boecklin glauben, die doch wohl sicherlich nicht „wahr" und nicht „modern" sind. Nur der Glaube macht den Künstler selig; nur die Ueberzeugung ist seine Wahrheit. Und nur, weil Fontane die märkischen Landschaftwunder innig glaubt, vermag er uns zu erwärmen für

„Bamme, Damme, Kriele, Krilow,
Petzow, Retzow, Ferch am Schwilow,
Zachow, Wachow und Groß-Bähnitz,
Marquardt an der stillen Schlänitz,
Senzke, Lenzke und Marzahne,
Lietzow, Tietzow und Rekahne,
Und zum Schluß in dem leuchtenden Kranz:
Ketzin, Ketzür und Vehlefanz."

Fontanes Balladen, besonders die modernen („John Maynard“, „Die Brück' am Tay“, „Und Alles ohne Liebe“, „Kaiser Friedrichs letzte Fahrt“ u. a.) sind in ihrer wundervollen Verschmelzung von Wirklichkeitstreue und Romantik dem Allerbesten beizugesellen in unserer Literatur. Den historischen Balladen fehlt es wohl manchmal — wie dem historischen Roman — an einer letzten, langathmigen Kraft; die Art aber, wie z. B. in der „Brück' am Tay“ ein Eisenbahnunglück, dem man nur noch im Lokaltheil der Tagesblätter zu begegnen glaubt, in wild-phantastische Beleuchtung gerückt ist, wie der Kehrreim: „Tand, Tand ist das Gebilde von Menschenhand“ die Katastrophe einleitet und abschließt, Das ist von feinster poetischer Originalität. Fontane ist ein Meister der Stimmungerzeugung: mit einem Sätzchen, einem kecken Reim hat er uns, wo er uns haben will. Er ist heute ohne allen Zweifel der bedeutendste deutsche Lyriker und ich bekenne offen, daß ich seine warme, weiche und weitherzige Poesie den meist schweizerisch ungeschlachten und oft trockenen Gedichten von Gottfried Keller weit vorziehe. Fontane hat ein feines Ohr: er hört „die tiefe Stille der Natur“.

Die schönsten Töne und die eigensten Farben: „das Haus, die Heimath, die Beschränkung“ hat sie ihm gegeben; ich muß es mir leider versagen, aus der Fülle herrlicher Gedichte einzelne von größerem Umfang hierherzusetzen, sonst würde ich resolut zur „Siegesbotschaft“ von Düppel greifen, die Laatsche-Neumann aus Cremmen nach dem Krug zu Vehlefanz bringt und die dann alle Vehlefanzer insgemein ins benachbarte Schwante tragen:

„Neumann laatscht nach.
Schwante lag schon im Schlaf,
Als aber die Siegesbotschaft es traf,

Wards wach.
Der Mond am Himmel stand.
Und in Jubel stand das Havelland."

Wie aber ein Dichter in anderthalb Dutzend Halbzeilen zwei ganze Menschenschicksale auf einen deutlich erkennbaren Gesellschaftgrund malen kann, Das wenigstens mag man erschauen in dem Gedicht „Lebenswege":

„Fünfzig Jahre werden es ehstens sein,
Da trat ich in meinen ersten ‚Verein'.
Natürlich Dichter. Blutjunge Waare.
Studenten, Leutnants, Refrendare.
Rang gabs nicht, den verlieh das ‚Gedicht',
Und ich war ein kleines Kirchenlicht.
So stand es, als anno 40 wir schrieben,
Aber ach, wo bist du, Sonne, geblieben,
Ich bin noch immer, was damals ich war,
Ein Lichtlein auf dem selben Altar,
Aus den Leutnants aber und Studenten
Wurden Genräle und Chefpräsidenten.

Und mitunter, auf stillem Thiergartenpfade,
Bei ‚Köngin Luise' trifft man sich grade.

‚Nun lieber F.(ontane) noch immer bei Wege?'
‚Gott sei Dank, Excellenz, ... trotz Nackenschläge ...'

‚Kenn' ich, kenn' ich. Das Leben ist flau ...
Grüßen Sie Ihre liebe Frau.'"

Das sind wirklich zwei „Lebenswege"; und, wie immer bei Fontane, sind sie zugleich typisch und individuell; die leutselige Excellenz war einmal jung, der „liebe Fontane" ist es geblieben. Und nun sie sich wieder treffen, stiehlt sich der Alte in höflicher Genirtheit vorbei; den Jungen fröstelts.

Fontane ist konservativ, er begeistert sich für „festes Gesetz und festen Befehl", aber schon 1848 ruft er Schwerin-Putzar zu:

„Treulos sind alle Knechte,
Der Freie nur ist treu!"

Und es will mir scheinen, als habe der gesellschaftsatirische und korrektheitfeindliche Hang seither kräftige Fortschritte gemacht im Kopf und Herzen unseres „Balladenbarden und Schlachtenbummlers mit ekligen Gefahren im Gefolge". Die Subalternen und die Erfolganbeter, die strebernden Nullen („jüngstens empfing er den siebenten Orden — ist aber drum nicht schöner geworden") und die feierlichen Offiziellen trifft sein Spott und am Ende glaubt man auch hinter dem Bekenntniß seines Konservatismus die Worte zu lesen: „Ist ja Alles Unsinn." Wenn schon die konservativen Siebenziger anfangen, zu kribbeln und zu höhnen, dann kann man wohl getrost sagen: Es geht zu Ende mit der Autoritätgläubigkeit. Die teleologisch-theologische Weltanschauung mit ihren unveränderlich festen Maßstäben für Gut und Böse, sie sinkt mählich dahin und an ihre Stelle tritt im Erfindungjahrhundert die — ja, nun muß es doch noch heraus —: die naturalistische Lebensauffassung, die Alles verstehen will, um Alles verzeihen zu können. Und was Fontane so jung erhalten hat, daß wir beim Lesen seiner merkwürdig schönen Gedichte ein übers andere Mal die Hände zusammenschlagen in staunend stummer Entzücktheit, Das ist eben die ganz und gar überraschende Uebereinstimmung zwischen der Weltanschauung des Musengesegneten von 1819 und unserer stolzen Modernität. Ganz leise nur will ichs auszusprechen wagen, daß es ja Keiner von den vereideten Kalokagathie-Wächtern hört: Theodor Fontane ist — im universellen Sinn des Wortes — ein Naturalist! Freilich Einer, den die Liebe, nicht die Galle — keine literarische Anatomie wird sie in ihm entdecken! — zum Allesverstehen geführt hat und zum Allesverzeihen; er glaubt „an diese Welt trotz dieser Welt" und er weiß: „Wer schaffen will, muß fröhlich sein." Und da wir die Feiertagsgeschichte seiner Geburt kennen und seine antischopenhauerische Erdensendung, können wir bei aller Bewunderung doch wenigstens begreifen, wie sie durch ein halbes Jahrhundert der Zurücksetzung und des gleichgiltigen Uebersehens ihm treu zu bleiben vermochte, die „holde Fee aus Tagen seiner Kinderzeit, die stille Herzensheiterkeit.“

* * *

„Ich bin Märker, aber noch mehr Gascogner“, sagt Fontane. Er hat Recht; der alte Fritzenbewunderer erinnert in seiner Barockstil-Persönlichkeit am Lebhaftesten an „jene reizvolle, aus prosaischen und poetischen Elementen wunderlich gemischte Zeit, die ihr Kleid in den Schlössern der Ludwige, ihren Gehalt aber in den Schlössern der Friedriche empfing“. Märkerstrammheit und skeptischer Esprit, ernsthaftes Pflichtgefühl und ausgelassene Lachlust, ja: alle vier lebengründenden Elemente des Sylvesterpunsches mischen sich in seinem Wesen zu einem Trank von unvergleichlich herber Süße; tüchtig und gewissenhaft ist Fontane wie sein Landsmann Ziethen und von gallisch naiver Sinnlichkeit trotz Rabelais und dem „rappligen“ Voltaire. Man muß es in den „Wanderungen“ lesen, welche Schlußfolgerungen der Uebermüthige aus der unterhalb der Brust beginnenden Verstümmelung eines Portraits der Russenkaiserin Katharina der Zweiten zieht: Das ist ganz rabelaisisch. Und oft, wenn ich, mit immer gleicher Freudigkeit, unseres „Th. F.“ im Verlage der Lessingschen Erben erscheinende Theaterkritiken lese, kommt mir vor ihrer — unserer bedenklichen Nüchternheit übertrieben erscheinenden — Fortgeschrittenheit in Lob und Tadel der Gedanke: Wenn ers liest, wird er selber den alten Hitzkopf schütteln. Man ist nicht ungestraft ein Gascogner. En France tout le monde est un peu de Tarascon.

Der lebensfrohe Menschenfreund hat es zu Stande gebracht, selbst Denen eine Freude zu bereiten, die alle Welt sonst schmäht und haßt: den Kritikern. Ich bin überzeugt, Jeder schreibt gern über Fontane, nicht nur, weil er meist fruchtbares Neuland betritt, sondern auch, weil er das Köstlichste entdeckt und das Seltenste in unserer uniformirten Zeit: eine ganze und eine ganz poetische Persönlichkeit. Wie der Wanderer durch die Mark habe auch ich es gehalten: „Sorglos hab ich gesammelt, nicht wie Einer, der mit der Sichel zur Ernte geht, sondern wie ein Spazirgänger, der ein paar Aehren aus dem reichen Felde zieht." Und wunderherrlich trifft sichs, daß man in friedsamster Weihnachtstimmung über den Dichter schreiben durfte und daß man das Geschriebene liest um St. Sylvesters Punschtag. Wenn ihm die Nächsten am dreißigsten Dezember Glück wünschen, wir wollen uns gratuliren am einunddreißigsten. Und laut wollen wirs ihm zutrinken, unserem Meister Theodor Fontane: Prosit Neujahr! Und auf manches gute Jahr! Alt?! Ist ja Alles Unsinn!

Gontscharow.

Kein lautes Wort darf in die Abgeschiedenheit der Krankenstube hallen. Vorsichtig tastet ängstliche Sorge um den Patienten, dem jede Aufregung erspart werden soll und jeder grelle Schein des lichten Tages selbst. Am Bette aber sitzt ein Mann und liest dem Leidenden von fremdem, doch verwandtem Leiden, liest erregende, aufrüttelnde, dann wieder mitleidig tröstende Geschichten, Geschichten von Noth und Bedrückung, von der Versunkenheit ganzer Geschlechter, vom Streben und Sehnen nach Freiheit und Wahrheit, vom Verzweifeln am Heil, von der Flucht in den Quietismus altindischen Büßerglaubens. Regunglos lauscht der Patient vom Schmerzenslager; in der dämmernden Einsamkeit hat sein Empfinden sich verfeinert und jede Lebensregung saugt sein dürstender Intellekt auf; nicht zerstreuende Unterhaltung, wie dem Gesunden, der zum offenen Tag sich recken und räkeln darf, ist dem Ruhenden die Vorlesung: im farbigen Abglanz findet er das Leben, das schmerzlich entbehrte Ringen und Wollen der Zeit. Arzt aber und Aufseher lassen den Mann am Bette gewähren: es ist ja nur Literatur, was er bieten kann, vom wachsamen Censor geprüfte, staatlich abgestempelte Literatur. Die wird den Kirchhofsfrieden nicht stören, im künstlich verdunkelten Zimmer.

Der Patient ist das russische Volk, seine Vorleser sind die russischen Dichter. Die zarische Selbstherrlichkeit bewahrt das Feuer und das Licht, daß Niemandem kein Schaden geschicht, und so wirksame Rezepte hat sie ersonnen, daß im politischen und im sozialen Körper des ihrer Pflege Befohlenen alles Leben erstarrt scheint. Wie aber unter der Eisrinde der Nordlandflüsse der Strom fortwühlt und organisches Leben weiter trägt, so athmet und träumt und denkt auch das schlummernde Sorgenkind, — und sein Träumen ist staatgefährlich und sein Denken ist ein Sammeln von Waffen zum Kampf um den Zukunftstag. Das Arsenal ist die Dichtung, die Alles ersetzen muß: Parlament und Presse, politische und soziale Erörterungen. Darum kennt Rußland keine neutrale Literatur, keine Kunst um der Kunst Willen mehr; darum ist die Geschichte der russischen Dichtung zugleich die Geschichte des russischen Volksgeistes. Mit Puschkin und Lermontow nebelt der junge Riese in romantische Träume sich ein; Schiller und Byron, Heine und Musset, von Shukowsky und seiner Gefolgschaft liebevoll in die schnell sich umbildende Slavensprache übersetzt, werden ihm Erzieher zu kosmopolitischem Empfinden; Gogol erschien, der Große, und wurde der erdwüchsigen Dichtung ein mächtiger Entbinder; die französischen Sozialisten drangen und die deutschen Philosophen, mit Hegel an der Spitze, über die Grenze und lärmten, während das nikolaitische Joch auf dem Lande lastete, neue Tendenzen wach: die Anklageliteratur kam auf, die Dichtung des sozialen Mitleidens löste den romantischen Subjektivismus ab; die Generation der vierziger Jahre trat auf den Plan und lange schwankte der Streit zwischen den Aposteln der westlichen Kultur, den Herzen und Turgenjew, und den Panslavisten vom Schlage des Kiriewsky und der Brüder Aksakow; ist es ein Zufall, daß

Turgenjews Ruhm die Herrschaft des zweiten Alexanders nicht überdauert hat, daß zwei gewaltige Genies, Dostojewskij und Tolstoi, die Verkünder einer am Leben verzagten und in urchristliche Entsagung verscheuchten Religion wurden, einer Religion für Slaven und Sklaven? In allen Apotheken hatte der Kranke Heilmittel gesucht und alles Herumkuriren war vergebens gewesen. Was sollen wir thun, fragten die Dichter, und: Wer trägt die Schuld? Bakunin verschrieb ein Dynamit-Rezept und die Oberschicht der Gesellschaft begann, allgemach mit dem Nihilismus zu kokettiren. Das Opfer war der Zar-Befreier, der Erbe der überstürzten Kulturpläne Peters des Großen. Aber das Leiden blieb und die Noth; und, wie noch stets in den Tagen sozialer Verzweiflung, richtete der hoffende Blick sich zur Primitivität zurück, auf die dumpfe Kraft des einfältigen Bauern lenkte die kulturkatzenjämmerliche Ernüchterung sehnende Zuversicht. Nicht vom Westen mehr sollte das Heil kommen: Rußland wollte auf seine Façon selig werden. Dem Liberalismus läutete die Totenglocke, das Zarenreich besann sich auf seinen asiatischen Ursprung, Pobedonoszew wurde, in der Legende wenigstens, der Torquemada eines neuen Philipp, in brünstigem Gebet kniete Lew Tolstoi vor Buddha und Lao-tse. Und diese Ruhe gönnt der dritte Alexander seinen Russen.

Diese ganze Entwickelung hat im Dichten ihr Echo gefunden, — wenn man Entwickelung die Rückkehr nennen kann von der Weitherzigkeit zur Verengung, von Europa nach Asien. Turgenjew sah sie mit Wehmuth, aber er war in der Heimath ein Fremder geworden und verstand nicht mehr den Anspruch und das Bedürfen seiner Landgenossen. Als er von einem Besuch im Zarenreich zurückkam, klagte er den pariser Freunden, man habe daheim ihn als „Alten Bonzen" behandelt, und als er starb, da nannte ihn nicht die russische Kritik mit Begeisterung: Taine war es, der ihn einen der größten Künstler hieß, die seit der Griechenzeit die Welt erfreuten, und im londoner Athenaeum erstand ihm der entzückteste Nekrologist. So äußerte sich das europäische Empfinden und übersah, in berechtigter Befangenheit, die überragenden Gestalten der Erfüller des gogolschen Werkes, die verblüffende Gewalt Dostojewskijs und Tolstois.

Das Schicksal Turgenjews mag sich an Iwan Alexandrowitsch Gontscharow wiederholen, der am siebenundzwanzigsten September in Petersburg verstorben ist. Für Rußland war der wunderliche Mann längst ein alter Bonze geworden; die europäische Kritik wird in ihm einen feinen Künstler erkennen, einen weitsichtigen Beobachter und einen Charakteristiker von wundervoller Ruhe und gesättigter Kraft.

Als der Sohn eines Seefahrers ist Gontscharow in Ssimbirsk an der Wolga am sechsten Juni russischen Stils 1812*) geboren worden. In Moskau hat er Philologie studirt, war Finanzbeamter und Censor gar, Redakteur eines offiziösen Blattes dann und noch später ein mächtiger Mann im Departement der Drucksachen-Ueberwachung. Also kein Umstürzler, kein Revolutionär: eine milde, doch nicht unkritische Beamtenseele. Der Horizont erweiterte sich ihm, da er Gelegenheit fand, ein Weltumsegler zu werden und in dem leider nicht übersetzten Bande „Die Fregatte Pallas" die berühmteste russische Reisebeschreibung zu geben, die mit Don Quixote und Gulliver noch heute in den Händen aller russischen Jugend ist. Fast achtzig Jahre ist Gontscharow alt geworden und manchen Wechsel hat er, unter vier Kaisern, erlebt; seine literarische Thätigkeit aber erstreckt sich nur über zwei Jahrzehnte, und da er den Jugendroman

*) Die in alle Literaturgeschichten übergegangene Angabe des Jahres 1813 ist falsch.

„Iwan Sawitsch Podschabrin" ausgesondert hatte, brachte die 1884 erschienene Gesammtausgabe seiner Werke nicht mehr als acht Bände. In deutscher Uebersetzung sind nur, und zwei in arg verstümmelter Form überdies, die drei Romane erschienen: „Eine alltägliche Geschichte",*) „Oblomow",**) „Der Absturz".***)

Ein Mann in der Mitte der Dreißiger war Gontscharow, als er zum ersten Male kräftiger hervortrat. Man schrieb 1847. Gogol lebte noch und Turgenjew sandte eben sein scheinbar unverfängliches Tagebuch eines Jägers in das Land. Da erschien ein ziemlich dickleibiges Buch mit dem anspruchslosen Titel: Eine alltägliche Geschichte. Die leise ironische Lebensweisheit darin war nicht impetuos genug für die geräuschvolle Zeit und kurzsichtige Beurtheiler nannten den neuen Dichter einen nüchternen Dutzendmenschen, einen Verherrlicher der Philisterei, weil er den romantisch zerfahrenen Idealisten Adujew in den breit sich öffnenden Hafen der Trivialität einlaufen und als strebenden Mitgiftjäger enden ließ .In Wirklichkeit war es ein schmerzlich lächelndes Abschiednehmen von holder Jugendeselei, eine Abrechnung mit wohligen Phantasien, eine sanfte Satire auf die realistisch protzige Generation der vierziger Jahre. Um Adujew zu verstehen, muß man mit Eugen Onjegin Verkehr gepflogen haben, mit dem eitlen byronischen Dandy, von dem Puschkin sang:

---

*) Deutsch von Helene von Exe. Kollektion Spemann. Berlin und Stuttgart.

**) Deutsch von Gustav Keuchel. Berlin. A. Deubner.

***) Deutsch von Wilhelm Goldschmidt. Reclams Univers.-Bibl. Nr. 2243—2245. Französisch unter dem Titel: „La faute de la grand'-mère" und, weniger vollständig: „Marc le Nihiliste." Paris. Plon, Nourrit et Cie.

„Latein ist nicht mehr Mode heute,
Doch wirklich wußte Freund Eugen
So viel wie manche andre Leute:
Um eine Inschrift zu verstehn,
Etwas vom Juvenal zu schwätzen,
Ein ‚Vale‘ unter'n Brief zu setzen.
Auch halb und halb zuweilen fiel
Ihm noch ein Vers ein von Virgil.

. . . .

Doch schwärmte er für Adam Smith,
Trieb Nationalökonomie;
Er wußt' genau, wodurch und wie
Ein Reich sich hebt oder, was gleich ist:
Was für ein Volk am Besten taugt,
Wie es kein Gold und Silber braucht,
Wenn es an Rohprodukten reich ist.“

Diese Onjegins, die seither in allen russischen Romanen auftauchen, hat auch Gontscharow angeschaut, mit seinem ungehässigen Auge. Von ihnen stammt Adujew ab, der noch einige Züge des Sprudelkopfes Lensky von Puschkin trägt und den sein korrekter Onkel in harte Schule nimmt, bis der Romantiker ein Streber geworden ist. Seinen vollendeten Ausdruck aber fand der neue Typus erst in Oblomow, dem apathischen Landedelmann mit der kristallklaren Seele, den hochfliegenden Plänen und dem unüberwindlichen Abscheu vor aller praktischen Thätigkeit. Oblomow war ein Ereigniß und die „Oblomowtschina“ wurde von dem bedeutenden Kritiker Dobroljubow als die russische Nationalkrankheit erkannt. Gontscharow aber gab nicht die Diagnose nur, er zeigte auch das Heilmittel. Den unklaren Schwärmer Adujew hatte er mit einem trockenen Karrieremacher kontrastirt, dem dahindämmernden russischen Hamlet Oblomow stellte er den praktischen und energischen Deutschen gegenüber, dem verfetteten Phlegmatiker einen Kerl, „ganz aus

Knochen, Muskeln und Nerven, ohne Anflug von Fülle, wie ein englisches Vollblutpferd". Wo dieser Ruhelose hingreift, da entsteht neues Leben, fruchtbare Thätigkeit, während unter russischem Regime Alles in schwerem, hoffnunglosem Schlummer liegt. Der Russe verkommt in behaglicher Mißwirthschaft, der Deutsche wird zum reichen Manne. Und die Ursache? Oblomowtschina, — die in die Wolken sich verlierende Apathie, der nichts erstrebenswerth erscheint auf dieser Welt und die geruhig dem Walten der Vorsehung zuschaut, ohne emsig die Hände zu regen, — in orientalisch dumpfer Schicksalgläubigkeit.

Zehn Jahre vergingen, die zehn glücklichsten Jahre im literarischen Leben Gontscharows, bis er der Erwartung einen neuen Roman gab. Der ungeahnte Erfolg des Oblomow hatte den bescheidenen Mann ängstlich gemacht und so feilte und besserte er ohne Ermatten und mit der Unbefangenheit ging auch der frischeste Reiz der Dichtung verloren. Turgenjew hatte 1861 in „Väter und Söhne" den Nihilisten Bazarow geschaffen, dieses Prachtexemplar eines grünen Revolutionärs; acht Jahre später folgte Gontscharow mit dem „Absturz" und dem Nihilisten Mark Wolochow. Das gab eine böse Enttäuschung. Man schwärmte damals in Rußland noch für den Nihilismus und alle Liberalen geriethen in Empörung, als der Herr Censor a. D. aus seinem Wolochow einen ziemlich wüsten Phrasendrescher und Mädchenverführer machte. Dem politischen Scharfblick des Dichters stellt das Buch kein besonders günstiges Zeugniß aus, aber es bringt, unter einer Fülle glänzender Gestalten, eine neue Variation des alten Onjegin: den Dilettanten Raisky, der Oblomows Lotterbett in das Reich ästhetischer Genußsucht verrückt hat. Aber nicht vergeblich hatte die Kritik, von Bjelinskys Zeiten an, der Literatur eine propagistische und erzieherische Aufgabe zugewiesen. Der Absturz wurde gerichtet, weil er nicht die Bahnen radikalen Fortschreitens einschlug. Seitdem hat Gontscharow, der 1872 aus dem Staatsdienst schied, nur noch ganz selten kleinere Arbeiten veröffentlicht: eine Selbstkritik, einige Essays und eine von den Russen sehr gerühmte Satirisirung des literarischen Gesellschaftstreibens. An Größeres wagte der beinahe krankhaft empfindliche Mann sich nicht mehr heran: er mochte nirgends anstoßen, nirgends angestoßen sein. Die liberale Strömung versandete, Rußland schloß sich gegen Europa täglich mehr ab, — und eine Ironie des Schicksals hat es gewollt, daß Gontscharow, der diese neue Welt wohl nicht mehr verstehen mochte, allmählich der bevorzugte Liebling der gemäßigt Konservativen wurde. Zu seiner milden Objektivität flüchteten sie, denen Turgenjew zu westeuropäisch war und Tolstoi zu nazarenisch.

Iwan Gontscharow ist nicht stark in der Komposition seiner Zeitromane, die man denen Gutzkows vergleichen dürfte, wäre der Dichter ein Polemiker und nicht ein russischer Beamter gewesen. Locker sind seine umständlichen Handlungen gefügt und im Gewimmel der bewegten Gestalten verliert sich der Blick. Nur ein rundes und einheitliches Kunstwerk hat er geschaffen: Oblomow. Doch auch seine anderen Bücher gewähren feine Freuden: die satirische Beobachtung eines geistreichen Mannes, die leise nur andeutende, an den Norweger Kielland erinnernde Sittenschilderung und eine Kraft der poetischen Menschenerweckung, die den großen Schatten des Charles Dickens nicht zu scheuen hat. Ein russischer Kritiker hat gesagt: Turgenjew ist ein Maler, Gontscharow ein Bildhauer. Ein gutes, an den Kern des Unterschiedes rührendes Wort: bei Iwan Sergjewitsch giebt es nur weiche, verschwimmende Linien, bei Iwan Alexandrowitsch fühlen wir feste, harte Konturen; Jener geht stets vom Empfinden aus und vom Denken, Diesen reizt der Mensch und bestimmte Typen verlocken ihn; dort ist Liebe, Liebe, nichts als Liebe, hier ist Leben und kraftvoll gepackte Mannichfaltigkeit. Und es mag fast wie Ketzerei klingen, wenn ich den herben und derben Mädchen Gontscharows, seiner Olga und Wera und der aufrechten Matrone Tatjana, ein längeres Dauern verheißen möchte als den sentimentaleren, von urwüchsigem Weiberwesen entfernteren Damen des Schöpfers der Väter und Söhne.

Nicht ein großer Dichter ist Gontscharow, denn vom Dasein empfing er nicht eine neue Schönheit enthüllende, neue Abgründe aufdeckende Vision. Er hat die russische Dichtung nicht vorwärts geführt und in dem Grund legenden Werk des Vicomte de Vogüé hat er deshalb keine Stelle gefunden. Seine Weltanschauung ist eine resignirt betrachtsame, in die skeptische Zweifel hineinlächeln. Er ist am Stärksten, wo er halbe, gebrochene oder nicht zur Reife gelangte Menschen darstellen will: Adujew, Oblomow und Raisky, den ehrgierigen Phantasten, den buddhistisch träumenden Weltbeglücker, den unruhigen Dilettanten. Diese Gestalten sind ganz modern; und modern ist auch, so altersgrau seine Technik ausschauen mag, das künstlerische Ziel Gontscharows. Denn was jetzt Naturalismus und — ja, wer nennt alle die Namen? — heißt, Das ist im letzten Grunde der einer demokratischen Epoche entsprechende Ordinarismus, der nicht wunderbar verworrene Abenteuer erzählen will, sondern alltägliche Geschichten, — Geschichten von Lust und Leid gleichförmiger Wochentäglichkeit.

* * *

Am Krankenbette des russischen Volkes hat auch Gontscharow gesessen. Vorsichtig wählte er seine Stoffe, leise blätterte er, daß nicht unziemlicher Lärm den hochmögenden Aufseher herbeischrecke, die Seiten um, in tadellos korrekter Haltung. Er rüttelte den Patienten nicht jäh aus dem Schlummer, er zeigte ihm nicht lockende Ideale, nicht zu Proudhon wollte er ihn und nicht nach Hindostan schwatzen. Sanft nur legte er ihm die Hand auf die Schulter und sprach: Erwache, gewöhne Dich an den hellen Tag, arbeite; es giebt viel zu thun im weiten Zarenreich, dessen Wunderherrlichkeit Dein verträumter Sinn nimmer beschwören wird. Denke nicht wie Oblomows Vater: „Wenn Gott will, kommen wir schon aus," noch wie Oblomows Diener, da er endlich das Ungeziefer ausräuchern soll: „Was für ein Schlaf wäre denn Das ohne Wanzen?" Die Wanzen müssen fort, — und sollte das Insektenpulver auch wirklich nur in der verhaßten deutschen Apotheke zu haben sein.

Thermidor.

„Avec Isidor' mon cousin
Je vais interdir' Lohengrin,
Avec mon cousin Jsidor'
Je vais interdir' Thermidor!"

Fräulein Mily-Meyer singts jetzt allabendlich, als frecher mitron mit der weißen Konditormütze, im neuen Vaudeville des Renaissance-Theaters. Und die Pariser amusiren sich trotz den Göttern des ancien régime bei dem Gedanken, daß es wirklich die kleinen und die großen Isidore sind, die marmitons und die crapauds, die ihnen den Lohengrin vorenthalten und den Thermidor. Wirklich, ein Volk muß schon ungewöhnlich geistreich sein, um sich solche Dummheiten gestatten zu dürfen, und teutonische Mannesseelen sollte das Couplet der winzigen Mily-Meyer darüber belehren, daß die verlästerten Bewohner der Seinestadt eigentlich nichts ernst nehmen: nicht die Polizei und nicht die patriotischen Künstler, nicht Lissagaray und nicht Déroulède, nicht den Minister Constans und nicht seinen Buchmacherkrieg, nicht Sardou und nicht seinen Thermidor, — und am Allerwenigsten sich selbst. Für achtundvierzig Stunden regen sie sich wohl von Zeit zu Zeit gewaltig auf, aber Das gehört zur Hygiene ihres

Temperaments und macht alsbald wieder der natürlichen Stimmung Platz, jenem ironischen Nihilismus, dem das Verrückteste gerade verrückt genug ist und der über Präsidentschaft- und Ministerwechsel, über sensationelle Mordprozesse und patriotische Aderlässe in lebenslustiger Skepsis hinwegblaguirt. Wer diesen gewiß nicht immer ungefährlichen Geist erkannt hat, Der braucht keinen feinen, politischen Kopf, um einzusehen, wie vorsichtig man mit dem Aufgebot von Regirungmaßregeln und nationaler Entrüstung sein muß, gegen Isidor, seinen Cousin und ihr lachlustiges Publikum.

Aber das muntere Couplet ist auch für die spezielle Geschichte des Thermidor lehrreich; denn nur den Isidoren dankt das buntscheckige Spektakelstück seinen europäischen Ruhm. Auf der Generalprobe war man über den Unwerth der lose zusammengehefteten Anekdotensammlung ziemlich einig und der Abgeordnete Clemenceau rief in die endlosen Tiraden Coquelins laut seinen Schlußantrag hinein: „Votons! Passez les urnes!“ Die erste Aufführung brachte einen nicht weiter aufregenden Erfolg, dessen Ursachen noch festzustellen sein werden; die zweite überraschte die soignirten Abonnenten der klassischen Dienstage mit dem bekannten Skandal, dessen Organisatoren in den Druckereien radikaler Blätter zu suchen sind, — und damit schloß die Bühnengeschichte des Thermidor vorläufig ab. Lissagaray triumphirt über Sardou, wie Déroulède über Détaille, und derselbe Clemenceau, der in heiterster Laune die Generalprobe verlassen hatte, erhob sich nun in der Kammer zu einer blutrünstigen Rede, in der die Revolutiontheorie von den Deux Frances wiederklang und die mit den abscheulich effektvollen Sätzen schloß: „Assez de tartuferies! C'est bien à la Révolution que Thermidor en veut. On ne peut défendre Thermidor qu'en épluchant la Révolution, en y distinguant du bien et du mal. Or, il n'est pas permis d'éplucher la Révolution, de dire: j'accepte ceci, je repousse cela. La Révolution est un bloc dont on ne peut rien distraire. Le tout est à prendre ou à laisser. Et si on le laisse, l'État a le devoir de sévir." Und der Staat wüthete. Herr von Freycinet, der neugebackene Akademiker, erklärte zwar, schon die Frage, ob die Regirung die Schreckensherrschaft vertheidigen wolle, enthalte eine Beleidigung, aber er verbot doch Thermidor, dessen einziges politisches Verbrechen eben in den Lästerungen des Robespierrismus aufzuspüren ist. Der Berg vergewaltigte noch einmal das Thal. Alle diese berühmten Leute aber, Minister und Deputirte, waren in Bewegung gesetzt und terrorisirt durch — Isidor und seinen Cousin. Das ist der Humor davon. Und da Fräulein Mily-Meyer ihr Couplet im weißen Küchenkostüm vorträgt, so könnte ein Witzbold mit einigem Recht behaupten, daß auch Anno 1891 nach dem neunten Thermidor die terreur blanche heraufzog.

Scherz nicht bei Seite; ich fühle nicht den Beruf, mit Herrn Clemenceau zu streiten, dessen Schlußantrag ich witzig und treffend, dessen Theorie vom bloc dont on ne peut rien distraire ich jesuitisch finde; ich fühle nicht die Neigung, nachzuweisen, daß Edgar Quinet, Taine und unser Sybel die Terroristen kaum freundlicher beurtheilt haben, als es Herr Sardou thut. Dieser Aufgabe hat sich mit bekannter Grazie und mit ungewöhnlicher Energie Jules Lemaître unterzogen, der zugleich festgestellt hat, daß Sardou die heftigste Tirade gegen den Schrecken fast wörtlich dem Vieux Cordelier des Camille Desmoulins entlehnt hat, des selben Camille Desmoulins, dem 1890 französische Minister ein Denkmal enthüllt haben. Gewiß weht reaktionärer Geist durch diesen Thermidor und geschmackvoll war es kaum, diesem schlau maskirten Angriff auf die Demokratie gerade die erste, reich subventionirte Bühne der Republik zu erschließen; daß der Verfasser des „Rabagas“ und des „Daniel Rochat“ ein streng konservativer und gar frommer Mann ist, wußten wir längst, und daß er die Revolutiongeschichte in monarchistischem Sinne sich zurechtlegen würde, war zu erwarten. Von Isidor aber und von seinem Cousin durfte man doch wohl hoffen, daß sie Humor genug haben würden, um aus dem Fall Thermidor nicht einen Fall Clemenceau zu machen. Ist es schon Jemand eingefallen, Scribe oder Meyerbeer nach ihrer politischen Stellung zu den Hugenotten zu fragen oder die Librettisten der Madame Angot auf ihre Ansichten über das Directoire zu vereidigen? Gewiß nicht. Wozu also ein hochnothpeinliches Inquisition-Verfahren gegen Sardou? An dichterischem Werth nicht nur, auch an kräftig einschlagender Wirkung steht sein Thermidor doch recht wesentlich hinter dem Texte der Hugenotten und der Angot zurück. Und eben deshalb kann ich mich auch nicht entschließen, in den von einem Theil der deutschen Kritik beliebten Entrüstungton einzustimmen und eine Kleinigkeit zu einem Ereigniß aufzubauschen. Es giebt offenbar Leute, die sich in Thermidor amusirt haben; mehr wollte Herr Sardou nicht erreichen und alle politischen nebst einigen künstlerischen Beklemmungen würde ich gern unterdrücken, wenn ich mich nicht so sträflich gelangweilt hätte.

Der neunte Thermidor ist ein schöner Tag; er hat, wie der Marschall Marmont in seinen Memoiren sagt, den allgemeinen Willen an dem giftigen Willen einer Minderheit gerächt, deren Wahnsinn die schlimmsten Uebelstände hervorgerufen hatte; er hat den bestialisch korrekten Küster des Konvents gestürzt und der offiziellen Phraseologie ein Ende mit Schrecken bereitet. Aber an diesem denkwürdigen

Tage verspüren wir wahrhaftig keine Lust, uns für das Schicksal eines unsäglich gleichgiltigen Liebespaares zu interessiren, wie Sardou uns zumuthet. Ob das kleine Nönnchen Fabienne Lecoulteux ihren Artilleriekapitän bekommt, ob sie Himmelsbraut bleibt oder Frau Hauptmännin wird, Das regt uns in diesen schicksalschweren Stunden wirklich nicht auf und wir begreifen nicht, wie der Kapitän und sein von der Bühne zum Wohlfahrtausschuß verschlagener Freund Labussière sich die wenig inhaltreichen Köpfe zerbrechen können, während nebenan, im großen Theatersaale der Tuilerien, um Leben und Tod gekämpft wird, zwischen Robespierre und Tallien. Fabienne will ihrem Gelübde treu bleiben; schön — aber Robespierre? Fabienne läßt sich zur Flucht überreden; schön — aber Robespierre? Und endlich will Fabienne lieber mit Sanson den Henkerkarren besteigen als mit ihrem Martial die Hochzeitkutsche; sehr erhaben, sehr unmenschlich und unweiblich, aber sehr schön; ein schamhaftes Mägdelein, das dem bloßen Verdacht der Schwangerschaft schon den Tod vorzieht, ist ja immer schön. Warum aber Thermidor?

Hier liegt für mich das gewichtigste Bedenken. Es ist so unglaublich mesquin, was uns Sardou da ansinnt. Er entfesselt einen fürchterlichen Theaterbrand, um eine Handvoll Kartoffel daran zu rösten; an jedem Herdfeuer ließ sich Das genau so gut machen. Diese ganze, merkwürdig alberne Liebesgeschichte hat ja mit der großen Revolution, mit rothem und weißem Schrecken auch nicht das Geringste zu schaffen; in der Bartholomäusnacht, zur Zeit der Commune, unter irgend einem absoluten König oder in dem vom Pharus am Meere des Unsinns beherrschten Fabellande des Victor Hugo wäre ihr Verlauf kaum ein anderer gewesen. Die Esmeralda aus Notre Dame de Paris ist in ganz ähnlicher Situation: auch sie hat zu wählen zwischen einem schmucken Offizier und dem Henker; nur ist für sie der Preis der Rettung ein höherer, sie soll wirklich ihre Ehre opfern, während die trübsälige Nonne nur etwas vorzeitig über eine Liebeshoffnung quittiren soll. Das prüde Dämchen will nicht, — und so wird es auf seine Nonnenfaçon selig; aber die Revolution hat an diesem Tod aus Eigensinn wirklich keinen Theil. In der Figur eines episodisch eingeführten Anglers hat sich Sardou wider Wissen und Willen selbst parodirt: die Revolution ist der Köder, der an einer langen Schnur zappelt, an der dicksten Ficelle, die je in einem neufranzösischen Stück zu sehen war.

Solcher Angelkunst hat sich Sardou schon öfter beflissen. Man kennt in Deutschland seine modernen Gesellschaftdramen, seine ausgezeichneten Satiren, man kennt auch die effektvolle Byzantinergeschichte von der wüsten Theodora; die ernst gemeinten historischen Stücke des verteufelt geschickten Mannes sind bei uns ziemlich unbekannt geblieben. Es giebt deren zwei: La Haine, wohl das beste Drama, das Sardou geschrieben hat, und Patrie, eine böse Liebesaventiure; dort zahlen Guelfen und Ghibellinen die Zeche, hier muß der Abfall der Niederlande aushelfen. Diesen Stücken reiht sich Thermidor an; Herzog Alba heißt nun Robespierre und der Kluge war klug genug, ihn hinter den Coulissen zu lassen. Eine so schwache, vom Talent und sogar von der effektvollen Mache im Stich gelassene Arbeit aber hatte Sardou bisher nie von sich gegeben; man könnte ihn für vidé halten, wäre nicht kurz vor Thermidor die ausgelassene „Marquise“ entstanden, die nicht nach Abenddämmerung aussieht. Patrie hat in Herrn Paladilhe einen Komponisten gefunden; vielleicht erbarmt er sich auch des Thermidor, dem als Libretto manche Vorzüge nachzurühmen sind. Es fehlt nicht an Massenaufzügen, an chorischen Momenten, an rauschenden Finales, und wenn die Frau Lampenhändlerin Berillon zwei effektvolle Koloraturarien erhält, dann ist auch das Soloquartett fertig: Labussière (Baryton), Martial (Tenor) und die beiden Soprane, die lyrische Nonne und die kolorirte Lampenhändlerin. Gegen den gesungenen Schrecken wird selbst Isidor nichts einzuwenden haben und die patriotischen Beklemmungen seines radikaleren Cousins wird das große Ballet der Wäscherinnen hinwegwirbeln.

Vor dem Censurverbot erfreute man sich in Paris an dem geliebten Kostüm von 1789 und an den wirklichkeitgetreuen Dekorationen. Man sah die dreifarbige Kokarde, die Seine, Marie Antoinettens vom Wohlfahrtausschuß bureaukratisch besetztes Toilettezimmer und le préau de la conciergerie; Sanson betrat, wohl nicht wie bei uns als grober Henkersknecht, die Bühne, volksthümliche Namen klangen ans Ohr und gefällige Zeitungen brachten profunde Untersuchungen über den historischen Labussière, dessen Aktenvernichtung so manchem seiner Kollegen von der Comédie Française das Leben gerettet hat. Dieser lokale Erfolg der Aeußerlichkeiten wurde durch das hervorragende Spiel dreier großer Künstler unterstützt: Fräulein Bartet, Coquelin und Marais standen im Vordertreffen der Thermidorschlacht. Auch im Lessingtheater ließ die Ausstattung keinen Wunsch unerfüllt, und wenn die Inszenirung auch eher grobe als feine Wirkungen anstrebte, so brachte sie doch die Lärmeffekte prompt heraus und ließ durch unwahrscheinlich neue Kostüme den opernhaften Charakter der lebenden Bilder erkennen. Aber die echten Dekorationen sagen uns nichts und ... die echte Schauspielkunst strikte. Dennoch ist auch in Berlin ein nur zum Schlusse bestrittener Erfolg zu verzeichnen. Wenn ich die Stimmung des Publikums richtig erkannt habe, so war es zunächst ein Erfolg der Sensation und dann ein Erfolg antiquarischer Langeweile, gewürzt durch inniges Behagen an den Schlagworten gegen die Pöbelherrschaft. So Etwas thut immer wohl. Und da von Robespierre und Saint-Just, von Carnot und Cambron gesprochen, da die Carmagnole geheult und in der Perspektive sogar die Guillotine gezeigt wird, so kann man sich immerhin einbilden, nun die Schreckenswirthschaft kennen gelernt zu haben. Also selbst die Bierflaschen trugen damals das trikolore Zeichen; schrecklich, aber nun weiß mans doch. Taines Origines zu lesen, ist nicht Jedermanns Sache und selbst mit Sybel wird man nicht so bequem und rasch fertig wie mit Sardou. Felix Dahn für die Gothen, Ebers für Egypten, Wildenbruch für die Mark, Sardou für den Konvent: Das ist der Triumph des modernen, für den Telegraphenstil schwärmenden Geschichtbedürfnisses. Und ich werde nicht so pedantisch sein, noch nachträglich aktenmäßig zu beweisen, daß es am neunten Thermidor in Paris ganz, ganz anders aussah, daß Hunger und Elend in der Stadt wütheten, daß man der Blutschauspiele längst müde war und daß sich zum „nationalen Rasirmesser“ keine Zuschauer mehr drängten.

Wir haben Thermidor ohne Entzücken gesehen, die Pariser werden ihn ohne Schmerzen noch ein Weilchen entbehren. In den Verlust theilt sich mit der Comédie Française das Institut der Censur; das Theater verliert etliche hunderttausend Francs, die Censur verlor den letzten Rest ihres Ansehens, denn sie hat wiederum für ein gänzlich belangloses Schauspiel eine unverständige Reklame gemacht und auf ein grimmig piepende Mäuschen aus gewaltigen Kanonen geschossen. Also geschehen im Jahre des Heils 1891, unter dem Präsidium des Herrn von Freycinet, de l'Académie Française.

Ibsens Beichte.

Es war einmal ein Dichter; nicht von den Sonntagskindern eins, die mit lieblichen Träumen der Menschheit Gewissensangst einlullen oder mit frohem Scherz gar von der Klippe des Willens auf den Felsen der Möglichkeit hüpfen, — nein: auf der Nachtseite des Lebens war unser Dichter geboren und in die Wiege spendete eine strenge Fee ihm ein streitbares Pathos, einen wilden Drang zu unheimlicher Einsamkeit und ein leidenschaftliches Mißtrauen vor allen blank geprägten Werthen der Allgemeinheit. Und weil die spendende Fee nicht von den heidnisch frohen gewesen war, sondern von der christlichen Art, die im Vergeistigten nur, in der Ueberwindung sehnender Fleischlichkeit, das Schöne sucht, deshalb hatte der Dichter auch von ihr die Gabe empfangen, auf das Moralische seinen Sinn zu richten und mit dem Eifer, der Leiden schafft, ein sittliches Ideal als Richtmaß zu brauchen, an dem er die Dinge emporzurecken sich ängstlich bemühte, die Welt und die Menschen. Dem Messenden erschien Alles klein und mit Gott und den Menschen begann er zu hadern. Mit Gott zuerst, den inbrünstig des Wachsenden Seele einst angebetet hatte und dem sie nun, weil seine Welt nicht den

Schöpfer zu loben schien, erbittert weiteren Dienst weigerte. Am Liebsten hätte der Dichter sich damals den finsteren Mächten verschrieben, um, dem himmlischen Herrscher zum Trotz, der im Dunkeln keuchenden Menschheit Wärme und Licht zu bringen, in dem erleuchtenden Funken. Leise lächelnd aber wehrte der Herr dem Gesinde, das den stürmenden Lästerer mit Blitzen zerschmettert wünschte, und spottend sprach er, mit der Milde, die Göttern so leicht ist: Laßt ihn nur ziehen, den Dichter, meinen Knecht.

Aus der Kirche trat der Dichter nun auf den Markt und das Brausen der Orgel sollten ihm helle Menschenstimmen ersetzen. Aber dem Unheimlichen bietet sich keine Heimath und der Einsame mußte bald erkennen, daß auch in christlicher Zeit des selbstherrlichen Menschenbildners das Promethiden-Loos harrt. Kleine Menschen fand er und ein engbrüstiges Streben, ein verlogenes Spiel mit entwertheten Institutionen, und schaudernd stand er, der die Lust am Klopfen und Wägen, am Spüren nach hohlen Stellen und morschen Flecken als ein leidiges Geschenk früh erhalten hatte, vor der Falschmünzer-Werkstätte der staatlich abgestempelten, der bürgerlich geaichten Moral. Er war jung: die rasche Faust tilgte den Stempel, der kecke Finger löschte den Aichung-Strich. Von puritanischem Pathos lag ihm ein Muttererbe im Blut und er begann, auf der Spur freier Priester, ins Volk zu gehen und Wahrheit an die Stelle der Lüge zu setzen. Die Ehe hieß er ein übertünchtes Grab, die Liebe ein Bettlerlämpchen, dran keine Suppe warm wird, die Frau eine Sklavin, und die Gemeinschaft der Menschen war ihm eine rathlos und ziellos treibende Arche, die ein Torpedo zerschellen müsse. Freie und frohe Adelsmenschen wollte er aufziehen, Männer von Muth und Mark, Frauen von Hingebung und Stolz, ein reinliches, ein vornehmes

Geschlecht, das in Freiheit frohen Sonnenaufgängen zujauchzen sollte. Kaum aber hatte Simson die Säulen berührt, da nahten die Philister, um ihn zu binden, und eine Dalila stand auch schon bereit, mit klirrender Scheere die übermenschliche Kraft zu beschneiden. Der Dichter schied von dem Vaterlande, suchte an des Sonnenstrandes südlicher Pracht, in den gestapelten Schätzen der Heidenheit, heitere Kraft zu gewinnen, und hoffte, was er der engen Kleinwelt der Heimath vergebens gesagt, der Menschheit ins lauschende Ohr gellen zu können.

Doch auch dem Dichter ist nicht ewige Jugend beschert. Unserem Poeten lauschte die Welt, mißtrauisch erst, dann in rasch erwärmter Begeisterung, und allerlei wunderliches Volk drängte sich in seine Lehre: dreiste Buben, die eigene Seifenscheu als ein Herrenrecht hochgemuther Sittenbrecher ausprahlen mochten, Faullenzer, denen die Pflicht zur Arbeit wie ein Kontraktbruch des paradiesischen Gärtners erschien, und hysterische Weiber, die, zum Gebären untüchtig, nun vom Manne das Recht zur Initiative heischten. Den Alternden ließ dieser Anblick tiefer in seine Schale zurückkriechen. Aber auch hier erreichte ihn, wie im Muschelbau das geängstete Summen, der bange Ruf der irrenden Menschheit, der er die Leuchtfeuer gelöscht hatte und die Signale und die nun, auf der Suche nach Klarheit, jämmerlich in ungebahnter Straße stampfte, die Kreuz und die Quer. Zum ersten Male kam es dem Dichter da zum Bewußtsein, daß am Ende die großen Ideale doch den kleinen Menschlein nicht taugen, daß man dem Durchschnitt, den Vielzuvielen, die Lebenslüge erhalten muß, das anregende Prinzip, die Fontanelle, die der Arzt dem Kranken in den Nacken setzt.

Dem Durchschnitt nur und den Vielzuvielen? Der

Dichter kroch aus der Schale heraus und sah das eigene Gehäuse an. Es war da ein neues Geschlecht aufgestanden, junge Leute, die von dem alten Propheten gelernt und ihn dann als einen Heuchler verschrieen hatten, der große Worte mache und im Grunde doch ein rechter Philister und Werktagsgeselle sei. Ihnen eiferten Andere entgegen, die Frauen besonders, und meinten in verzückten Schauern, ihr Dichter, der ihnen so oft das Wunderbare versprochen hätte, würde den grünen Jungen schon zeigen, wie frei und leicht er auf selbst gezimmerter Höhe spaziren könne, ohne zu schwindeln, — heute wie damals, wo ihn auf ragender Zinne das Fahnenschwenken und der lärmende Jubel geputzter Kinder gegrüßt hatte. Die Parteien stritten; und den Gerichtstag hielt der Poet. Damals, — ja, da war er aus himmlischen Höhen herabgestiegen und der Kirchthurm-Standpunkt, von dem er vermessen nun auf menschliche Dinge herniedersah, machte ihm keine Beschwerde; aber heute, wo nach dem göttlichen auch der menschliche Glaube geschwunden, wo er eigener Kleinheit sich bewußt geworden war und erkannt hatte, daß man die Menschen, denen man Heimstätten gründen will, doch erst kennen muß, — heute käme gewiß ihn der Schwindel an, der Menge Beifall klänge wie Hohn, sein zager Fuß würde straucheln, ... und durch alle Gassen könnten die grünen Jungen dann die Kunde tuten, daß der alte Meister abgestürzt sei, als er auf selbst gemauerte Höhen zu klimmen versuchte. Selbst empfundene Schwäche aber sollte Niemand verkünden als er selbst, weil Das der Eitelkeit noch am Gelindesten ist. Und der alte Dichter raffte die mählich versiegende Kraft zusammen und schuf, als sollt' es sein letztes sein, ein neues Gedicht, in dem er sich sündig bekannte vor allem Volke, weil er so lange ein Richtmaß aufgestellt hatte, dem er selbst nicht gewachsen war, und Ideale verkündet hatte, zu deren schwindelnder Steile ihn selbst nun kein sicherer Steg trug.

Der Dichter heißt Henrik Ibsen; das Gedicht ist ein Schauspiel und heißt „Baumeister Solneß“, und als es, ein endlich des Ortes würdiges Werk, im Lessing-Theater aufgeführt worden war, da bekannten die Zeitungschreiber, in ehrfürchtigem Bangen die Bewunderer, mit banausischer Frechheit die Verächter des alten Meisters, daß sie der dunkelen Rede Sinn nicht verstanden hätten. Wie sollten auch Kulis die Tragoedie des Künstlers verstehen, wie selbstgefällige Urtheilverkäufer die Tragoedie der Impotenz zu fassen vermögen? Diese berliner Leuchten des Ewig-Gestrigen halten sich für so hell, daß ihnen aller Glanz daneben dunkel erscheint. Die Vorfahren haben gegen Goethe für Kotzebue votirt, die Nachkommen stimmen für Sudermann gegen Ibsen, — und das ganze blitzdumme Geflegel, das vor jedem schmierigen Kunstpächter mit dem Steiße wackelt und jede ausgehaltene Komoediantin lüstern umwittert, bläst die Backen auf und nennt sich: Kritik. Als Heinrich Heine den jungen berliner Dichtern erzählte, er habe beim Schreiben über seinem Haupte ein Rauschen, wie vom Flügelschlag eines Vogels, gehört, sahen sie einander mit sonderbaren Mienen an und versicherten dann einstimmig, daß ihnen Dergleichen nie passirt sei. Sie hielten ihn wohl für verrückt. Für den berliner Literatur-Pöbel ist Jeder verrückt, der die Grenze des Erkennens über das nicolaitische Weichbild hinaus verrückt, und wenns nach Herrn Frenzel und seiner Sippe ginge, liefe außer ihnen und ihren auf Gegenseitigkeit versicherten Lobern bald kein dichtender Mensch mehr in Freiheit herum. Unverändert sind es die selben Herrchen, denen schon der junge Goethe zurief:

„Was schiert mich der berliner Bann,
Geschmäcklerpfaffenwesen!

Und wer mich nicht verstehen kann,
Der lerne besser lesen."

Auch Ibsen kann warten. Nicht auf die Gunst der jungen Männer fürs Feuilleton ist er angewiesen und noch weniger auf die Gnade eines zerstreuten, denkunfähigen, von allen guten Geistern naiven Empfindens verlassenen Publikums, das auf Pointen und straffe Brüste dressirt ist, das wiehert, wo es lächeln sollte, und das sich langweilt, wenns nicht eine Posse oder ein Zotengedicht zu hören bekommt. Ibsen hat nicht das große A der Banalität und deshalb ist er zu gut für die bürgerliche Bühne; denn der Wahn, in unserer industrialisirten und demokratisirten Zeit könnten im Theater andere als grobsinnliche Genüsse herrschen, dieser Wahn wäre genau so trügerisch wie der des Baumeisters Solneß, der Heimstätten für Menschen begründen will, die doch nur Wohnungen brauchen.

Das Gedicht ist eine Beichte, — und als eine Beichte ist es einzig in der poetischen Welt, einzig in seiner schlichten Größe, in seiner Grausamkeit auch. Lange genug hat der Dichter mit Gott und den Menschen gehadert und ihre Kleinheit höhnend seinem Richtmaß verglichen, lange genug gegen Gott und gegen die eigne Gemeinschaft sie aller Pflicht losgesprochen. Mit der „Wildente" begann die Umkehr, begann die Einsicht, daß in der harten Nothwehr des Tages die Lebenslüge nicht zu entbehren ist und die ideale Forderung nur Unheil stiftet. Gregers Werle ging wieder hinauf in die nordischen Felsen; und auch Henrik Ibsen kehrte der nordischen Heimath zurück. Da sah er sie denn, die Entpflichteten alle, die vermännlichten Weiber, die mit ihrer Unfruchtbarkeit herrisch stolzirten, und die anderen, die als arme Opfer ihre Ketten zur Schau stellten und auf die sündigen Männer mit klagendem Finger wiesen, — und Alle boten ihm jubelnden Gruß, ihrem Dichter, der sie befreit oder ihrem Sklavensinn mindestens doch die Augen geöffnet hatte. Und da zog in seine Seele neue Frömmigkeit ein und das Bewußtsein des Nazareners: misereor super turbam. Und noch einmal, da schon die grauen Weiber dem Alternden nahten, griff er zum Richtmaß und maß sich selbst und sprach dann zu allem Volke: „Auch ich bin ein kleiner Mensch; ich versprach Euch ein Wunderbares und kann es nicht haschen; Heimstätten wollt' ich Euch bauen mit ragenden Thürmen und kann sie selbst nicht erklettern." Niemals zuvor hat Das ein Dichter bekannt; immer war ihnen das Dichten Eins und das Leben ein Anderes; sie schufen den Faust und blieben doch ruhig kleine Hofschranzen. Zum ersten Male hat hier ein Poet über sich selbst den Gerichtstag gehalten und zu selbst gethürmten Idealen sich demüthig differenzirt; zum ersten Male hat hier ein Dichter gefragt: Was ich gedichtet, — habe ich Das auch gelebt?

Eine poetische Beichte ist das Gedicht und deshalb wäre es thöricht, nach der Aehnlichkeit zwischen dem Dichter und seinem Geschöpf spürend zu spähen. Jedes Gedicht Ibsens ist ein Erlebniß, aber von jedem hat er sich objektivirt. Wenn Brand die alte Kirche zu klein für den Gott findet, den er verkündet, wenn er später auch die neue Kirche, die große, versperrt und den Kirchthürschlüssel in den Fluß schleudert, so spricht er Ibsens Empfinden aus, genau wie in anderer Zeit ein anderes Empfinden der Baumeister Solneß ausspricht, wenn er beschließt, dem Schöpfer nicht mehr ins Handwerk zu pfuschen und nur noch Luftschlösser zu bauen, mit einer Grundmauer darunter. Und doch ist Brand so wenig wie Solneß der Dichter, in der Zufälligkeit seiner Individualität.

... Von dem Hause in der kleinen Stadt Skien, in dem Henrik Ibsen geboren ward, fiel des Knaben erster Blick auf den Markt, wo das Rathhaus stand, mit dem Gefängniß, der Irrenzelle und dem Pranger der Stadt, und frei in der Mitte die Kirche mit ihrem ansehnlichen Thurm. In der Geschichte der Stadt spielte die Kirche eine große Rolle. Durch die Unvorsichtigkeit einer Magd war Skien in einer Weihnacht von verheerendem Brand heimgesucht worden und es war ein Ereigniß, als dann aus Kopenhagen ein berühmter Baumeister erschien und eine neue Kirche erbaute, aus tönendem Ziegelstein. Von dem Thurm dieser Kirche hatte in einer Neujahrsnacht der durch die glühenden Augen eines schwarzen Pudels fast faustisch verängstete Wächter sich hinabgestürzt und am Morgen erst hatten die Andächtigen den Toten gefunden. Um die Kirche wob die Legende von Skien so einen düsteren Kranz; und daß er dort den ersten bewußten und bleibenden Eindruck empfing, hat Ibsen — in einem Briefe an seinen Biographen Henrik Jäger — selbst später bekannt: „Mein Kindermädchen trug mich nämlich eines Tages in den Thurm hinauf und ließ mich draußen in der Thurmöffnung sitzen, wobei sie mich natürlich von hinten mit ihren treuen Armen festhielt. Ich erinnere mich deutlich, wie es mich überraschte, daß ich den Leuten unten auf die Hutköpfe sehen konnte. Ich schaute hinab in unsere eigenen Stuben, sah die Fensterrahmen, die Vorhänge und meine Mutter an einem der Fenster stehen ..... Später hörte ich dann, daß meine Mutter mich oben in der Thurmluke gesehen hätte und laut aufschreiend in Ohnmacht gefallen wäre, wie man es damals zu thun pflegte. .... Als Knabe ging ich nie über den Platz, ohne nach der Thurmluke zu sehen; es schien mir, daß die Luke und der Kirchenpudel mich gleichsam etwas Besonderes angingen." Ob nicht ein Erinnern mit thätig war, ein Gedenken schwindelfreier Jugend, der noch das Gewissen nicht schlägt, als der Dichter für neue Gefühle neue Symbole suchte, wie es, trotz den berliner Geschmäcklerpfaffen, schon die Dichter der Heiligen Schrift gethan?

Hoch oben auf freier Höhe hat auch der Baumeister Solneß einst gestanden und dem Gewimmel unten auf die Hutköpfe geblickt; damals wars, als er in Lysanger die Kirche gebaut hatte. Ein schwacher Mensch war er sein Leben lang gewesen, von Denen Einer, die sich selbst Leiden schaffen und im eignen Leiden nur und im Leiden der Nächsten ein schmerzendes Glück finden. Aber sein schwächlicher Wille gefällt sich in dem prahlenden Gefühl einer Macht, die er auf Andere übt, und es fügt sich, daß dieses Wähnen reichliche Nahrung erhält. Der Baumeister hat sein Fach nie recht gründlich gelernt; weil er aber verstand, fremde Kraft sich dienstbar zu machen, hat er auch seinen früheren Lehrherrn, der die Tragfähigkeit und den Kubikinhalt gewissenhaft zu berechnen weiß, in seine Dienste gezwungen und in dem Sohn des verbrauchten Gehilfen zieht er sich einen neuen Helfer heran. So könnte er bauen nach Herzenslust, wenn sich nur die Gelegenheit böte; doch sie bietet sich nicht und im engen Hause der Schwiegereltern kümmert sein Sehnen thatenlos dahin. Hundertmal wohl hat er gewünscht, ein Feuer möge den alten Holzkasten verzehren, und er hat sich gehütet, in der Schornsteinröhre die Ritze auszubessern, weil sie die winzige Möglichkeit eines Brandes bot. Endlich erfüllt sich sein Wunsch, — doch nicht so, wie er ihn gewünscht hatte: nicht durch die Ritze bricht das Feuer aus, sondern in der Kleiderkammer; der ganze alte Hausrath verbrennt, der den Frauen so werthvoll ist; die Gattin selbst erkrankt und säugt die eben geborenen Knaben in den Tod. Durch den Brand, der ihm zum Bauen verhilft, wird Solneß ein berühmter, doch auch ein friedloser Mann: die Kleinen sind ihm gestorben, mit der kränkelnden Frau, deren Geschlechtsleben zerstört ist, kann er keinen Umgang mehr pflegen und dazu bedrängt ihn das nagende Gefühl, daß sein Wunsch es war, der das enge, doch behagliche Glück zerstört hat. Diese Vorstellung, der sein Verstand nicht wehren kann, wächst sich in krankhaftes Vermessen einer Gottähnlichkeit hinein und macht ihn blind für die Dinge seiner Umgebung: er wähnt, die Frau jammere den Kindern nach, — und sie winselt doch nur über die verbrannten Puppen, über den verlorenen Plunder aus Urväterzeit; er glaubt, die berufene Mutter in ihr erstickt zu haben, — und die kaltsinnig beschränkte Pflichtenerfüllerin wäre doch nie eine Mutter geworden. Mit dieser Blindheit für die nächsten Dinge verbindet sich ihm ein fatalistisches Ueberschätzen des eigenen Vermögens: Solneß hält sich für den Mann des Schicksals, dem Alles gelingt, der Alles wagen, Alles ausnützen und in stolzer Uebermenschlichkeit auch des Unmöglichen sich vermessen darf. Nie wieder, er weiß es, kann ihm die Frau gebären, aber er richtet drei Kinderstuben ein, denn dem Baumeister Solneß, dem so viel schon gelang, wird auch das Wunder der unbefleckten Empfängniß sich noch erfüllen und reicherer Kindersegen, als er ihn verlor, wird ihm beschieden sein. Zugleich spielt er mit dem eitlen Gedanken des Künstler-Martyriums. Häusliches Glück, meint er, sei ihm geraubt, weil er der Allgemeinheit gehöre, ein Friedloser sei er geworden, weil ihn der Herr zu seinem Dienste berufen habe, herrliche Kirchen zu bauen zu seiner Ehre. Aber er will nicht dienen, auch dem Höchsten nicht, und als er zum ersten Male in seinem Leben den Schwindel überwunden und, nach altem Brauch, um die Kirchthurmspitze von Lysanger den Richtkranz geschlungen hat, als er oben steht und ihn der brausende Jubel betäubt, da kündigt er dem Herrn den Dienst und will ein freier Baumeister werden, auf seinem Gebiet ein Schöpfer, wie Gott. Seitdem hat er nie wieder Kirchen gebaut, nur Heimstätten noch für Menschen.

So hatte Henrik Ibsen, der auch durch den „Brand"

emporgekommen war, dessen Wünschen auch den modernen Plunder der Urväterzeit, den Gespensterglauben überlieferter Sitte, in Asche gelegt hatte, den Kirchthürschlüssel in den Fluß geschleudert und trotzend beschlossen, nach seinem Ebenbilde künftig Menschen zu schaffen und Heimstätten für diese Menschen. Einmal hatte er, vor Gottes Milde, den Schwindel überwunden und fühlte sich nun schwindelfrei auch für alle Zeit. Da versprach er, in frevler Ueberhebung, „das Gotteswerk, den Mann voll Mark, den neuen Adam, jung und stark", und verhieß den Frauen ein Wunderbares, das aus dem Puppenheim sie zu freier Menschlichkeit einst erlösen sollte. Der neue Adam aber wollte von dem anmaßlichen Schöpfer nichts wissen, nannte ihn kraftlos und lendenlahm, und die neue Eva tollte in ihres Erlösers stille Stube und forderte ihr Wunderbares, so gleich auf den Tisch.

Nicht anders war das Schicksal des Baumeisters Solneß. Das Leben hatte ihn enttäuscht, denn die Menschen wollten ja gar kein Heim, wollten „eine Art von Zufluchtstätte blos," und er kannte die Menschen auch gar nicht, denen er Heimstätten errichten wollte. Umsonst hatte er ringsum alle Kräfte niedergehalten und ein Glück sich gegründet, das er nun brennend empfand wie eine große hautlose Stelle auf der Brust: sein Beruf war verfehlt, weil er sich aufgemacht hatte, ein Bedürfniß zu befriedigen, das gar nicht vorhanden war, und in der Runde umheulte ihn das Geschrei der Jugend nach ihrem jüngeren Recht. Die Jugend fürchtet der Baumeister, denn sie ist die Wiedervergeltung, sie zieht mit neuen Fahnen zu neuen Siegen aus, und deshalb verschließt er der Jugend die Thür, weil er davor zittert, ein neues Geschlecht könnte den alten Meister von seinem Platze verdrängen. Doch noch einmal narrt ihn sein Wähnen: die Wiedervergeltung kommt, und sie kommt von der Jugend, doch von der nicht, die ihn befehdet, — von der anderen kommt sie, die bewundernd zu ihm emporzublicken gelernt hat.

Semele kommt und will ihren Donnerer, den Jupiter, der den Blitzen gebeut, — denn nur Götter kann sie noch lieben.

Fräulein Hilde Wangel kommt, ein freches Nichts, und nichts bringt sie mit als ein Bündel schmutziger Wäsche, die im Hause des Baumeisters rasch rein gewaschen werden soll. Wo wäre dazu auch ein besserer Ort? Fräulein Hilde Wangel hat der Baumeister vor zehn Jahren droben in Lysanger geküßt und ihr, in gottähnlicher Tafelstimmung, ein fabelhaftes Königreich versprochen, wo sie an seiner Seite einst herrschen soll. Fräulein Hilde Wangel hat ihren Ibsen gelesen, hat von ihm das Auftrennen der sittlichen Maschinennähterei gelernt und die Verachtung des Durchschnittsmenschen, und all die Jahre hat sie sich in dem Gedanken gesonnt, einst die Königin zu sein und ihrem Dichter zur Seite zu sitzen, hoch oben auf freiem Söller, und auf das Gehudel da unten hinabzusehen, ohne zu gewöhnlicher Arbeit auch nur den Finger zu rühren. Dem Baumeister etwa Schreiberdienste zu thun wie die arme Kaja, die mit dem berühmten Brotherrn eine Liebschaft mit Aussicht aufs Standesamt träumt, — davon mag Hilde nichts wissen; sie will ihr Königreich, will ihren Gott, der sie ins übermenschliche Richtmaß gereckt hat. Ihn aber, den sie träumend auf stolzer Höhe immer gesehen hat, findet sie unten nun, in der Alltäglichkeit, umlauert von einer fragenden Frau, die ihn kurzweg beim Vornamen nennt, mit den schwarzen Flecken und faulen Malen der Kleinlichkeit, mit dem Neid des Alternden auf die Jugend, mit dem schwindligen Gewissen des kleinen Menschen, der jenseits von Gut und Böse sein wollte und der das Böse doch noch als Böses empfindet. Wäre Fräulein Hilde ein rechtes Weib, ein mitleidiges, eigener Schwachheit bewußtes, fremde Schwäche mit lindem Finger schonend nur streichelndes Weib, sie würde den phaetonischen Traum einscharren und den Schwindelnden vor steilem Aufstieg sorglich behüten. Fräulein Hilde aber kommt aus dem letzten Boot, das die Selbstsucht gerüstet hat und die herrische Laune, und ihren Baumeister will sie lieber zerschmettert sehen, ehe sie auf ihr Luftschloß verzichtet. Der Traum soll Leben werden, sollte Der auch, der den Traum einst heraufbeschwor, dabei das Leben lassen. Und wie Frau Alving einst zum Pastor Manders kam, wie Hedda Gabler an Eilert Lövborg die Macht ihrer Weiblichkeit erproben wollte, besser noch: wie eine Nora vor ihren Schöpfer träte und in ihm den Mann ihrer Wünsche forderte, den Wunderbaren, den sie auf Erden sonst nirgends entdecken kann —: so tritt Hilde Wangel vor ihren Baumeister hin und heischt mit trotzigem Anspruch ihr Königreich, — gleich auf den Tisch. Aber Solneß ist nicht Manders, nicht Lövborg; er verkriecht sich nicht hinter den Zaun enger Sitte, er berauscht sich nicht in unsauberer Brunst, sondern ehrlich und ernstlich versucht er, das Versprochene wahr zu machen und als der Große, der vom Schwindel Freie, seiner Jüngerin sich zu zeigen, lebend — oder tot.

Was hat er auch noch zu verlieren? Zehn Jahre lang hat er an einem neuen Hause gearbeitet, und nun weiß er, daß es für ihn kein Heim sein wird. Immer hat er in Selbstqualen Wollust gefunden, und nun hat ihn Hilde mit rohen Worten gelehrt, daß alle Qualen um nichts waren. Den Kirchenbau hat er aufgegeben, weil er mit Gott unzufrieden war; die Heimstätten für Menschen hat er verlassen, weil die Menschen zu ihrem Glück keine Heimstätten brauchen. „Das ist der ganze Abschluß, so weit ich zurückblicke. Nichts gebaut, im Grunde genommen, und auch nichts geopfert, um zum Bauen zu kommen". So steigt er hinauf, so schlingt er den Kranz um die Thurmspitze, so stürzt er, als von unten brausender Jubel erschallt, hinab auf die „niedrigen, verfallenen Häuschen", zwischen denen er so lange gewohnt hat. Der Jubel stürzt ihn, der sein Gewissen rührt und ihn daran mahnt, daß „zwischen Himmel und Erde" sein Platz nicht ist, daß er den Himmel nur geträumt, auf der platten Erde aber gelebt hat. Frau Solneß, aus alter Zeit, fällt in Ohnmacht, „wie man damals zu thun pflegte". Die Jugend aber geberdet sich, wie Jugend eben mag, höchst egoistisch; der befreite Gehilfe und lachende Erbe, der mit den anderen grünen Jungen da ist, um zu sehen, wie der Meister nicht auf sein eigenes Haus hinaufsteigen kann, spricht unter wonnigem Schaudern: „Er vermochte es also doch nicht." Und Fräulein Hilde schwelgt in stillem, irrem Triumph: „Aber bis zur Spitze kam er. Mein, — mein Baumeister!" Denn er ist ja „für sie" gestorben und das verspritzte Hirn wird ihr stolzes Ideal nicht beschmutzen.

... Als Henrik Ibsen nach langer Abwesenheit wieder in die Heimath kam, da brachte ihm Norwegens Jugend stürmischen Gruß und in Lied und Wort wurde er als ein leuchtendes Vorbild gefeiert. Damals sagte der Dichter, auch dieses Erlebniß solle einst in einer künftigen Dichtung sich spiegeln, und er fügte die Frage hinzu: „Wo ist unter uns der Mann, der nicht zuweilen einen Gegensatz zwischen Wort und Handlung, zwischen Willen und Aufgabe, zwischen Leben und Lehre in sich gefühlt und erkannt hat?" Darüber sind viele Jahre vergangen und nun giebt uns Ibsen ein Gedicht, in dem der Gegensatz zwischen Leben und Lehre sich spiegelt, die Tragoedie vom Dichter, der die Höhe der eigenen Weltanschauung nicht erklimmen, vom Baumeister, der auf seine eigenen Häuser nicht klettern kann.

Der Baumeister klettert hinauf, aber er weiß, daß er stürzen wird, und das Sterben bekümmert ihn nicht, wenn nur die Prinzessin ihr Luftschloß bekommt.

Und der Dichter?

Mit dem wilden Kampfe gegen den Himmel war es nichts und nichts mit dem Vermessen, dem Schöpfer ins Handwerk zu pfuschen. Die befreite Sklavin wurde die grausamste Tyrannin, weil sie die schwächste war, der entmännlichte Mann hatte mit der Brutalität auch die Kraft verloren und auch Semele im Korset wollte doch nur den donnernden Zeus umarmen. Der Verkünder der idealen Forderung wurde bei Tische der Dreizehnte und scheu wich ihm der Aberglaube aus, denn er brachte, so hieß es, nur Unglück. Ohne die Lebenslüge konnte der Durchschnittsmensch nicht athmen und in Ruhe sich regen, — und dem Dichter selbst wurde das eigene Denken zu steil und er besann sich, daß er, der für andere Menschen Heimstätten erbauen wollte, sein ganzes Leben unheimisch, zwischen fremden Möbeln, verbracht und ein paar alte Bilder nur sein Eigen genannt hatte.

Was wird der Dichter nun thun? Vielleicht wird er auf die Sonnenseite des Daseins zu gelangen und mit lieblichen Träumen die Gewissensangst der Menschheit einzulullen versuchen, vielleicht den phantastischen Sprung von der Klippe des Willens auf den Felsen der Möglichkeit wagen. Er kann das Luftschloß mit der Grundmauer darunter erbauen, denn ihm ist nicht der Gehilfe gestorben, der auf die Berechnung von Tragfähigkeit und Kubikinhalt sich so ausgezeichnet versteht.

Strindbergs Gläubiger.

Unter den Jungen, die den alternden Baumeister Solneß schon lange lärmend verhöhnten, weil er höher ihnen zu bauen schien, als er klettern konnte, ragte Einer besonders hervor, ein Schlanker, aus Sehnen und Nerven, mit flackerndem Blick und trotzigem Schopf, mit einer Stirn, deren Wölbung das Flammengestiebe wilder Gedanken kaum zu ummauern vermochte, und einem Mund, um dessen gestraffte Lippen tausend Teufeleien einen Totentanz aufzuführen schienen. Der ließ sich nicht, wie der blöde Zeichner Ragnar Brovik, von dem Alten ins Joch spannen, und weil es ihm unerhört erschien und unerträglich, daß seine Verdienste im Stillen bleiben sollten, zur größeren Ehre des berühmtesten Bauherrn in den skandinavischen Landen, begann er, gegen den Magus aus Norden laut zu randaliren und zu skandaliren, daß vor solchem Zauberlehrling dem Hexenmeister allmählich angst und bange wurde. Denn sein Lehrling war auch der grimme Rebell einst gewesen und von dem Prinzipal hatte er die Technik gelernt, den knapp gegliederten Bau, den strengen, niemals verzettelten Stil und die Sparsamkeit in den immer organisch entstehenden Ornamenten. Die alte Sicherheit wars, aber ein

Neues kam doch hinzu, eine schreiende Subjektivität, die krankhaft beinahe kreischend den Passanten festhielt und zu verblüfftem Verweilen zwang. So ein Ding sah aus wie eine gothische Kirche, in der ein modernes Maschinenwerk mit Manometer und Transmission eben erst Unterstatt gefunden hatte, und von Weihrauch, Maschinenöl, Kerzenqualm und dünstender Menschheit stieg dem Betrachtenden ein fremdes Gemisch in die Nase. Manchmal, wenn aus dem Neubau ein wüstes Gekeife hervordrang und ein böses, übernächtig verbuhltes Geschimpfe, das für den Verlust an zeugender Kraft in müdem Toben Vergessen sucht, glaubten die guten Bürger auch, vor einem Frauenhause zu stehen, ihr Allzumenschliches regte sich, sie bekreuzten sich und trippelten heimwärts, wo dem wach gekitzelten Sehnen dann anständige und sachgemäße Verwendung winkte. Aber, wie es so geht, die Sache sprach sich doch herum, die Leute meinten bald, der alte Baumeister mache eigentlich doch recht altmodischen Plunder, und sie fingen an, für die aggressiven Kunststücke des Jungen sich zu interessiren. Dann kam der Tag, wo der verstiegene Solneß vom eigenen Gerüst fiel und den Schädel brach, — und in das Jubelgeschrei aus den verzückten Reihen der Unterröcke klang schneidend und schrill damals das Höhnen des lachenden Erben.

Aehnlichen Anblick erleben wir jetzt: Ibsens „Baumeister Solneß" ist unverstanden verschwunden, Strindbergs „Gläubiger" haben einen ganz richtigen Theatererfolg erreicht und das junge Skandinavien, das von den berliner Vororten aus jetzt einen wohl vorbereiteten Massensturm auf die deutsche full dress-Literatur versucht, läßt die neue Botschaft ertönen: Es weichen die Nebel, die Sonne steigt auf — Ibsen ist tot, es lebe Strindberg, — und übrigens haben wirs immer gesagt!

In aller Bescheidenheit gestatte ich mir, dabei nicht mitzuthun. Erfolge beweisen nichts, — und Theatererfolge sprechen eher gegen als für den Werth der Dichtungen, die sie krönen. Diesmal hatte obendrein die Gunst des Zufalles gar zu ungerecht gewaltet. Ibsen mußte sich mit einer Darstellung begnügen, die ihrer Aufgabe fast so unverständig wie nachher die faselnde Kritik gegenüberstand; gut wurde nur Frau Solneß und die kleine Kaja gespielt; Herr Reicher, der dem Baumeister seine naive Eindringlichkeit gab und ihm den Philisterspott bis zum jähen Absturz gnädig ersparte, ist, weil ihm der Zauber zwingender Persönlichkeit fehlt, doch mehr der Alltags-Mann der Grundmauern als der Märchenheld steiler Luftschlösser, und über Fräulein Hilde Wangel schweige ich lieber, aus Höflichkeit. Um so größer war Strindbergs Glück: im Residenz-Theater des Herrn Lautenburg fand er drei Darsteller, die durch ein kleines Wunder in fremd geartete Individualitäten hineinschlüpfen konnten wie in sauber angemessene Röcke. Namentlich Herr Jarno, der bisher nur durch verschüchterte Liebenswürdigkeit und durch ein etwas unmännliches Neuwienerthum aufgefallen war, hat bewiesen, daß in ihm ein Schauspieler steckt, mit dem man nun rechnen muß; der Mensch, den er auf rüstige Beine stellte, konnte ohne Rampenlicht leben und bei hellem Sonnenschein auf die Straße gehen, ohne wie ein geschminktes Gespenst angegafft zu werden. Aber auch Fräulein Bertens und Herr Rittner waren ganz merkwürdig gut: vielleicht, weil vom Strindberg-Stil zum Dumas-Stil der Weg diesmal längst nicht so weit war wie beim „Vater“ und „Fräulein Julie“.

Und der Dumas-Stil gewann auch den Sieg. Die in sehr witzigen Bogen aufprasselnden Racketen fesselten den Blick, die Thesen und Antithesen, denen die Sprache so prall saß, als trügen sie — Schweninger mag mir verzeihen! — ein Korset, prickelten angenehm im Gehirn und das geistreiche Nadelstechen machte wollüstig schmerzende Wunden, in die dann brennend die Salzkörner des raisonnirenden Dichters fielen und die man, stolz wie nach der ersten Mensur ein Student, als putzende Renommirschrammen nach Hause tragen konnte. Am nächsten Tage erschien, mit Binden, Bandagen und Salben, dann die Kritik, die gutherzige Heilgehilfin, die sonst auch ein anderes, vom Staat noch nicht völlig konzessionirtes Handwerk treibt, und streichelte die Wunden tröstend zur Ruhe: so böse sei es gar nicht gemeint gewesen, Gott bewahre, nur als ein Problema, und nirgends habe der Dichter den sinnlosen Versuch gemacht, seinen eigenen Glauben uns aufzudrängen. Und noch mehr solchen Blödsinn.

Es war wirklich sehr böse gemeint. August Strindberg ist nicht sehr viel geistreicher nur, er ist auch sehr viel grausamer als der alt gewordene jüngere Dumas; der Franzose vergißt niemals den schützenden Knopf an der Spitze des blanken Stoßdegens, der Schwede wählt sich die schärfste Waffe, und wenn er zustößt, fließt rothes, lebendiges Blut. Beaumarchais selbst, der doch schon ein leidlich unbarmherziger Geselle war, köpfte mit spitzigen Worten nur und sein Figaro mißbrauchte nie das Rasirmesser zu tötlicher Lust. Der Figaro aus dem letzten Boot aber, der dem Fräulein Julie den Weg alles faulen und lebensunfähigen Fleisches weist, treibt mit der Barbierklinge doch recht verruchten Schabernack. Und der arme Adolf, der als ausgeplünderter Gläubiger noch unter den kosenden Krallen seiner Schuldnerin ächzt, würde mit dem Messerchen gewiß nicht nur spielen, — wenn die Epilepsie ihn nicht schon am Kragen hätte, seine Hand lähmte und ihn, mit Schaum vor dem Munde, leblos zu Boden streckte, wie ein in Krämpfen verzehrtes Kind.

Zum Kind war er auch geworden, längst schon vorher. Semele hatte ihrem Jupiter die Keule entwunden und die Attribute der Göttlichkeit, und nun war sie sehr erstaunt, da das Donnern und Blitzen nicht mehr gelingen wollte, nahm den Entmannten, den entgötterten Gott auf den Schooß, herzte ihn fleißig, und als er in ihre weichen Arme sich schmiegen konnte, verträumte er sich in die Einbildung, so sei es immer gewesen, und ganz vergaß er die Zeit, wo er der Donnerer war und Semele in ängstlichem Schrecken an seine Brust flatterte.

Frau Thekla — so heißt Semele hier — ist von der Art, die der alte Weise etwas unzart vielleicht, doch sehr treffend mit den Worten aufstieß, tota mulier in utero. Sie ist die prädestinirte Dirne, nach Neigung und Beruf, und wenn die Umstände es so gefügt hätten, wäre sie der schlimmen Grete wohl ähnlich geworden, von der ein anderer Schwede, der geniale Lüdrian Bellmann, uns einst erzählt hat:

„Hatt' mit der Dirne viel Mühe und Noth,
Macht sie oft frei, wenn vor Bütteln sie rannte!
Rückenmarkschwindsucht nun schrecklich mir droht
Und sicher der Schanddirne Spott.
Dennoch, o Greta, vergeß ich Dich nicht;
Denn, glaub mir, nie stärker mein Herz für Dich brannte.
Denke an Dich, wenn mein Auge einst bricht, —
An Dich und Dein schönes Gesicht.“

Aber Thekla hatte Glück. Sie fand einen Deckmantel, einen anständigen Mann, der sie zur ehrbaren, geachteten Frau machte, von dem sie Manieren und erträglichen Geschmack lernte und den sie aus Dankbarkeit dafür prostituirte, weil sie sich selbst ja nun nicht zu prostituiren brauchte. Als eine kleine Schauspielerin einmal gefragt wurde, warum sie denn ihren reichen Vicomte betrogen hätte, noch dazu mit einem häßlichen Komoedianten, meinte sie: Il était bien charmant, mais il me fallait du vice et il n'en avait pas pour deux sous. So gehts auch der guten Frau Thekla: ihr bürgerlich braver Mann hat als Probirthierchen ausgedient, seine simplen Reize sagen ihr nichts mehr, und da er obendrein unvorsichtig genug ist, eine lange Reise zu thun, weiß sie nichts Besseres, als ihn mit einem zwitterhaft weichlichen Künstlerjungen zu betrügen. Zuerst wird, wies immer geht, wenns man heimlich, auch vor dem eigenen Gewissen, treibt, Brüderchen und Schwesterchen, dann wird Papa und Mama gespielt, — übrigens ohne den Folgen viel nachzudenken. Alles, meint Thekla, kehrt wieder zur alten Ordnung, ist erst mein Mann wieder da, und die Gelegenheit wird sich schon finden, den süßen Jungen in den Ehewinkel hineinschlüpfen zu lassen, der sich von selbst dann zum Dreieck schließt. Aber der süße Junge beißt an; die Eifersucht des Fleisches, die schlimmste, die Othellos und Epileptiker macht, regt sich hitzig in ihm; so schmerzlich saugende Lust mag er nicht theilen: Brüderchen und Schwesterchen laufen davon, laufen nach allerlei Formalitäten aufs Standesamt und spielen nun allen Ernstes vor den Augen der höchst befriedigten Welt — denn die Sache ist ja legitimirt — Papa und Mama.

Frau Thekla spielt nebenbei noch ein anderes, ein sehr feines Spiel; sie weiß, daß die Sinne selbst gegen das Ruthengekitzel am Ende ermüden, und deshalb ist sie schlau bemüht, ihrem Adolf auch seelische Wollust zu schaffen, die länger dauert und den schleichenden Jahren trotzt. Sie erfindet sich eine Vergangenheit und stülpt auf das von gierigen Fingern so oft zerwühlte Haar eine Mitleid heischende

Märtyrerkrone. Ihr erster Mann nämlich, der armsälige Idiot, hat sie in geistiger Armuth verkümmern lassen und ihr stolzes Talent harrt doch nur des Erweckers, — und so fort in der alten Litanei von der unverstandenen Frau. Für den männernden Knaben Adolf ist Das ein gefundenes Fressen. Er fühlt sich als Schuldner für nie geahnte Genüsse und es schmeichelt seiner Eitelkeit auch, das schneeweiße Gänschen, das er gestohlen zu haben glaubt, als herrlichen Singvogel der staunenden Welt aufzuschwatzen. Frau Thekla wird ein Literaturweib; und ihr Buch, dem der erste Mann den Inhalt, der zweite die Form gegeben hat, wird ein großer Erfolg, dem der gute Adolf ein weithin schallendes Echo noch dadurch weckt, daß er die Verfasserin auf seinen Bildern, als Heilige bald und bald als heldische Jungfrau, den Gaffern zur Schau stellt. In dieser Geschäftigkeit wächst seine Liebe — die mit eigenem Blute genährte Brut liebt man immer am Meisten — und in der steten Anspannung seiner Sinne und Seele merkt er gar nicht, wie sein Verhältniß zur nun berühmten Frau sich verschoben hat. Mama ist Mama geblieben und nur sicherer noch thront sie auf dem neuen Piedestal; Papa aber hat sich um seine Kräfte geliebt und gesorgt, Schwäche beschleicht ihn und wie ein hilfloses Kind muß er froh sein, wenn das Gänschen ihn weich und daunig mit warmem Gefieder beschützt.

Frau Thekla denkt nach. Eigentlich ist sie nun wieder, wo sie schon einmal war: auch der zweite Magnet hatte nur die Kraft, an sich zu ziehen, nicht aber auch die stärkere, fest zu halten. Der erste Mann war ein etwas säuerlicher Kochapfel, an dem die Frau nur so herumknabberte und den sie dann fortwarf; Etwas für den ersten Durst, für des Leibes Nothdurft, nicht fürs Vergnügen. Der zweite Mann glich einer kaum gereiften Orange, die den Appetit gewaltig reizte; aber nun war sie ausgesaugt bis auf den letzten Tropfen und nur die Schale schimmerte noch angenehm ins begehrliche Auge. Wer jetzt daneben auch noch den Kochapfel hätte, der für den Hausgebrauch am Ende gar nicht so übel war! . . .

Da kehrt, mit theatralischer Pünktlichkeit, der erste Gatte zurück. In irgend einer Zeitung las ich, er sei eine überlegene Kraftnatur gewesen und habe Theklas Ketten gebrochen. Es ist nicht möglich, ärger den Dichter mißzuverstehen. Der arme Gustav hat niemals Ketten zerbrochen und wird niemals Ketten zerbrechen; sein Glück war, rechtzeitig verlassen zu werden, sonst wäre er den Weg seines Nachfolgers gegangen, den Weg, auf dem er schon ein gutes Stück vorwärts gekommen war; und seine Ueberlegenheit besteht nur darin, daß er den Muth hat, die eigene Wunde zu enthüllen, — seinem Nachfolger, der ihn jammert, zum warnenden Beispiel. Wie Carlos, der auf seine Art ja auch schon ein Weiberfeind war, vor den zärtlichen Streber Clavigo, so tritt der Verlassene vor den Räuber seines gefährlichen Glückes hin und bohrt stählerne Worte in das weiche Seelenwachs des Empfindlings; aber nicht vor fremder Schwindsucht warnt er, wie Carlos, ihn, sondern vor eigener Epilepsie, und nicht für gesunde Nachkommenschaft spricht er, ein früher Zuchtwähler, sondern gegen den betäubenden Dunstkreis der Unterröcke. Dieser Gustav hat unter Qualen gelernt, wohin bei den Frauen das Lindenblatt fiel, das dem stärkenden Drachenblut eine Stelle versperrte; er weiß, daß nicht mit dem Messer und nicht mit der Kugel man den Frauen so wehe thun kann wie mit dem Raub ihres Liebsten, mit der Befreiung des Mannes, den sie vielleicht nur lieben, weil sie ihn haben, ihn halten, besitzen, bewachen, mit Leib und Seele, mit Haut und Haar, wie Knecht und Magd, wie Ochse und Esel und Alles, was ihr ist.

Für den völlig ausgehöhlten Adolf aber giebt es nur einen Befreier noch: den Tod. Er muß es sehen, wie Gustav sein Idol in Trümmer schlägt und dem prahlenden Singvogel das falsche Gefieder zerzupft, bis das feiste Gänschen wieder zum Vorschein kommt; er muß es hören, wie die gehätschelte Frau sich wieder dem Andern neigt und aus der muffigen Luft ihrer Krankenwärterstube sich zu robusteren Genüssen zurücksehnt. Da erst bricht das knochenlose Kind in sich zusammen. Alles hat er ertragen, das Streicheln und das Kratzen der Frau, ihr gemeines Kosen und ihren pöbelhaften Fußtritt, — Eines aber erträgt er nicht: daß er in der Konkurrenz um ihren Besitz nun zurückstehen muß, einem Andern sie gönnen und die nagende Wuth empfinden, von der Begierde das Vermögen überlebt zu sehen. Jahre lang hat er eine Bestie umarmt, — und nun empörts ihn, daß die Bestie brünstig zu brüllen beginnt. Und ich glaube fast, auch das Publikum hätte Frau Thekla gern Alles und noch mehr verziehen, wenn sie nicht, gräßlich zu sagen, in der Krankenstube ihrer Allzuweiblichkeit sich erinnert hätte.

Das war die große Sünde der George Sand und dafür wird sie noch heute in allen Literaturgeschichten zur Dirnenstäupe verdammt. Sehr hübsch war es auch gewiß nicht von ihr, daß sie, während der arme Musset im leichten Fieberschlaf lag, mit dem Arzt sich ergötzte und dem jäh Erwachenden das scheusälige Schauspiel bot. Neben Frau Thekla aber steht sie doch wie ein reiner Engel: sie verschenkte, was ihr gehörte, und mästete sich nicht nach Kanibalenart vom Blut und vom Geist des Genossen. Musset war nicht ihr Gläubiger; sie war reich genug, um vom eigenen Besitz zu zehren, sie brauchte nicht Schulden zu machen und zog aus, den Mann zu suchen, den Herrn und Gebieter. So sind noch alle starken Frauen ausgezogen, und wenn sie von einer Enttäuschung zur andern gerannt und von der Kinderneugier genarrt waren, die eher nicht rastet und ruht, bis der gefährliche Punkt gefunden und das Spielzeug zerstört ist, — dann hat die Welt, die mehr noch neidisch als streng ist, ihre Unsittlichkeit scharf gescholten. Die Welt sollte allmählich aber der Frage doch nachzudenken beginnen, wie es denn kommt, daß gerade die größten Frauen so oft auch die größten Dirnen geworden sind. Vielleicht, weil sie den größeren Mann immer suchten und niemals fanden?...

Das ist nicht der Fall unserer lieben Frau Thekla. Die ist blitzdumm und gewöhnlich und darf keinen höheren Anspruch erheben. Ihre Männer aber haben ihr die Ansprüche suggerirt, der ganze Kehricht der Emanzipation hat den armen Kopf ihr umnebelt und Ibsen, der Frauenkultus-Minister des Nordens, ließ von allen Kanzeln predigen, auch die albernste Puppe habe auf ihr Wunderbares ein heiliges Recht. Diesem katholischen Wunderglauben trat in kirchenväterlicher Entrüstung Strindberg entgegen, riß der Madonna den Heiligenschein von der Stirn, nannte, ganz urchristlich, im Sinne Tolstois und der Paradiesesszene, das Weib die große Verderberin und übertrumpfte gar ungalant den berühmten Vers Alfreds de Vigny vom enfant malade et douze fois impur. Nicht immer hat mans geduldet. Fräulein Julie war selbst den Franzosen zu monströs, und als sie sich neulich auf der pariser Freien Bühne sehen ließ, jammerte sogar Jules Lemaître über die cruelle soirée. Die Tragikomoedie der „Gläubiger" läßt man sich eher gefallen, trotz ihrer schmerzhaften Menschlichkeit, weil der Dichter hier fast allzu geistreich raisonnirt, weil die drei Menschen in ihrem Thun und in ihrem Unterlassen, in ihrem Werden und Vergehen, so wundervoll perspektivisch angeschaut sind, — und nicht zuletzt, weil die Frau hier auch im Sinne der guten Sitte eine große Sünderin ist. Da können die Männer klatschen und denken: So seid Ihr süßen Bestien Alle — ein Bischen. Und sie haben ein Bischen Recht. Die Frauen aber klatschen erst recht und denken, geschmeichelt von so ungeheurer Macht: Dazu sind wir durch Euch erst geworden; weshalb versprecht Ihr erst uns Donnerkeile und Blitze und schmiegt Euch kraftlos dann in unser wärmendes Joch? Und sie haben dreimal Recht.

August Strindberg hat nur die Frage gestellt; mit der Antwort kam ihm Ibsen zuvor. Er hat das Hohnlachen der Jungen gehört und hat eingesehen, daß es nicht taugt, Häuser zu bauen, auf die man selbst dann nicht klettern kann, und den Frauen Ideale zu thürmen, deren Höhe man selbst nicht erreicht. Er schuf Hedda Gabler und Hilde Wangel, zwei unnützliche Geschöpfe, denen das Sehnen nach brutaler Kraft und nach Märchenkönigreichen anerzogen ist und die, da sie statt der Wikinger mit dem robusten Gewissen ringsum nur verfeinerte Zärtlinge und schwindlige Träumer finden, in perverser Grausamkeit die entmännlichten Männer zerstören. Ibsen war und bleibt immer der Größere, der ragende Dichter allein fliegender Gedanken, den man nur den ganz großen Einsamen vergleichen kann und der ein Neues brachte, ein nie Gehörtes und nie Gesehenes. Strindberg verkündet mit zwingender Subjektivität, mit dem krankhaften Eifer des Modernen im Grunde doch nur die alte, asiatische oder paradiesische Weisheit, daß der Mann über der Frau stehen muß, wenn sie ihn nicht „unter kriegen“ soll.

In jedem Manne, Das hat schon Zarathustra erkannt, ist ein Kind versteckt: das will spielen. Und den Rath des Weisen, dieses Kind zu entdecken, haben die Frauen allzu buchstäblich befolgt; sie haben mit dem Manne geschleckt und gespielt, bis das niedliche Spielzeug sie erst zu langweilen und dann ihnen verhaßt zu werden begann. Aber auch Das hat Zarathustra gelehrt: „Der Mann fürchte sich vor dem Weibe, wenn es haßt: denn der Mann ist im Grunde der Seele nur böse, das Weib aber ist dort schlecht.“ Diesen ganz schlechten, bis zum Kanibalenthum grausamen Haß, der mit stumpfen Stopfnadeln zu Tode martert und am langsamen Feuer des Kochtopfes später erkältete Rache kocht, den hat Strindberg gefühlt, erlebt und erkannt und in stierem Entsetzen sah er die Gefahr, die solchen Männern aus der hilflosen Gewöhnung an solche Frauen erwächst. Mit der ganzen Gewalt persönlichen Grauens umfing ihn der Schrecken, die Formel fand er nachher erst, als Friedrich Nietzsche auf seinem lyrischen Weltmarsche im Norden erschien. Die Sprache, die Strindbergs Hauptgläubiger jetzt spricht, „se ressente des lieux où fréquentait l'auteur“, — und diese Orte sind dumpfe Alkoven und, zur Abwechselung, Zarathustras Eisregionen: überhitzte Sinne suchen für ihre brennenden Wunden gefrorenen Schnee und übersehen die wärmere Weisheit aus gemäßigter Lebenszone, die Weisheit, die also spricht: Das Glück des Mannes heißt: ich will; das Glück des Weibes heißt: er will.

Nur eine Saite rührt Strindberg, der neue Paganini, doch er schlägt sie wundervoll und es soll ihm nicht vergessen sein, daß er in seiner Tragikomoedie eines der frühesten Exemplare der Gattung uns gab, der die Zukunft gehört. Denn in der Alltäglichkeit unserer schwachgemuthen und uniformirten Zeit wird das von trivialen Freuden und trivialen Schrecken erfüllte Leben einem Band von Labiche immer ähnlicher, in den mitunter nur eine Seite aus Shakespeare eingefalzt ist.

Jules Lemaître.

Zwei führende Geister hat in drei Jahren die französische Kritik verloren. Noch nicht dreißigjährig, starb, im Juli 1888, Emile Hennequin, der kalte, harte, bizarre Sucher positiver und wissenschaftlich begründeter Wahrheit, den wunderliches Gelüsten gerade zu jenen Poeten trieb, die — wie Dickens, Poë, Heine, Dostojewskij — nicht mit dem nüchtern eisigen Verstand, die mit der Seele nur zu umklammern sind, mit dem Herzen, vielleicht mit den Nerven. So mußte Hennequins interessantestes Werk, die Studie der écrivains francisés*), den Verfasser bündiger noch charakterisiren als die Gegenstände seiner rastlosen Bemühung. Von gänzlich anderer Art war, der im März 1889 starb: Edmond Schérer. Aus einer protestantischen Schweizerfamilie ging er hervor, hieß der Theologie Magister und Doktor gar und hatte, bevor er in die Redaktion des Temps eintrat, wohl manches Jahr an der genfer Hochschule die Exegese und die christliche Moral professirt. Das saß ihm im Blut: eine leise pedantische Schwerfälligkeit, gelahrter Stolz und eine milde Verachtung modernen literarischen

---

*) Perrin et Cie. Paris.

Strebens. Der entschiedene Republikaner und Demokrat war ein literarischer Reaktionär, — eine übrigens nicht gar so seltene Erscheinung. Dabei darf nicht vergessen werden, daß, wenn wir Taine ausnehmen, den Größten, nicht vor und nicht nach Schérer ein Anderer in Frankreich der Kritik diese kosmopolitische Ausdehnung gegeben hat und diese sanftmüthige Weitherzigkeit. Schérer war eben kein Franzose, er blieb ein Fremder im Lande Voltaires und Hugos; man bewunderte ihn, aber man liebte ihn nicht; mit dem Hut in der Hand sprach man von ihm, aber seine Gesellschaft war niemals gesucht. Er starb und ließ keinen Schüler zurück. Hatte er nicht sogar Diderot beinahe germanisirt, cette flamme toujours flambante de notre génie?

Schérer wurde im Temps durch Anatole France abgelöst und im Journal des débats, wo Hennequin einen Theil seiner kritischen Studien veröffentlicht hatte, war nun freier Spielraum für Jules Lemaitre. Zwei echte und unverfälschte Gallier: von Boileau stammt der Erste, von Saint-Beuve der Zweite geistig ab. Anatole France ist kein Pedant wie der steife législateur de goût, aber auch er will, bei aller philosophischen Skepsis, belehren, denn er glaubt ganz im Innersten doch ein Bischen an feste Regeln einer Dichtkunst und streng hält er die Fiktion fest, als schreibe er für den Autor, der zu bessern ist und zu bekehren. Jules Lemaitre will genießen und Anderen Genüsse vermitteln; er glaubt an gar nichts, er schreibt von sich und für das Publikum. Wer Recht hat? Nach Ferdinand Brunetière, dem am Nächsteu noch mit Schérer verwandte Manne der „Revue des deux mondes", haben Beide Unrecht, weil Beide auch Dichter sind und weil der wahre Kritiker „unproduktiv" sein muß, wie man ja wohl bei uns sagt. Nach meiner noch unmaßgeblicheren Ansicht haben Beide Recht: so kann man es und man kann es auch anders machen und nur die stärkere Persönlichkeit wird für die Wirkung entscheidend sein. Die Wirkung aber hat für Lemaître entschieden: er ist heute der beliebteste Kritiker in Frankreich und hat, ohne breite Bettelsuppen zu kochen, ein großes Publikum.

Wie kommt Das?

Er ist immer amusant. Darum liest man ihn, darum können die Contemporains,*) ob sie auch nur bereits vorher veröffentlichte Aufsätze bringen, acht Auflagen und mehr erreichen.

Von einer Krisis des Buches wird jetzt in Frankreich viel gesprochen; zu Pyramiden stapeln die Bände sich und sind nicht mehr an den Mann zu bringen, trotzdem in Irkutsk, in Bangkok und Valparaiso der französische Roman Käufer hat. Mit besserem Recht aber noch, will mich bedünken, könnte man von einer Krisis der Kritik reden, — und nicht in Frankreich allein. Wie oft frage ich mich: Wo in aller Welt sollen die Leser herkommen für diese unübersehbare Masse von Literatur? In einer Zeit, die nicht den tausendsten Theil des schon Erdichteten mehr bewältigen kann, wer kann und wer will diese kritischen Berge erklettern? Jener Snobismus höchstens, der über Alles gelesen haben möchte, um von Allem mitschwatzen zu können. Doch auch der geht der philologischen, der moralisirenden und analysirenden Kritik am Liebsten aus dem Wege. Und wer bleibt? Die Literaten, die Chinesen des Literatenthums. Die müssen natürlich ergründen, ob der X. wieder einmal dummes Zeug geschrieben, ob der Y. wieder den Z. in alle Himmel billigen Ruhmes erhoben hat. In den Literaturcafés, täuschen wir uns doch darüber nicht, sitzen unsere Leser, — wenn

*) H. Lecène et H. Oudin. Paris.

wir nicht hingehen und thun, wie Jules Lemaitre that. Wen der Hamburgische Dramaturg ermüdet, wer bei Schérer vom Pedantismus, bei Barbey d'Aurevilly vom Dandysmus, bei Hennequin und Brunetière vom Doktorismus, bei Bourget vom priapischen Katholizismus sich abgestoßen fühlt und erkältet, Der greift zu Lemaitres Kunstplaudereien, zu den Contemporains und den Impressions de théâtre.*) Da giebts eine stark hervortretende Persönlichkeit, giebts Unterhaltung, Amusement.

Den feierlichen Majestätplural, der bei uns landesüblich ist, sucht man bei Lemaitre vergebens. Nie hat ein Kritiker so oft und so gern in der ersten Person Singularis gesprochen: Ich, Ich, immer Ich. Viele nennens anmaßend, ich nenne es bescheiden. „Nie haben wir einen angenehmeren Theaterabend verlebt als den gestrigen." Wir? Wer denn? Das Redaktionkollegium, das nur in der Einzahl vertreten war? Die Setzer, denen, von wegen der Mitternachtkritik, jeder Theaterabend gleich unangenehm ist? Oder die Leser, von denen die meisten nicht da und nicht wenige vielleicht unzufrieden waren? Heraus doch nur muthig mit dem Ich, auf daß man es fühlen und fassen und greifen kann und sehen, wie schwer es wiegt oder wie leicht. Was hinter dem Wir steckt, kann vortrefflich oder auch blitzdumm sein; ich weiß es nicht, ich kenne es nicht; es ist ein mystisch thronendes Wesen, mehr als ein Gott, denn Der bediente, da er zu Mose sprach, sich der Singularform. Der Deutsche Kaiser und der französische Chroniqueur fesseln die Blicke, weil sie vom steifen Wir zum moderneren Ich übergegangen sind.

Ein Ich-Kritiker ist auch der mehr für den Künstler als

*) H. Lecène et A. H. Oudin. Paris.

für die Kunst interessirte Verfasser der wundervollen causeries du lundi schon gewesen, gelegentlich, ohne deutliches Bewußtsein und bestimmte Absicht. Der Theaterkenner und Kunstfremdling Francisque Sarcey macht seine Unterschiede: er ist ein Ich, wenn er Schauspieler, besser noch und gerechter als der mehr künstlerisch empfindende Speidel, beurtheilt; er ist Wir, sobald er für seine Freude am Ewig-Gestrigen die wahlverwandte Menge zu Hilfe ruft, wenn er konstatirt, das Scribe mehr à notre génie national entspricht als Shakespeare, Goethe oder auch Ibsen. Je schlechter eine Sache ist, desto eifriger gehts auf die Suche nach Eideshelfern und auch von unseren Wir-Männern habe ich Manchen im Verdacht, es möchte ihm an dem nöthigen Muth fehlen, für eine Thorheit allein einzustehen. Die Furcht auch thut viel, nur beileibe nicht klüger zu scheinen als die Abonnenten, deren Mehrzahl keine höhere Wonne kennt als: zu lesen, was sie selbst schon vorher gedacht hat. Wozu dann aber überhaupt noch eine Kritik, politische, soziale oder literarische, darf man wohl fragen, wenn sie auf den Ausdruck der Massenstimmungen beschränkt sein soll? Alle Mandate, auch die kritischen, sind Vertrauenssache: Du bist unser Mann, gehe hin und säe furchtlos Unzufriedenheit mit dem Bestehenden, Anerkannten.

Solche Angstschweiße belästigen Lemaître nicht; er ist Ich und setzt sich selbst; er hat den Muth seiner Irrthümer, die Verwegenheit seiner Antipathien. Selbst vor Widersprüchen bangt ihm nicht: Vor sechs Monaten gefiel mir Dies, heute gefällt mir Das; gestern war Zola mir der moderne Homer, morgen nenne ich ihn einen engeren, verkünstelten Walter Scott. Warum nicht? Die Hauptsache ist, daß man zu jeder Stunde aufrichtig die empfangenen Eindrücke weiter giebt, denn: vaine comme doctrine, forcément incomplète comme science, la critique tend à devenir simplement l'art de jouir des livres et d'enrichir et d'affiner par eux ses sensations. Unmöglich, bescheidener zu sein als dieser Impressionist, dessen Studien man sehr glücklich dem Tagebuch eines Weltreisenden durch die moderne Kunst verglichen hat. In dieser Resignation liegt zugleich auch der Verzicht auf die führende und neue Bahnen weisende Stellung der Kritik, auf den entscheidenden Einfluß, den in Deutschland Lessing und Winckelmann, in Frankreich Boileau und der Encyklopaedismus, in Rußland Bjelinskij und im skandinavischen Norden Georg Brandes geübt hat. Aber scheint es nicht fast, als sei solche Wirkung — auf die Produktion selbst — heute in großen Ländern von weit ausgreifender Kulturentwickelung unmöglich geworden? Selbst Taine ist sie nicht mehr beschieden, selbst dessen botanisirende Kritik ist nur eine glänzende und geniale Episode. Und der viel schwächere und bequemere Lemaître? Er lächelt und zweifelt; er ist Skeptiker und fast Nihilist; aber sein Zweifeln ist nicht von der tötlichen Art, ist kein Verzweifeln; mit Montaigne spricht er vielmehr: Que sçay-je? Und: Le doute est un mol oreiller.

Ist die Rolle einer derartig anschmiegsamen, Alles genießen wollenden Kritik schon an sich eine feminine — wie eine alternde Liebhaberin schmollt und kost auch Sainte-Beuve mit den bösen und doch so süßen Romantikern von 1830 und der unerbittliche John Stuart Mill hat ihn deshalb mit seinem Haß beehrt —, so bedroht den Ich-Kritiker noch eine besondere Weiberschwäche: die Koketterie. Wer viel und oft von sich spricht, Den verführt die Menschlichkeit, sich auch in möglichst vortheilhaftem Lichte zu zeigen und, wie es sein möchte, nicht wie es ist, das Ich darzustellen. Dieser Gefahr ist Lemaître nicht entgangen. Er ist, wie About,

Sarcey, Weiß, Prévost-Paradol, in der école normale erzogen worden, wo man den einzig wahren, den einzig guten Stil lernt; er war, bevor er in die Publizistik gerieth, maître de conférences de littérature française à la faculté des lettres de Besançon und neun, zehn Jahre höchstens sind erst verstrichen, seit er stolz mit sämmtlichen akademischen Titeln zeichnete. Jetzt drückt ihn, da er ein mondäner Salonmensch geworden ist, dieser Ballast und er kokettirt mit einem Modernismus, dem die Humaniora von äußerst mäßigem Werth erscheinen; jetzt möchte er nicht ein gelehrter Mandarine sein, sondern ein origineller Künstler, deshalb stellt er rasch Renan über Bossuet und seufzt lächelnd: Kann ich dafür, wenn diese oder jene Posse von Meilhac und Halévy mir mehr zusagt als manche Komoedie von Molière selbst? Nur ihn nicht zu ernst nehmen dann: er kokettirt und blaguirt. Und er hat Rückfälle in den Normalschüler-Stolz und berühmt sich seiner Professur und fragt mit magistralem Spott, ob Herr Paul Verlaine denn auch den Plato gelesen habe, dessen Schatten seinem Stimmungsgedicht aufdämmert, während der Nachtpromenade durch die Boulevards. Ein genialer Barbar unter gründlich Gelehrten, ein gründlich Gelehrter unter Barbaren zu sein: so etwa mag der kokette Traum Lemaîtres aussehen. Und ist mans nicht, kann mans doch scheinen. Nur anders sein, anders scheinen, ein ganz apartes, verfeinertes Medium moderner Kunst.

In Sérénus, histoire d'un martyr*) hat Lemaître einen Theil jenes Ich gezeichnet, das er zu scheinen wünscht. Einen merkwürdigeren Märtyrer sah man noch nicht und keinen moderneren wird man erträumen. Wie gern möchte er glauben; er kann nicht, nur die Gläubigen bewundern

*) Alphonse Lemerre. Paris.

kann er, denn die philosophische Erziehung — école normale supérieure! — hat ihn gelehrt, daß hienieden Alles ohne Wunderapparate zugeht, nach unbeweglichen und in sich nothwendigen Gesetzen. Und seine Lebensfreudigkeit — serenus serenissimus! — sträubt sich gegen die christliche Askese; an seinen Brüdern im Heiland mißfällt ihm, daß sie das einzige uns sicher verbürgte Leben gar so nazarenisch verachten. „Puis, je les trouvais par trop simples, fermés aux impressions artistiques, bornés, inélégants.“ Er sucht eine neue, eine ästhetische und elegante Religion; heidnische Frohheit möchte mit der sanften Schwermuth der Nachfolge Christi er vereinen, das Elementarleben der negrischen Bambulas*), ohne Gesetzbuch und Bibel, leben und doch ein ganz moderner Kulturmensch sein, un Parisien de Paris. Serenus und seinem Dichter ergeht es wie dem Neophyten Carvinus in Lemaitres Legende Myrrha, der über den Sündenfall nachdenkt und über die Erlösung, bis: Une femme qui passait m'a fait signe et je l'ai suivie ne sachant plus si j'avais une âme.

Unserem Normalschüler begegnet Das nicht selten. Neugier, die Begierde nach neuen Eindrücken und Sensationen, hält er für die höchste aller Tugenden: celui qui est curieux de tout est, par là même, un esprit tempéré et maître de soi. Maßvoll ist er immer und die Maßvollen liebt er am Besten: die himmlische Einfalt des Lamartine, die bronzene Kraft des Mérimée, den neuen Lafontaine-Maupassant und Renans theosophische Skepsis. Starke Satiren verträgt sein zärtlicher Makronenmagen nicht: Daudets L'Immortel wäre ihm ein Gräuel, auch wenn der provençalische Ikonoklast nicht durch die gröbliche

*) Petites Orientales. Lemerre. Paris.

Täuschung des alten Astier-Réhu seinen Philologenstolz tötlich verletzte. Auch für enorme und exzessive Kunst fehlt ihm das Organ: nur aus dem Verstand kam seine Zola-Bewunderung; sein Verstand macht aus George Sand eine quellende Isis der Literatur und wiederum sein Verstand beugt sich vor Victor Hugo, für den er, in einem seiner glücklichsten Essays, das erschöpfende Wort fand: C'est une cloche retentissante, dont les plus grandes, ou pour mieux dire, les plus grosses idées de la première moitié de ce siècle sont venues tour à tour tirer la corde . . . Michel Angelo wäre nicht sein Mann und mit Taine wendet er von den Konventhelden und von Napoleon kühl staunend sich ab: einen Hoche oder Marceau könnten wir brauchen, aber Gott bewahre uns vor einem neuen Bonaparte. Car je hais, comme dit Montaigne, cruellement la cruauté, et j'aimerais mieux, je vous le jure, être privé des ‚bienfaits de la Révolution' et vivre dans la plus fâcheuse iniquité civile, — et qu'on n'eût pas coupé la tête de Marie-Antoinette et celle d'André Chénier. Hatte ich zu viel gesagt? Er hat die Verwegenheit seiner Antipathien.

Drei Lebensideale erkennt Lemaître: den Heiligen beneidet er und den großen Dichter und den unwiderstehlichen Frauenbezwinger: Antonius von Padua, Shakespeare — oder lieber noch, da der Brite ihm zu unermeßlich ist, Molière — und Don Juan. Der Letzte aber ist ihm von Allen der Neidenswertheste, denn er liebt die Liebe, wie er sie versteht, als un rien de libertinage à la française avec un peu de rêve. Und er liebt besonders, ein gealterter, müder Don Juan ohne rechte Initiativkraft, den Frauen ein Freund zu sein, den aristokratisch soignirten, die angenehm duften und bei denen es ohne Leidenschaft abgeht, im wohlig warmen Boudoir, auf weichem Sessel, der neueste Bourget daneben. Ob er glücklich bei Frauen ist? Bei der eigenen Frau war ers nicht . . . In der Weiblichkeit ist er ihnen und im Sensitivismus verwandt, nur des Mannes ist in ihm vielleicht zu wenig. Mehr ein verhätschelter Freund als ein mit zuckender Passion Geliebter. Aber schließlich: er hat die Rolle, die ihm gefällt, und er spielt sie virtuos, — und seine Koketterie selbst bleibt immer liebenswürdig.

A mon amie madame la comtesse de Loynes sind die beiden letzten Dramen Lemaîtres gewidmet: Le député Leveau*), eine funkelnde und doch milde politische Satire, in die von den galanten Abenteuern Boulangers Allerlei verpackt ist und die man uns hoffentlich auch in Deutschland spielen wird; und Mariage blanc*), ein überfeines Schauspiel, das, weil es auf der Voraussetzung einer seit Musset ganz französischen Jungfernnaivetät beruht, nicht in fremdes Erdreich übertragen werden kann. Und doch ist hier gerade Lemaître die feinste Gestalt gelungen: jener Jacques de Tièvre, der, ein abgespannter Weltmann, gern ein Erlöser sein und zugleich eine noch nie geschmeckte Delikatesse genießen möchte. Er heirathet ein totkrankes Mädchen, lügt der Märchenunschuld ein physisch unmögliches Eheglück vor, spiegelt und röstet sich in der Größe seines Opfers und tötet endlich seine femme-enfant, weil vor dem strotzenden Begehren ihrer Schwester sein heidnischer Appetit erwacht. Dieser Jacques, der einstweilen letzte Ausläufer der müden Männer von Byron, Musset, Lermontow und der echte Zeitgenosse des Maurice Barrès: mit seinen Kuriositättrieben, mit seinem altruistisch maskirten Egoismus, mit seiner sehnenden piété sans la foi ist er einer der reprä-

*) Calmann Lévy. Paris.

sentativen Männer eines kulturmüden und etwas hysterischen Volkes, mindestens einer Generation — nicht von Franzosen, doch — von Parisern. Und deren Prophet ist Jules Lemaître, der elegante, duldsame, weichliche, geistreiche und immer ironische Impressionist.

Wie er schreibt? Launenhaft, grillig, amusant, bequem, ganz wie ein Franzos. Er hat aus der Kritik, die bei Schérer, Hennequin, Brunetière nicht salonfähig war, die auch bei Anatole France noch zu philosophisch und manchmal zu belehrsam ist, eine geistreiche Plauderkunst gemacht. Ueber Alles spricht er und über Anderes auch noch, wie es ihm gerade gefällt. Immer ist es de la critique personnelle, immer ist von Monsieur Lemaître die Rede. Mags ihm nachmachen, wer kann und — darf. Dürfte man in Deutschland über Lemaître im Stil Lemaîtres schreiben, ich hätte mich mit dem Worte begnügt: Was wollen Sie? Mir gefällt er, er hat eine elegante Seele.

Naturalismus.

A. „Was widert Dir der Trank so schal?"
B. „Ich trinke gern aus dem frischen Quall."
A. „Daraus kam aber das Bächlein her!"
B. „Der Unterschied ist bedeutend sehr:
's wird immer mehr fremden Schmack gewinnen;
Es mag nur immer weiter rinnen."

Goethe: Ursprüngliches.

Als auf der Freien Bühne Arthur Fitgers verworrenes und kernkrankes Trauerspiel „Von Gottes Gnaden" durch die Jämmerlichkeit der Darstellung dem anstandsgrenzenlosen Hohn des berliner Publikums überliefert worden war, da schrieb ein Kritiker: „... Schwerer als mancher Sieg der neuen Kunst wiegt diese Niederlage der alten: der Naturalismus triumphirt auf der ganzen Linie, offensiv wie defensiv." Nachdem ich mich, übler Gewohnheit gemäß, eine Weile über die haltlose Sophistik dieser Beweisführung geärgert hatte, erschien mir der Anlaß geeignet, dem Modewort endlich einmal auf den Leib zu rücken. Gewiß wird der kritische Herr, dessen Jubelschrei hier citirt ward, einen bestimmten Begriff mit dem Wort Naturalismus verbinden; bis zum Beweise des Gegentheils muß man Das als höflicher Mann von seinen werthen Kollegen immer annehmen; Dessen aber bin ich noch viel gewisser, daß von den Lesern des Siegesbulletins die meisten gar nicht und die übrigen nur dunkel ahnen, wer und was eigentlich nun auf der ganzen Linie, offensiv wie defensiv, triumphirt haben soll.

Ja, was ist eigentlich Naturalismus? Es ist Zeit, einmal in aller Gemüthsruhe darüber zu reden, denn das Wort ist allmählich so abgegriffen worden, daß kaum mehr zu erkennen ist, welchen Kopf, welches Wappen diese ästhetische Werthmünze trägt. Und schließlich ist es doch immer angenehm, zu wissen, was man so beiläufig meint, wenn man vom Morgendämmern einer neuen Kunst spricht. Was versteht also die große Menge, was verstehen die kritischen Schutzmänner unter Naturalismus?

Lassen wir die guten Leute bei Seite, die in allen Naturalisten nichts als Rhyparographen, Kothmaler, sehen und die ganze literarische Revolution für eine einzige große Schweinerei halten. Mit dieser Gemeinde der geistig Armen und Elenden, die jede Stelle in einem Kunstwerk für nicht naturalistisch hält, wenn sie nicht sexuelle Vorgänge roh und behaglich behandelt, brauchen wir uns nicht abzugeben. Mögen Andere ihre Zeit an den tausendmal geführten Beweis vergeuden, daß man von des Sophokles und des griechischen Malers Pyreicus Tagen an schon häufiger Gräuel und Krankheiten, ekle und sittlich empörende Vorgänge zu Gegenständen der Kunstbehandlung gewählt hat, als es die heuchlerische Pruderie der Peinlichkeitwütheriche von heute sich träumt. Für den Künstler giebt es keinen Zwang; frei liegt das dem Blick unermeßliche Stoffgebiet vor ihm und die Wahl, die er trifft, ist vollkommen unabhängig von der naturalistischen Evolution. Also: mit der Schmutzmalerei ist es nichts; Zolas „Rêve“ und „Une page d'amour“ sind darum nicht minder naturalistisch, weil sie in fleckenloser Reine erscheinen. Aber Witzblattmacher und andere humorlose Leute brauchen immer einen schwarzen Mann, an dessen Schreckgestalt sie ihre harmlosen, nüchternen und überflüssigen Späßchen verüben können; Otto Bismarck haben solche Schlucker bei den drei Haaren, Wagner bei den Stabreimen gepackt und an den Naturalisten sehen sie nur das schmutzige Hemdenzipfelchen, das Manchem von ihnen zum Hosenlatz heraushängt. Aber der Exkanzler hat auf dem Kopf und auf den Zähnen mehr als drei Haare, des bayreuther Meisters Wagalaweia durchklingt die Welt, und wenn der Naturalismus schmutzig erscheint, so liegt Das daran, daß er gar so viel abzuseifen hatte. Beim sozialen „Großreinmachen" geht es nicht immer sauber zu.

Gleich nach der Anklage der Pornographie kommt der Vorwurf der Photographie, — und der ist ernster zu nehmen. Man schreit: Wahrheit! Wahrheit ist der Bannerspruch der neuen Kunst, die nur Geschautes, nicht transszendentale Träume geben will; und unter der Flagge des Naturalismus segeln die Herren Hauptmann, Holz plus Schlaf und ihre blutlosen Geschwister dreist hinaus. Aber nicht auf die Nebeneinanderstellung mehr oder minder gut beobachteter, wesentlicher und unwesentlicher, Vorgänge und Erscheinungen kommt es an in der Kunst. Dem photographischen Apparat ist ein Rinnstein eben so wichtig wie der ihn überschreitende Mensch: erst durch die Trennung des Wesentlichen vom Unwesentlichen wird der Wirklichkeitabschreiber zum Künstler. Einer der unzweifelhaftesten „Realisten", Guy de Maupassant, hat gesagt: „Ist der Realist ein Künstler, so wird er uns nicht die banale Photographie des wirklichen Lebens zu geben versuchen, sondern eine anschauliche Zusammenfassung, die vollständiger, ergreifender und beweiskräftiger ist als die Wirklichkeit selbst." Und nachdem er den Irrwahn, es gäbe eine objektive, allen Augen wahr scheinende Wahrheit in der Kunst, zurückgewiesen hat, schließt er: „Meiner Ansicht nach sollten sich daher die wirklich begabten Realisten viel eher Illusionisten nennen.“

Nach Wahrheit strebt jeder ernste Künstler; jeder nach einer anderen, subjektiv erkannten Wahrheit. Alle Seiten der Welt vermag kein sterbliches Auge zu umfassen; Dieser erblickt nur das Schöne, Jener nur das Häßliche; Dieser ist Sanguiniker, Jener Melancholiker; Dieser Verzweiflung-, Jener Entrüstungpessimist. Das ist Temperamentssache. Wer mit subtiler Beobachtumg nur die zuständliche Schilderung eines engen Interieurs giebt — siehe die Familie Selicke — braucht darum noch längst kein Naturalist zu sein; und trotz der Wirklichkeitbeobachtung und trotz der Häufung von Gräueln nenne ich den Dichter des Dramas „Vor Sonnenaufgang“ einen Idealisten, weil er eine Idee, eine subjektiv erkannte sittliche Wahrheit — die Pflicht, das persönliche Glück dem Wohl der Gattung zu opfern — an einer zu diesem Zweck erfundenen Fabel illustriren und zum Siege führen will.

Schon hier scheint demnach die Möglichkeit einer bündigen Erklärung gegeben, wenn man sich für die Gegenüberstellung von „Naturalismus“ und „Idealismus“ entscheiden will. Der Naturalismus wäre dann die künstlerische, nicht photographische, Wiedergabe eines Theiles des Weltganzen, in der das persönliche Urtheil des Schöpfers über sein Werk zurücktritt; der Idealismus die ebenfalls künstlerische Illustration einer Idee in einer künstlich zurechtgerückten und beleuchteten Welt. Der Idealist ist der redegewaltige Anwalt seiner guten, der unerbittlich strenge Richter seiner bösen Menschen; der Naturalist hingegen vertheidigt nicht und richtet nicht: er giebt das Weltbild, wie er es sieht, und schreibt in unsichtbaren Zeichen darunter: Ecco homo! Das Richteramt verbleibt dem Betrachter.

Nun ist es aber klar, daß es sich hier um einen Unterschied — oder besser: um einen Fortschritt — der Technik handelt. Die Subjektivität des Künstlers läßt sich, dem Geist sei Dank, niemals völlig unterdrücken; sie beginnt schon mit der Stoffwahl und wirkt, absichtlich oder unabsichtlich, lauter oder heimlicher, dann bei der Gestaltung fort. Wenn Gregers Werles schrankenloser Idealismus nicht so einseitig beleuchtet ist wie das ganz ähnliche Empfinden Posas, der dem Despoten seine ideale Forderung vorlegt, so beweist Das nur, daß Ibsen ein ungleich feinerer Techniker ist als Schiller. In Decadence-Zeiten blüht die Technik immer zu kaum geahnter Höhe empor; und die Decadence unserer modernen Literatur beginnt, lange vor dem romantischen Intermezzo, eigentlich schon mit Heinrich Kleist; schon bei ihm finden wir, wie später bei Richard Wagner, mit dem er sich vielfach berührt, künstliche, kränkelnde Brutalität, das Bestreben nach möglichster Wirklichkeitähnlichmachung und jene „überreife, überladene Decadence-Kunst“, von der Friedrich Nietzsche so viel spricht und deren glänzendster Vertreter der Zarathustraphilosoph selbst ist.

Auch hier, so will mir scheinen, ist dem Naturalismus noch nicht beizukommen. Aus dem reinen „Quall“, von dem Goethe spricht, möchten wir Alle trinken, — aber das Wasser aus dem der Quelle entsprungenen Bächlein widert Manchem. „'s wird immer mehr fremden Schmack gewinnen; es mag nur immer weiter rinnen.“ Der „Quall“ ist das Ursprüngliche, die Natur, aus deren Schoß das Kunstbächlein hervorsprudelt; ganz frisch und rein ist es nur am Quell; auf dem Wege durch die Temperamente nimmt es allerlei fremden „Schmack“ an; und nur, wo ein kräftiges, wohlschmeckendes Element sich hinzugesellt, kann uns der Trank munden. Der Naturalismus also, der uns das ursprüngliche Naturwasser ohne jeden fremden Stoff zu kredenzen sich anmaßt, ist eine Unmöglichkeit in sich selbst; der Künstler ist kein Phonograph, der die Töne der Wirklichkeitwelt haarscharf wiedergiebt; ihm müßte sonst Das gerade fehlen, was erst den Künstler macht: die Eigenartigkeit der Anschauung, das besondere Temperament, die Kraft des Gestaltens aus der eigenen Individualität heraus. Und darum kann diese Art von Naturalismus ewig nur in grauen Theorien leben. Denn so gewiß jeder Baum und jedes Sandkorn von verschiedenen Augen verschieden wahrgenommen wird, eben so gewiß giebt es auch keine objektive, Allen gleichmäßig wahre Wahrheit. Der einzige Naturalist in diesem Sinne bleibt der Weltenschöpfer: nur dessen Sechstagewerk ist wirklich „objektiv" gestaltet.

Naturalismus = Pornographie ist eine Kinderei; Naturalismus = Photographie ist eine banausisch thörichte Theorie, die, wo sie verwirklicht wird, nicht künstlerisch wäre, und wo sie künstlerisch sein sollte, nicht verwirklicht werden kann. Was bleibt? Nichts als der Unterschied in der Technik, die vornehmere Diskretion in der Beleuchtung?

Die deutschen Wortführer des Naturalismus pflegen in ihren Verkündungen auf bedeutende ausländische Dichter Bezug zu nehmen. Ich glaube, ein ziemlich vollständiges Register dieser angeblich „führenden Geister" zu geben, wenn ich von den jetzt Lebenden Zola, Ibsen, Strindberg, Tolstoi und allenfalls noch den erst nach seinem Tode anerkannten Dostojewskij hier nenne. Sie Alle sollen Naturalisten sein. Sehen wir sie uns einen Augenblick an.

Zola hat am Meisten über den Naturalismus geschrieben, den er einmal „ein Kind der bejahenden materialistischen Philosophie" unseres Jahrhunderts genannt hat. Er findet in Rousseau, der doch die Rückkehr zur Natur empfahl und also auch ein Naturalist heißen dürfte, den Vater der Romantiker, den Vater Chateaubriands und Hugos. Das ist eine nur durch ihre Kühnheit verblüffende Behauptung; denn was der lyrische Kryptokatholizismus Victor Hugos mit dem Primitivitätglauben des Bürgers von Genf zu schaffen haben soll, ist schwer zu begreifen. Den Ahnherrn des Naturalismus erblickt Zola in Diderot, dem Positivisten, der zum ersten Male die exakte Wahrheit im Roman und im Drama verlangt habe. Gleich darauf aber theilt er uns — in „Une campagne" — mit, schon bei Montaigne finde sich das Wort Naturalismus in seinem, dem zolaistischen, Sinne vor. Den Unterschied von Romantik und Naturalismus definirt er so: „Während die Romantiker die Typen und die allgemeinen Abstraktionen der klassischen Formel beibehalten und nur neu eingekleidet haben, nehmen die Naturalisten das Studium des Menschen an der Quelle wieder auf: sie ersetzen den metaphysischen Menschen durch den „physiologischen" Menschen und trennen ihn nicht mehr von dem Milieu, das ihn bestimmt." Und im „Roman expérimental" wird als die einzig des wissenschaftlichen Jahrhunderts würdige Kunstmethode gepriesen: „Den Mechanismus der Lebenserscheinungen im Menschen zu beherrschen, das Räderwerk der geistigen und sinnlichen Daseinsbethätigungen bloszulegen, so wie die Physiologie unter dem Doppeleinfluß der Erblichkeit und der Umgebung sie uns darstellt, endlich den lebendigen Menschen in dem sozialen Mileu vorzuführen, das er selbst hervorgebracht hat und täglich neu gestaltet und in dem er wiederum eine beständige Umwandlung erfährt." So weit dieser Reden Sinn nicht dunkel bleibt, sagen sie nichts Neues, nichts für den Naturalismus besonders Charakteristisches. Zola selbst könnte man nach seiner Theorie eigentlich nur einen romantischen Abkömmling Rousseaus nennen; das Studium des Menschen hat der großartig begabte Fanatiker des Milieu gewiß nicht an der Quelle wieder aufgenommen; er ist der unvergleichliche moderne Epiker der toten Gegenständlichkeit, nicht ein Anatom der Menschenseele. Das Individuelle des Menschen entgleitet ihm, seine Geschöpfe leben nur von des Milieu Gnaden. Zola hat eine Welt geschaffen, doch keinen gottmenschlichen Odem vermochte er seinen Lebewesen einzublasen.

Aber es giebt noch eine andere Stelle in Zolas Theorienbüchern. „Was ihre Philosophie anbetrifft," heißt es da, „so bleiben die Romantiker beim Deismus stehen; sie glauben an ein absolutes Ideal; es sind nicht mehr die starren Dogmen des Katholizismus, es ist die dämmernde Ketzerei, das lyrische Ketzerthum Hugos und Renans, die Gott überall und nirgends sehen. Im Gegensatz hierzu gehen die Naturalisten bis zur Wissenschaft; sie bekennen sich zu keinem absoluten Standpunkt und das Ideal ist für sie nichts als das Unbekannte, das sie zu erforschen und zu erkennen streben." Hier „brennt es". Lassen wir die Wissenschaft, die Zola so gern im Munde führt, bei Seite, so gewinnen wir eine neue Gegenüberstellung: Naturalismus = Panphysismus im Gegensatz zum klassisch-romantischen Theismus und Pantheismus.

Als Schiller 1801 seine Abhandlung „Ueber das Erhabene" schrieb, da stellte er über die „physische Weltordnung" die sittliche Weltordnung, „welche die Vernunft zwar mit ihren Ideen erfliegen, der Verstand aber mit seinen Begriffen nicht erfassen kann." Das war die Weltanschauung Kants, die „die Religion innerhalb der Grenzen der bloßen Vernunft" erretten und die moralische Würde des Menschen vor dem ethischen Materialismus bewahren wollte. Feuerbach erschien und gab das große Stichwort von der Konzentration auf das Diesseits aus. Er stellte das moderne Christenthum als einen Heuchelglauben in Gegensatz zum Urchristenthum und nannte es — in „Philosophie und Christenthum" — „eine fixe Idee, welche mit unseren Feuer- und Lebensversicherunganstalten, unseren Eisenbahnen und Dampfwagen, unseren Pinakotheken und Glyptotheken, unseren Kriegs- und Gewerbeschulen, unseren Theatern und Naturalienkabineten im schreiendsten Widerspruch steht." Hier drang, in einer Zeit revolutionärer Gährung, die naturalistische Weltauffassung in Deutschland ein, nachdem der positive Glaube schon lange vorher durch Voltaires spitze Giftpfeile und durch Rousseau und seine „Profession de foi du vicaire savoyard" schonunglos mitgenommen worden war. Im achtundvierziger Sturmjahr schloß Feuerbach seine heidelberger Vorlesung mit dem Satz: „Ich wünsche nur, daß ich die mir gestellte, in einer der ersten Stunden ausgesprochene Aufgabe nicht verfehlt habe, die Aufgabe nämlich, Sie aus Gottesfreunden zu Menschenfreunden, aus Gläubigen zu Denkern, aus Betern zu Arbeitern, aus Kandidaten des Jenseits zu Studenten des Diesseits, aus Christen, welche ihrem eigenen Bekenntniß und Geständniß zufolge halb Thier, halb Engel sind, zu Menschen, zu ganzen Menschen zu machen." Da war ein weiter Abstand schon von Schillers Wort: „Glühend für die Idee der Menschheit, gütig und menschlich gegen den einzelnen Menschen und gleichgiltig gegen das ganze Geschlecht, wie es wirklich vorhanden ist: Das ist mein Wahlspruch." Der Geist des Rousseau, „der aus Christen Menschen wirbt," hatte gewirkt. Und nun hielt mit Schopenhauer die neue Religion des pessimistischen Mitleidens ihren Einzug. Gleich einer absterbenden Gattung bettet sich der starre Kirchenglaube hin, die naturwissenschaftliche — meinetwegen die materialistische — Weltanschauung gewinnt sich alle Starken, die Männer, die Denker; Rückert singt: Der „Gedanke ist erwacht, schüttelt seine Glieder", und nicht mehr vom christlich-moralischen Standpunkte aus wird die Welt betrachtet, — nein: der moderne Philosoph steht „jenseits von Gut und Böse".

Und der Künstler, der ihm zur Seite tritt, mag sich getrost einen Naturalisten nennen. Von Natur aus, an und für sich, ist nichts gut oder böse; erst das Denken macht es dazu. Der Bruch mit der Theologie und Teleologie, die Konzentration auf das Diesseits führt auch naturgemäß den Künstler zu einer neuen Weltauffassung, für die von nun an der Mensch der einzig interessirende Gegenstand wird. Der Mensch in jeglicher Gestalt; denn für die naturalistische Betrachtungweise ist das „Gut" oder „Böse" nicht entscheidend. An und für sich ist ein Regentag nicht reizloser als ein sonniger Frühlingsmorgen, ein Verbrecher oder ein verkommenes Subjekt nicht weniger „interessant" als ein Edelmensch. Für den Zarathustraphilosophen ist der Verbrecher, der „Brecher alter Tafeln", der stärkere Mensch, der eigentliche Kulturschöpfer. In der „Götzendämmerung" sagt er: „Die Gesellschaft ist es, unsere zahme, mittelmäßige, verschnittene Gesellschaft, in der ein naturwüchsiger Mensch, der vom Gebirge her oder von den Abenteuern des Meeres kommt, nothwendig zum Verbrecher entartet. Oder beinahe nothwendig, denn es giebt Fälle, wo ein solcher Mensch sich stärker erweist als die Gesellschaft: der Korse Napoleon ist der berühmteste Fall."

Von nun an gilt nicht mehr die Losung, der Menschheit ein Ideal zu zeigen, ihre Menschenschwachheit zum Anspruch einer höheren sittlichen Weltordnung heranzubilden, sondern die andere, ihre biologischen Gesetze festzustellen, ihr den Spiegel vorzuhalten. Der Naturalist spricht zum Idealisten, wie Lessings Minna zu ihrer Zofe: „Mädchen, Du verstehst Dich so trefflich auf die guten Menschen; aber wann willst Du die schlechten ertragen lernen? Und sie sind doch auch Menschen, und öfters bei Weitem so schlechte Menschen nicht, als sie scheinen. Man muß ihre guten Seiten nur aufsuchen." Gerechtigkeit und Mitleid: Das sind die Bannerworte dieses Naturalismus. Und daraus folgt von selbst, daß die neue naturalistische Dichtung mit den einfachen, nur auf einen herrschenden Grundzug im Seelenkomplex abgestimmten Charakteren endgiltig brechen und an ihrer Stelle wirklichere, zusammengesetztere, aus verschiedenen Elementen gemischte Menschen vorführen mußte. August Strindberg hat ganz gewiß Recht, wenn er sagt: „Gegen das summarische Urtheil der Verfasser über die Menschen: Der ist dumm, Der ist brutal, Der ist eifersüchtig, Der ist geizig u. s. w., sollte von den Naturalisten Einspruch erhoben werden, die wissen, wie reich der Seelenkomplex ist, und die verstehen, daß das Laster eine Rückseite hat, die sehr stark der Tugend ähnelt." Nur daß mir der Einspruch überflüssig vorkommt und die „Verfasser" mir überhaupt keine Dichter zu sein scheinen, die Das nicht wissen und verstehen. Der Begriff der Sünde ist ausgetilgt, zugleich mit der absoluten Moral, Tugend und Laster werden, gleich chemischen Produkten, geprüft und die in die Tiefe dringende Charakteranalyse wird einziger Selbstzweck der Dichtung. Der Mensch, der sich durch Jahrtausende nur mit Göttern und Götzen, mit Fabelwesen und Chimären beschäftigt hat, kommt endlich dahinter, daß es zwischen Himmel und Erde nichts Interessanteres, Komplizirteres, Belehrenderes und Unterhaltenderes giebt als den Menschen. Freilich ändert sich damit auch die Art des künstlerischen Genusses. Schiller wies der Kunst die Aufgabe zu, „Vergnügen auszuspenden und Glückliche zu machen," und Lessing sagte im Laokoon: ‚Der Endzweck der Künste ist Vergnügen.“ Gewiß. Aber wir finden dieses Vergnügen in den „starken, grausigen Kämpfen des Lebens“, es macht uns momentan glücklich und es fördert unsere sittliche Lebensauffassung, etwas Neues, menschlich Bedeutsames im künstlerischen Abbild erschauen zu können, ein ganzes Menschenherz enthüllt zu sehen Und wir brauchen den Widerspruch Lessings nicht zu be-befürchten, denn er selbst hat gesagt: „Wahrheit ist der Seele nothwendig und es wird Tyrannei, ihr in Befriedigung dieses wesentlichen Bedürfnisses den geringsten Zwang anzuthun.“

Und die „führenden Geister“? Was fangen wir mit ihnen an, wenn wir den Naturalismus als Panphysismus, als den Natürlichkeitglauben im Gegensatz zur theologischen Sittenlehre fassen?

Die skandinavischen Atheisten und Torpedoleger gehören unserem Naturalismus an, der natürlichkeitfanatische Kämpfer für die Herrenmoral, Strindberg, mehr noch als Ibsen, der entrüstete Wahrheitidealist. Auch Zola, der Isisanbeter, kann sich, trotz dem romantisch verdickten Italergeblüte, hier sehen lassen. Aber Dostojewskij? Aber Tolstoi? Die brünstigsten Theisten, die leidenschaftlichsten Idealisten der neuen Zeit? Was haben sie mit dem Naturalismus gemein? Nichts als die aus dem Wesen des russischen Volkes geborenen, von Gogol ausgebildeten, von Dostojewskij vertieften, vom gealterten Tolstoi wieder fortgeschleuderten Kunstmittel. Der Nazarener von Tula predigt das Urchristenthum, die Abtötung des Fleisches, die Verbannung jeder Sinnenlust; er findet sein Ideal hinter uns, in China und Hindostan, er spricht mit Rousseau: „Tout est bien, sortant des mains de l'auteur des choses; tout dégénère entre les mains de l'homme.“ Dieser Bußprediger, der das Menschengeschlecht der Selbstvernichtung entgegenführen, es dem ihm bestimmten Sterbestundenglück der Einheit entgegengeißeln möchte, ist gewiß kein Naturalist. Und der gewaltige Eindruck, den des Dichters „Macht der Finsterniß“ selbst in der jämmerlichen Aufführung der berliner Freien Bühne geübt hat, bedeutete nicht einen Sieg, sondern eine Niederlage des Naturalismus. Nur Unverstand oder absichtliche Verblendung kann sich darüber täuschen. Das tief in der Menschenseele wurzelnde Sehnen nach einem Ideal, nach einer höheren Gerechtigkeit, einer sittlichen Weltordnung, die nach ewigen ethischen Gesetzen das Laster bestraft, die Tugend belohnt, — dieses Sehnen, das alle Religionen geboren hat, läßt sich eben nicht ausrotten. Die Erkenntnißschranke mag noch so weit hinausgerückt werden, sie bleibt bestehen; und die Unmöglichkeit, über sie hinauszuschauen, läßt das Bedürfniß nach Göttern und Idealen wieder erwachen.

Sicherlich sind die zu Führern erkürten Geister mit einander verwandt. Nietzsches Verbrechertheorie berührt sich mit Dostojewskijs „Raskolnikow“; Ibsen trägt halb Feuerbach, halb Schopenhauer im Herzen; Tolstois „Kreutzersonate“ gemahnt an die vom Nietzscheaner Strindberg mit besonderer Vorliebe geschilderten Lebens- und Herrschaftkämpfe zwischen Mann und Weib. Sie sind eben Alle, gleichviel ob sie die altruistische Sklavenmoral oder die egotistische Herrenmoral bekennen, moderne Geister. Nur bringe man sie nicht Alle unter den einen Hut des Naturalismus. Der paßt dem Meister Gottfried Keller oder dem Kreuzelschreiberdichter noch immer besser als dem Kreutzersonatenverächter oder dem Sänger der Messiade des Idioten.

Nicht eine Kritik der Daseinsberechtigung des Naturalismus sollte hier versucht werden. Dazu ist es noch viel zu früh, denn noch verschwimmt der Begriff und nur das Wort stellt sich, oft genug zu unrechter Zeit, ein. Was hier, ohne den Anspruch auf erschöpfende Gründlichkeit, angestrebt wurde, war nur eine rückschauende Betrachtung der verschiedenen Bedeutungen des Modewortes.

Als der „Goetz“ erschien, nannte man ihn „naturalistisch“ und Wilhelm Scherer gebraucht das Wort mehrfach in diesem Sinne. Serlo sagt von Wilhelm Meister und den übrigen Schauspielern, sie seien „denn doch nur Naturalisten und Pfuscher“. Hier wie dort ist demnach naturalistisch als gleichbedeutend mit kunstlos, roh, unfertig, stümperhaft gemeint. Heute gelten: Tolstoi wegen seiner großartigen Kulturfeindschaft, Zola wegen seiner grassen Wüstheit, Ibsen wegen seines radikalen Anarchismus, Andere wiederum wegen ihrer hochentwickelten Kunsttechnik für Naturalisten und im Grunde weiß Niemand mehr — oder noch — so recht, was er sich unter dem Naturalismus vorstellen soll. Bevor man aber feststellen kann, daß der Naturalismus auf der ganzen Linie, offensiv und defensiv, triumphirt, müßte man doch mindestens verrathen, wer und was diesen Triumph feiert. Meiner Ueberzeugung nach triumphirt einstweilen nur die weit über die Schillerschule und die — deutschen und französischen — Romantiker hinaus entwickelte Technik unserer modernen Kunst.

Wo man auch sonst den Naturalismus packen will, immer entgleitet er uns. Was für ihn charakteristisch sein soll: rücksichtloser Wahrheitmuth, Neigung zum Häßlichen und Rohen, zur Aehnlichmachung als oberstem Kunsterforderniß, eine hohe, nicht christgläubig moralisirende Gerechtigkeit, — es war schon Alles da, von den alten Tragikern bis zu Shakespeare, dem gerechtesten Richter im Reiche der Poesie, und zu Rabelais, dem derbsten Menschheitknuter. Anstatt des alten Ideals wird ein neues gesucht, die alte Pflichtensphäre tritt hinter eine neue zurück. In allen anderen Stücken entscheidet einzig und allein das Temperament des Schaffenden, die künstlerische Persönlichkeit. Darum ist das Wort „Naturalismus" im letzten Grunde nichts als eine hohle Hülse, die erst durch die ganz persönliche Auffassung einigen Inhalt empfängt; ernste und geistvolle Kritiker sollten sich, nach dem Beispiel von Georg Brandes, vor der Massenanwendung dieser tauben Wortbildung sorglich hüten. Und die aussichtlose Begriffsverwirrung rührt nicht zuletzt daher, daß eine Schaar von Führerschafterstrebern die historische Entwickelung völlig vergessen zu haben scheint und uns den Anfang einer neuen, ahnenlosen Kunstepoche in die Ohren gellt. Man dekretirt nicht, vom Arbeitstisch des Theoretikers aus, den Sonnenaufgang einer neuen Kunst; und die ganz richtige Erkenntniß, daß eine jede Zeit noch ihren entsprechenden künstlerischen Ausdruck gefunden hat, giebt noch längst kein Recht zu der ganz knäbischen Schlußfolgerung: Wir wollen, weil wir müssen und dürfen, nun auch eine neue Kunst haben: hier ist Hauptmann, hier ist Holz plus Schlaf: kniet hin und betet an! Nein, — und wenn die Meßner noch so kräftig läuten, wir knien nicht, wir beten nicht an.

Es will ein Neues werden. Die bildende und die interpretirende Kunst strebt aus der arrangirten Atelierbeleuchtung hinaus zum „plein-air", dem scharfen, harten, grellen, klaren Tageslichte entgegen. Nationale und soziale Strömungen fluthen herbei, in Kämpferstellung messen sich die Parteien: Fette und Magere, Starke und Schwache,

Reiche und Arme, Mann und Weib. Eine große Anzahl von neuen Problemen taucht auf, eine rüstige Schaar von modernen Geistern, von denen einige hier genannt wurden, sucht sie zu ergreifen und künstlerisch zu gestalten, ein Jeder nach seiner Art, nach seinem Können, seiner individuellen Erkenntniß und Kraft. Wer ihre disparaten Bestrebungen zu einem zähen Theorienbrei zusammenrührt, Der bereitet dem Verständniß ihrer Werke nur neue Schwierigkeiten zu den alten. Der Eine will ein getreulicher Sittenmaler, der Andere ein Seelenanalytiker sein; ein Dritter predigt urchristliche Menschheitliebe ohne persönlich-egoistische Neigungen, ein Vierter hascht nach dem neuesten Ideal des Symbolismus. Laßt sie nur wirken und schaffen! Jede Schablone tötet den freien Geist.

Was werden will und kommen soll, wissen wir nicht. Wie Feuerbach und Ibsen warten wir auf „das Nahen der Zeit". Uebergangsstimmung rings umher. „Der moderne Mensch stellt biologisch einen Widerspruch der Werthe dar, er sitzt zwischen zwei Stühlen, er sagt in einem Athem Ja und Nein. . . . Wir Alle haben, wider Wissen, wider Willen, Werthe, Worte, Formeln, Moralen entgegengesetzter Abkunft im Leibe — wir sind, physiologisch betrachtet, falsch. . . . Eine Diagnostik der modernen Seele, — womit begönne sie? Mit einem resoluten Einschnitt in diese Instinkt-Widersprüchlichkeit." Auch Das hat Friedrich Nietzsche gesagt. Aber er hat uns auch, die wir noch tief in der Zerstörungperiode stecken und vom Aufbauen weit entfernt sind, zugerufen: „Damit ein Heiligthum aufgerichtet werden kann, muß ein Heiligthum gebrochen werden. Das ist das Gesetz — man zeige mir den Fall, wo es nicht erfüllt ist!"

Zum hundertsten Male: Der Fliegende Holländer.

Am achten Januar 1891 ist im berliner Opernhause Richard Wagners Holländer zum hundertsten Male aufgeführt worden. Die Besetzung war nicht sonderlich verlockend; zwar, an der herrlichen Stimme unseres Betz kann man sich immer erlaben, gleichviel ob er den Bänkelsang des Thränenpapas aus der verdischen Traviata durch die vornehme Pracht seines reich quellenden Tones adelt oder als Telramund der Ohnmacht brutales Kraftsehnen hinaussingt. Aber die joviale Lebensfülle seiner Persönlichkeit, die ihn als Hans Sachs, als vasallentreuen Kurwenal unerreichbar erscheinen läßt, beeinträchtigt schon den Reiz seiner gesanglich meisterhaften Leistung als Wolfram; das düstere Geheimniß vollends, das von der bleichen Stirn des nach Erlösung durch opferfrohe Weibesliebe sich sehnenden Holländers unheimlich dräuen sollte, den ganzen mythisch-mystischen Schauer dieser balladesken Gestalt glaubt dem freundlich-phlegmatischen Mynheern kein Mensch. Der alte Beck in Wien soll diesen wüsten Zauber geübt haben, Eugen Gura in München, nicht umsonst der beste Balladensänger, übt ihn noch heute; dem Gros unserer Opernsänger ist dieser Stil versagt, Das hat noch vor wenigen Monaten die verunglückte Aufführung von Marschners Vampyr bewiesen. Die tonforcirende Schönrednerei unseres Herrn Bulß verzerrte die lebenssaftgierige Tollheit des Blutsaugers zur vornehmen Passion eines geckigen Viveurs, dessen entnervte psychopathia sexualis es nun mal mit einer Mädchenblutkur versuchen will, wie ein Anderer etwa nach Wörrishofen zum wasserseligen Pastor Kneipp pilgert. Marschner ist fast schon heimathlos geworden auf unserer Opernbühne, die Heilings und Vampyre sterben aus und skeptisches Mißtrauen empfängt auf und vor der Opernszene auch den ruhelosen Holländer, den Ahasver der Meere. Denn eng gehört er zu den Marschnergestalten und zu der ganzen buckligen Schönheit der verstiegenen Spätromantik. Darum erscheint mir der siebente Januar 1844, der Tag der ersten Aufführung des „Fliegenden Holländers" in Berlin, als ein in der deutschen Theatergeschichte beinahe eben so bedeutsames Datum, wie es für Frankreich das der siegreichen Hernanischlacht von 1830 ist.

Als Victor Hugo 1841 in die Akademie eingeführt wurde, begrüßte ihn Salvandy nach altem Unsterblichenbrauch mit der boshaften Zweideutigkeit: „Vous avez introduit l'art scénique (l'arsénique) dans notre littérature." Den selben Gruß hätte man Richard Wagner bei seinem ersten Erscheinen in Berlin mit gleich malitiöser Berechtigung entbieten dürfen. Den republikanisch-demokratischen Rienzi lernte die preußische Hauptstadt erst später kennen; den Dichter des Holländers nahm sie recht kühl auf, ohne eine Spur von der Erregung, geschweige von dem Enthusiasmus, der genau acht Jahre früher die Hugenotten in Paris empfangen hatte. Rienzi wirkte auf die politische und soziale Tendenz der Zeit, der Holländer brachte eine so neue, so schrille Note, daß dem Publikum bänglich zu Muthe ward. Auch der

Freischütz war ja romantisch gewesen, aber von der Romantik der Eichendorff und Novalis: blaue Blümlein sproßten um den frommen Jägerburschen und seine blonde Agathe, die in mondbeglänzter Zaubernacht dem Liebsten und den Sternen holden Gruß winkte, und selbst die Schrecken der Wolfsschlucht gingen über ein angenehmes Gruseln nicht hinaus. Wie ganz anders mußte das Kainszeichen des Holländers wirken! Ein habsüchtiger nordischer Seefahrer, seine hysterische Tochter, hypnotisirt ganz und gar von dem Bilde des Furchtbaren, der nun, Erlösung aus ewiger Marter heischend, in grauenhafter Körperlichkeit vor ihre jungen Sinne tritt; in der Spinnstube sogar, wo sonst harmlose Lustigkeit ihr Wesen trieb, raunte man wilde Legenden und dem brackenburgischen Bräutigam selbst der selisch vergifteten Senta lag kein fröhliches Lied auf der Lippe. Einfach, klar, kindlich hatte Weber geschaffen und das Volksgemüth spiegelte sich wohlig in seinen melodischen Weisen; das heroische Getöse eines Spontini, Meyerbeers effektvolle Erfindungkraft, die durch geschickt entwirrte Handlunggespinnste wirksam von Scribe unterstützt wurde, — sie hatten die Nerven doch noch nicht genügend gestählt, um für Wagner die Bahn zu ebnen. Berlioz, dessen antediluvianische Phantastik an der Seine Aufsehen zu machen begann, war in Deutschland noch unbekannt; Felix Mendelssohn stand auf der Sonnenhöhe seines Ruhmes und Schumann schuf seine süßesten Lieder. Erst in diesem Jahre 1890 ist, mit mehr als halbjahrhundertlicher Verspätung, endlich der Vampyr bei uns erschienen. Ganz allein mußte Wagner damals die Schlacht bestehen. Die wilde Unheimlichkeit der groß-gegliederten Handlung, die unaufgelösten Dissonanzen, die schrillen Rhythmen, die schwefelfahle Atmosphäre über dem ganzen Musikdrama: nicht nur die Anhänger einer akademischen Aesthetik, nicht nur die Beckmesser mit dem Merkerstabe, auch die freier empfindenden Geister mußten diesem Erregunggenuß zunächst fremd und abweisend gegenüber stehen. In Holland sah ich einmal die Oper eines gleichgiltigen belgischen Komponisten; der Mann hatte für seinen „Schwarzen Kapitän" den Fliegenden Holländer mit reichlichem Erfolge studirt, die Motive vom Gespensterschiff, das Steuermannslied mit seinem gewaltig lockenden Heimathsehnen: Das war Alles geschickt nachempfunden; aber daneben tobte noch ein gut niederländischer Patriotismus, Hispanien wurde in den Abgrund verflucht und Guilelmus von Nassovia kehrte in rauschend instrumentirten Siegesliedern wieder. Bei Wagner fehlt jede Verbindung mit einer deutlich erkennbaren Zeitepoche; wie in manchem Drama des Victor Hugo vermissen wir auch im Holländer den zeitgeschichtlichen Horizont; die späte, die echte, kranke Romantik giebt sich mit Außendingen nur ungern ab, ihr Reich ist nicht von dieser Welt; selbst den Skythenstaat des Thoas noch sehen wir klarer vor uns als z. B. das Spanien Hernanis und seiner Donna Sol. Es ist sehr merkwürdig, wie gewisse äußerste Ausläufer des französischem Dünger entwachsenen deutschen „Naturalismus" sich auch in dieser Hinsicht mit der in letzten Zügen röchelnden Romantik berühren: Arbeiten, wie Hermann Bahrs Gute Schule, wie der Herren Holz und Schlaf Familie Selicke, schweben, bei aller emsigen Beobachtung des unendlich Kleinen, doch ziemlich zeitlos in der Luft. Das Zusammentreffen ist nicht zufällig: bewußt suchte und sucht man den nackten Menschen; und ehe man Dessen sich versah, war er der politischen und der sozialen Lebensbedingungen beinahe gänzlich entkleidet. Das Aufhören des Staates bezeichnete in seinen theoretischen Schriften Wagner als das einzige Heil für die Kunst und wörtlich fast gleiche

Weisheit verkündet uns fünfzig Jahre später der Vorposten-kommandant Henrik Ibsen. Diese Anschauung deckt sich längst nicht mehr mit dem Standpunkte Schillers, der in den Briefen über die ästhetische Erziehung des Menschengeschlechtes schrieb: „Der dynamische Staat kann die Gesellschaft blos möglich machen, indem er die Natur durch die Natur bezähmt; der ethische Staat kann sie blos (moralisch) nothwendig machen, indem er den einzelnen Willen dem allgemeinen unterwirft; der ästhetische Staat allein kann sie wirklich machen, weil er den Willen des Ganzen durch die Natur des Individuums vollzieht.“ Hier spürt man noch die Ueberzeugung von der Zusammengehörigkeit von Staat, Gesellschaft und Kunst; heute legte die von bewußter oder unbewußter Empörung gegen die unpoetisch-uniforme Nüchternheit des Bourgeoisjahrhunderts ausgehende Poesie am Liebsten gleich Torpedos unter die von Staats wegen assekurirte Gesellschaft.

Das Zeitalter der Musik ist angebrochen, schrieb im April 1841 Heinrich Heine aus Paris; „die gesteigerte Spiritualität, das abstrakte Gedankenthum, greift nach Klängen und Tönen, um eine lallende Ueberschwänglichkeit auszudrücken, die vielleicht nichts Anderes ist als die Auflösung der ganzen materiellen Welt.“ Er ahnte nicht, daß in dem selben Frühling 1841 der Holländer entstand und damit der erste Schritt gethan wurde auf jener Kunstbahn, die zu dem weltschmerzlich-schopenhauernden Göttervater Wotan führen sollte, zu seinem Weltende-Sehnen und zu dem Schluß der Götterdämmerung, den der Walküre Abschiedsruf bezeichnet:

Des ew'gen Werdens offne Thore
Schließ ich hinter mir zu.
Nach dem wunsch- und wahnlos
Heiligsten Wahlland,
Von Wiedergeburt erlöst,
Zieht nun die Wissende hin.“

Das ist der einstweilen letzte Ausdruck der „lallenden Ueberschwänglichkeit, die vielleicht nichts Anderes ist als die Auflösung der ganzen materiellen Welt". Es kam noch die Vermengung sexualistisch kränkelnder mit buddhistisch-christlichen Tendenzen im Parsifal, in dem zugleich einem an Tolstois letztes Stadium erinnernden Vegetarismus das Wort geredet und ein dem Nazarener von Tula verächtlicher erotischer Paroxismus verherrlicht wird. Dann war die Reihe um; Romantik, Katholizismus, demokratischer Sozialismus, Nationalismus, Pessimismus, Sexualismus, Mystizismus, Buddha und Priap Hand in Hand —: der eine Richard Wagner hatte alle diese Stadien durchmessen. Nach ihm die Sündfluth ... Die Musik ist vielleicht das letzte Wort der Kunst, schrieb Heine 1841, und noch ist seine Befürchtung nicht widerlegt. Das Zeitalter der Musik scheint mit Wagners Tode besiegelt und die Poesie irrt auf wilden Meeren, sehnsüchtig ihres Erlösers vom Gespenstischen harrend, wie der Fliegende Holländer.

Von Richard Wagner darf auch der musikalische Laie mitreden; eng gehört seine mächtige Erscheinung in die Geschichte der poetischen Bewegung dieses Jahrhunderts und es wäre eine lohnende Aufgabe, den bayreuther Meister als Kind und Erzieher seiner Zeit aus der Nähe zu betrachten. Wagner war einer von den ganz, von den rücksichtlos Modernen: die ganze musikalische Kunst von früher, so schrieb er, ruht auf falscher Grundlage; und alle modernen Zeitströmungen, vom revolutionären Republikanismus bis zum Antisemitismus, spülten an sein impetuoses Empfinden. Daß er nach Ueberwindung des ersten, des gleich verheißungvoll leidenschaftlichen Widerstandes mit ungeheurer Macht wirken mußte, ist klar; ob diese Wirkung segensreich war oder verhängnißvoll, ob dieses Rütteln und Zerren und

Reißen, diese Athem raubende Vergewaltigung durch alle Mittel einer arsenischen Kunst nicht der letzte Krampf einer an der schleichenden Seuche des größenwahnsinnigen Modernismus längst erkrankten Degenerationbildung war: diese Frage, mit der die ganze heutige Kunstbetrachtung steht und fällt, soll hier nicht berührt werden; sie würde zu weit führen und heute gilt es nur, einen knappen Rückblick zu thun.

Es lebt ein Mann, der als der Einzige den Fall Wagner in seiner Höhe und in seiner Tiefe erforscht hat: Friedrich Nietzsche. Vom fanatischen Wagnerianer ist er zum leidenschaftlichsten Befehder seines einstigen Idols geworden. Im vierten Stück seiner „Unzeitgemäßen Betrachtungen" — Richard Wagner in Bayreuth — schrieb er im rühmenden Sinne, die Kunst Wagners stelle sich in Gegensatz zu aller Kultur der Renaissance, „welche bisher uns neuere Menschen in ihr Licht und ihren Schatten eingehüllt hatte. Indem die Kunst Wagners uns auf Augenblicke aus ihr hinausträgt, vermögen wir ihren gleichartigen Charakter überhaupt erst zu überschauen: Da erscheinen uns Goethe und Leopardi als die letzten großen Nachzügler der italienischen Philologen-Poeten, der Faust als die Darstellung des unvolksthümlichsten Räthsels, welches sich die neueren Zeiten, in der Gestalt des nach Leben dürstenden theoretischen Menschen, aufgegeben haben". Die Kunst Wagners wurde als die Erfüllung herrlichster Prophetie, als der reinste Ausdruck volksthümlichen Empfindens für den in ganz neue Kulturverhältnisse hineinwachsenden „Menschen der Zukunft" in Anspruch genommen, auf den Wagner wirken müsse wie „eine neue und vervollkommnete Physis".

Der Zauberer von Bayreuth erschien Nietzsche als die Verkörperung jener dionysischen Kunst, von der sein romantischer Mystizismus schwärmte und deren Sieg über sokratischen Rationalismus er bereiten wollte. Schopenhauer und Wagner sollten die Erzieher der Deutschen sein; Nietzsche überwand beide Ideale, er sah Wagner, den stolzen Träger seiner starkschultrigen Zukunft-Kultur, winselnd am Kreuz von Golgatha zusammenbrechen und schaudernd erkannte er, wohin die mystischen Pfade geleitet hatten. Die schwere Geisteserkrankung, die der Philosoph nie wieder überwunden hat, mag zum Theil vielleicht diesem Schrecken über verfehltes Denken entkeimt sein. Mit zerrissener Seele schrieb er „Menschliches, Allzumenschliches. Ein Buch für freie Geister" und, lustiger schon, den „Fall Wagner. Ein Musikantenproblem." Da war ein neuer Nietzsche: der Altruismus der ersten Periode war einer stahlhart egoistischen Herrenmoral, seine mystische Melancholie einem froh herben Ernst gewichen; Richard Wagner hieß ein Schauspieler-Genie und ein décadent, — und der verstörte Geisteskämpfer schrieb den Satz: Das höchste Ziel der Kunst ist, das Hohe, Einfache, Insichselbstruhende darzustellen; der beste Stil ist nicht der kunterbunt superlativistische, sondern der einer zu vornehmer Einfachheit geadelten Alltäglichkeit; und der ideale Dichter ist nicht, der am Vergangenen, nicht am zufällig Gegenwärtigen klebt, sondern der den Typus der Zukunft schafft, den starken, den schönen und frohen Edelmenschen, den neuen Menschen der neuen Kultur.

So gesundete, indessen er erkrankte, Friedrich Nietzsche zu reinem Kunstempfinden, das ihn dem Geist der einst geschmähten Renaissance nahe brachte. Sollte der Weg dieses größten moralischen und gedanklichen Revolutionärs unserer Zeit vorbildlich sein für die fortschreitende Entwickelung modernen Kunstbetrachtens, dann wäre der Tag nicht mehr allzu fern, an dem man die Jubiläumsdaten der Wagner-Opern auch in gemächlich historischer Objektivität betrachten darf.

Rossi und Sonnenthal.

Als am zweiundzwanzigsten April 1767 das durch seinen Dramaturgen berühmt gewordene hamburgische Theater eröffnet wurde, da stritt man um die Berechtigung einer Stelle in dem von Madame Hensel „mit einschmeichelnder Verbindlichkeit“ gesprochenen Epilog. Es hieß da:

„Bedenkt, daß unter uns die Kunst nur kaum beginnt,
In welcher tausend Quins für einen Garrick sind.“

Quin, meinten scharfe Kritiker, sei kein schlechter Schauspieler gewesen, und Lessing erwiderte ihnen: „Nein, gewiß nicht; er war Thomsons besonderer Freund; und die Freundschaft, in der ein Schauspieler mit einem Dichter wie Thomson gestanden, wird bei der Nachwelt immer ein gutes Vorurtheil für seine Kunst erwecken. Auch hat Quin noch mehr als dieses Vorurtheil für sich: man weiß, daß er in der Tragoedie mit vieler Würde gespielt, daß er besonders der erhabenen Sprache des Milton Genüge zu leisten gewußt, daß er, im Komischen, die Rolle des Falstaff zu ihrer größten Vollkommenheit gebracht. Doch alles Dieses macht ihn zu keinem Garrick; und das Mißverständniß liegt blos darin, daß man annimmt, der Dichter habe diesem allgemeinen und außerordentlichen Schauspieler einen schlechten, und für schlecht durchgängig erkannten, entgegensetzen wollen." Unser Dramaturg erinnert dann an die berühmte Anekdote aus dem Meisterroman Fieldings, an die lehrreichen Erfahrungen, die Tom Jones mit seinem Diener in einer Hamlet=Vorstellung machte. Garrick war Hamlet und irgend ein Quin mimte des König Claudius lächelnde Lumpenmajestät. „Was?" so läßt der Satiriker den Bedienten urtheilen, „Garrick der größte Akteur? Er schien ja nicht über das Gespenst erschrocken, sondern er war es. Was ist Das für eine Kunst, über ein Gespenst zu erschrecken? Gewiß und wahrhaftig, wenn wir den Geist gesehen hätten, so würden wir eben so ausgesehen und eben Das gethan haben, was er that. Der Andere hingegen, der König, schien wohl auch etwas gerührt zu sein, aber als ein guter Akteur gab er sich doch alle Mühe, es zu verbergen. Zudem sprach er alle Worte so deutlich aus und redete noch einmal so laut als jener kleine, unansehnliche Mann, aus dem Ihr so ein Aufhebens macht."

Aehnliche Einreden kann man noch jetzt jeden Tag hören; noch immer werden die Quins von der tonangebenden Domestikenmehrheit höher geschätzt und heißer bewundert als die Garricks; noch immer kettet sich der Beifall an jene Schauspieler, die weder in Gang noch in Haltung, weder in Sprache noch in Aussehen an wirkliche, lebendige Menschen erinnern und an die Bescheidenheit der Natur. Wir haben in Berlin Beispiele genug dafür. Zwar, einen Garrick besitzen wir nicht, aber eine stattliche Anzahl vorzüglicher Quins und etwa vier, fünf ernste Schauspieler, die sich bemühen, der natürlichen Menschendarstellung möglichst nahe zu kommen. In der Gunst der Menge aber nehmen nicht Diese, nicht die Herren Reicher, Nissen, Kraußneck, die ersten Stellen ein, sondern Herr Barnay und Herr Klein, die großen Künsteler. Besonders Herr Klein schmeichelt dem Auge wie dem Ohr: seine raffinirten Masken, seine unwahrscheinlichen Röcke, der überdeutliche, immer selbstbewußte Vortrag, die tadellos studirten Bewegungen, der auch in rückwärtiger Richtung balletmäßig sichere Gang: alle diese Dinge, die eine nie gesehene Fabelgestalt zusammensetzen, gewinnen ihm das Publikum, wie der Akteur des Claudius sich durch ähnliche Vorzüge des biederen Rebhuhn Herz gewann. Nicht nur den Einfachsten schlägt Herr Klein, nicht nur den „kleinen, unansehnlichen" Reicher, der gewiß kein Garrick, aber sicher unser stärkster moderner Menschendarsteller ist; er trägt auch in der öffentlichen Anerkennung über das genialische Sprudeltalent des exzentrischen Mitterwurzer den Sieg davon. Und ich bin nicht sicher, ob die außerordentliche Zurückhaltung des ältesten Coquelin — es giebt ihrer jetzt Drei im Hause Molières —, ob seine diskrete Kunst, die jeder absichtlichen Wirkung fein aus dem Wege hüpft, in Berlin aufrichtigen Beifall finden würde. An seinem unvergleichlichen Figaro könnte man das revolutionäre Pathos, an seinem Don César de Bazan das rechte Kavalierlängenmaß vermissen, und wenn er gar im „Thermidor" den Labussière spielte, blitzflink und behend wie ein guter Kobold, mit geläufiger, nimmer verweilender Zunge und raschen, humoristischen Lichtern, — wie schmerzlich würde man da die würdige Eleganz entbehren und die sauber unterstrichenen, sicher berechneten Pointen, mit denen Herr Klein klug und nicht geizig doch zu wirthschaften weiß. Die Mehrheit, die kompakte, will eben niemals vergessen, daß sie im Theater ist, und selbst ein Löwe stimmt sie erst dann freundlich, wenn er die Mähne lüftet und als Zettel, den arglos dümmlichen Weber, sich einem hohen Adel und verehrlichen Publiko submissest empfiehlt.

Von den beiden berühmten Schauspielern, die in diesen Wochen Berlin besucht haben, läßt nur der Eine sich den Sternen des altenglischen Theaters vergleichen, die der Hamburgische Dramaturg so knapp und so rund doch als Typen zu charakterisiren wußte. Daß ich den David Garrick nicht selbst gesehen habe, wird man mir hoffentlich nicht weiter nachtragen; daß er größer war als Ernesto Rossi, glaube ich nicht, — aus dem sehr einfachen Grunde nicht, weil mir ein höher ragender Gipfel der Schauspielkunst überhaupt unerreichbar erscheint und undenkbar fast. Man kann anders, man kann nicht mächtiger schaffen als der toskanische Menschenerwecker. Darum wird nur die äußerste Thorheit die Kunst Rossis heute veraltet nennen und überholt durch modernere Errungenschaften mimischer Künste. Veralten kann an Shakespeare und Rossi nur, was der Zeit gehört: Kleid und Sitte, niemals aber der rein menschliche Gehalt. Der Britannicus und der Theseus des Racine sind heute roccoco; Oedipus, Sakuntala, Lear sind jung wie am ersten Schöpfungtage. Und jung ist auch noch die Kunst Ernestos Rossi, indessen auf die feinen Figuren, die Adolf Sonnenthal durch den warmen Hauch seines liebenswürdigen Temperamentes beseelt, schon leise ein Wölkchen von Puder und Staub sich zu legen beginnt. Auch Sonnenthal ist nicht der erstbeste Quin; zwar knüpfen auch ihn freundschaftliche Bande an modische Dichter und Herr Adolf Wilbrandt hat ihm manches klingende Gedicht nicht zurückhalten können; aber er stellt nicht einen von der gewöhnlichen Sorte dar, wie man sie alle Tage sieht, „einen Mann, der überhaupt seine Sache so gut wegmacht, daß man mit ihm zufrieden ist; der auch diesen und jenen Charakter ganz vortrefflich spielt, sowie ihm seine Figur, seine Stimme, sein Temperament dabei zu Hilfe kommen."

Ueber diese von Lessing geschilderte Schaar ragt Sonnenthal hinaus; wie hoch sein künstlerischer Wuchs reicht, Das läßt sich noch nicht abschätzen; denn bisher hat der gefeierte Burgschauspieler nur in den ganz schlechten Stücken von Daudet („Fromont und Risler"), Dumas („Vater und Sohn") und Wilbrandt (Die Tochter des Herrn Fabricius") geglänzt. Auch Das ist charakteristisch. Rossi hält sich fast ausschließlich an Shakespeare und nur ganz selten greift er zu jenen mittelmäßigen Stücken, die nur beibehalten werden, „weil sie gewisse vorzügliche Rollen haben, in welchen der oder jener Akteur seine ganze Stärke zeigen kann." Sonnenthal dagegen pflegt — auf Gastspielen wenigstens — recht häufig einen üblen Rollengeschmack zu zeigen; den verarmten Edelmann des ihm im Geiste verwandten Octave Feuillet führte er lange spaziren, den Marquis von Villemer hat er nach George Sand ungeschickt bearbeitet; und in Berlin, wo er gewiß sein Bestes zeigen wollte, kam er uns als Risler, als père prodigue und endlich gar als Fabricius.

Rossis Gastspiel ist vor leeren Bänken spurlos vorübergegangen, Sonnenthal wurde von Tausenden bejubelt; Rossi thaten die Herren Mitternachtkritiker mit kargem Zeilenlob ab, für Sonnenthal stiegen Lobeshymnen zum Himmel empor; nur von seinen Landsleuten wurde dem Italiener gehuldigt, dem österreichischen Hofdamenliebling rüstete der Verein „Berliner Presse" ein geräuschvolles Festmahl. Sonnenthal hat diesem Verein nämlich die Einnahme eines Abends, also etwa 3000 Mark, milden Herzens geschenkt und in öffentlicher Rede pries man ihn deshalb als den Wohlthäter der Presse. Bei solchen Anlässen, wo die Tributpflichtigkeit des Theaters gegenüber der Presse deutlich, wenn auch noch in verhältnißmäßig angenehmen Formen, zu Tage tritt, darf man es doch nicht unterlassen, der mißtrauischen Menge immer wieder mitzutheilen, daß der Verein „Berliner Presse“ mit der berliner Presse ohne Anführungstriche durchaus nicht identisch ist. Es giebt unter den berliner Journalisten sicherlich manchen armen Teufel, der nicht sich selbst, nicht seine Wittwe und Waisen auf Kosten eines Klugheit mit Wohlthätigkeit verbindenden Gastspielers erhalten zu sehen wünscht, manchen ehrlichen Mann, der lieber mit lächelndem Stolz ein Hungerkandidat genannt werden will als ein Almosenempfänger.

Rossi hat uns verlassen. Noch einmal hat er, von zum Theil unzulänglichen Helfern unterstützt, in einer bis zur Lächerlichkeit stimmunglosen szenischen Umgebung uns durch seine Shakespeare-Galerie geführt, vorbei an den unvergeßlichen Bildern des Lear, Macbeth, Hamlet, Othello. Seinen glühend närrischen Romeo, an dessen Funken sich das kranke Knabentemperament des Herrn Kainz einst entflammte, sahen wir nicht mehr; die üppige Leibesfülle und das gelichtete Haupthaar trieben Ernesto Rossi zu anderen Schöpfungen: Bulwers Richelieu führte er uns vor und den schrecklichen Iwan aus dem ersten, bis zur Unkenntlichkeit entstellten Theil einer im guten Sinne historischen Trilogie des Grafen Alexei Tolstoi. Auch seinem Kean durften wir Lebewohl sagen, diesem himmlischen, nie alternden Bummler in allen Leidenschaftgassen, der mit dem geschniegelten Tragikomoediaanten, der im Barnay-Theater allwöchentlich umgeht, nichts als den Namen gemein hat.

Wer von dem Toskanen auch nur den ersten Auftritt des Lear gesehen hat, Der muß, wenn er nicht zur Rebhuhn-Familie gehört, empfunden haben, daß hier ein dichterisch mitschaffender Schauspieler vor ihm erschien. Mit dem Bewußtsein ihrer Majestät pflegten früher die großbritischen Fabelkönige einherzuschreiten, mit erhobenem Haupt, jeder Zoll ein Opernmonarch. Warum Ihre Majestäten dann allsogleich allergnädigst Ihre beste Tochter zu verstoßen geruhten, darum bekümmerten sich die Herrschaften nicht; wahrscheinlich hatte der alte Shakespeare gerade ein Bischen geschlafen. Da kam Rossi, — und Shakespeare durfte wieder munter geworden sein. Der Hof ist versammelt und selbst die eitlen Prinzessinnen neigen in Demuth ihre Häupter, als mit unruhig wankendem Schritt ein Greis hereinhastet und nach hochfahrend-herablassendem Gruß sich zum Thron hinaufarbeitet. Da sitzt er, hin und her flackert sein herrischer Blick, das buschige, struppige Weißhaar umrahmt das Bild Anbetung heischenden Machtwahns. Auch ein Shakespeare-Fremder müßte vor diesem Anblick die sich vorbereitende Tragoedie ahnen. Ach, armer König, wie wird es Dir ergehen, wenn mit der Macht die Schmeichler verschwunden sind und der Höflinge glattes und plattes Gesinde! . . . Dann wirst Du toben und über den Undank der Welt fluchen und die Welt wird Dich für wahnwitzig ausschreien und die maßvoll Korrekten werden den weisen Kopf schütteln, weil Du nicht mit der gehörigen Würde gefallen bist und, wie es so schön heißt, Deinen „Ruhm entblättert" hast. . . . Das war ehedem paradox, aber jetzt bestätigt es die Zeit.

Die Tragoedie der Undankbarkeit hat man den Lear genannt. Natürlich, zwei Töchter sind undankbar und der Vater wird in Nacht und Sturm gejagt, also: die Tragoedie der Undankbarkeit. Auch diese Oberflächlichkeit hat Rossi hinweggefegt; er bringt den Dämon gleich mit sich, in seiner Brust sind seines Schicksals Sterne; und nicht die bösen Mädchen, — nein: die eigene Schuld und die eigene Herrschsucht reißen ihn ins Verderben. Wie wettert er in Generils Hause mit der langen Jagdpeitsche geräuschvoll umher, wie lärmt er um seine Mahlzeit! Er sollte den alten, guten

Onkel spielen, mit Schlafrock und Hauskäppchen, und nun wirbelt er thatenlustig und rücksichtlos durch die Hallen. Er hätte sich um einen Sitz im Hause der Gemeinen bemüht, wäre die hohe Schule der Eloquenz damals schon eröffnet gewesen. Noch in grauser Geisteszerrüttung hält er Gericht; und Cordelia, die den Vater am Besten kennt und ihm dennoch wahrhaftig war, weiß den zermorschten Greis mit dem holden Wort zu umschmeicheln, er dürfe nun Frankreich als sein eigenes Königreich betrachten. Das glückliche Lächeln, das da über Rossis Züge irrt, ersetzt ganze Berge von Kommentaren. Und wie er gelebt, von dem Moment an, wo er sich der Macht, nicht des Wahns entkleidete, bis zu dem bei aller physiologischen Ausführlichkeit doch wundervoll vergeistigten Erwachen im Palast der Tochter, so stirbt dieser König: noch dem Tod selbst trotzt der mächtige Greis einen letzten Affekt ab und in wilden Anklagerufen strömt sein Lebensrest dahin . . . Die Schauspielkunst kann nichts Größeres schaffen als dieses gewaltige Bild eines vom Größenwahn und vom Greisenverfall zerstörten Cholerikers, der nur einmal, unter der Suggestion des den Wahnsinn simulirenden Edgar, zu tiefer dringender Selbstschau geführt wird: in jedem Zuge ein Mensch und in jedem Wort, in jeder Bewegung, die unverkennbare Individualität dieses einen, in sich und durch sich bestimmten Menschen.

Und Hamlet schleicht müde heran, nicht zwar der schlanke Fürstensohn mit dem langen, wie von tausend Seufzern durchfurchten Hals, mit den abgründigen Märchenaugen und der dünnen Haut über den kranken Nerven, wie ihn uns Edwin Booth, in dieser einen Aufgabe unerreichbar, vorgeführt hat: er ist fett, dieser Hamlet Rossis, und kurz von Athem, weichlich und liebenswürdig, gleichsam für schmerzlich bewußte Schwäche Vergebung erschmeichelnd. Nicht eine einzige Geste, nicht der leiseste Ton dieser süß klagenden Stimme erinnert noch an den Lear, läßt schon den Macbeth ahnen, den blonden, erst so getreuen und später so ungetreuen Nordlandrecken, der beinahe dem, ach, auch nun entschwundenen Tristan Albert Niemanns gleicht. Keine lächerlichere Farce läßt sich denken als die Darstellung der Hexen- und Geistererscheinungen in dem berliner Vorstadttheater, das dieser Macbeth beschritt; aber Rossi sah die grauen Weiber, er entsetzte und berauschte sich an ihren Trugbildern, er starrte den mahnenden Gast beim prunkenden Königsbankett aus so gramvoll verstörten Augen an, daß alles szenische Possenspiel in Plunderfetzen versank und man die düstere Geisterwelt glauben mußte, mochte auch Banquo nicht mehr sein als ein ungeschickter Statist. Trotzig seiner Berufung vertrauend, ging dieser Macbeth seinen blutigen Weg; ihn überwindet Keiner, den ein Weib gebar. Als aber Macduff mit mörderischem Humor die Prophezeiung zu ungeahnt schlimmer Wirklichkeit macht, da ist es aus mit des Usurpators Stärke: er glaubt nicht mehr an sich, er ist verloren, — ob er auch wie ein Verzweifelter um jedes letzte Stück Leben sich wehrt. So kämpft, mit Schwert und Schild und Dolch, nur Macbeth, nur der am Fatum Verzweifelte und dennoch Tapfere ringt so, der Niederlage gewiß, mit Nägeln und Zähnen. Ganz anders fiel, in äußerlich doch fast gleicher Lage, Rossis dritter Richard, dieses prachtvolle, nur durch den Zusatz grotesk-romantischer Elemente etwas entstellte Scheusal von Dämons Gnaden; der stach noch im Sterben heimtückisch nach des flachen Richmond schöngeformtem Bein. So feine und tiefe Unterscheidungen findet nur ein nachschaffender Künstler von höchstem Beruf.

Des Italieners bekannteste Schöpfung ist sein Othello. Die Jahre haben den Mohren verändert; früher ganz auf Wildheit gestimmt, mitunter auf Bestialität gestellt, ist er heute nicht mehr der unbändige Mohr, sondern der Fürstensprößling und der vornehme Feldherr von Venedig; die feierliche Würde des Orientalen paart sich mit der edlen Einfalt des Naturmenschen von adeliger Abkunft. Ein melancholischer, gealterter Löwe anstatt des prächtig gefleckten Königstigers von ehedem. Nicht um ihrer sinnlichen Schönheit: um ihres Mitleidens willens liebt der leider gar zu hellbraune Mann von fünfzig Jahren Brabantios allzu weibliche Tochter; und nicht mehr die heiße Brunst spricht aus dem lächelnd geflüsterten „Andiamo!“ des bräutlichen Wiedersehens auf Cypern, sondern eine fast eitle Befriedigung über die eigene Kraft, die dem Mohren noch gestattet, das Weib zu beglücken, wenn auch seine Jahre sich schon abwärts neigen. Diese melancholische Auffassung giebt der Tragoedie einen neuen Reiz. Wie ein verendendes starkes und edles Thier, so stöhnt, unter des Verleumders bohrenden Worten, der stolze Sieger in mancher Schlacht; und gleich einem altbiblischen Richter tritt er an Desdemonens Bett, in ruhigem, geläutertem Schmerz, überzeugt von der Schmach und zur Sühne bereit und entschlossen. Die wunde Stelle in seinem Herzen hatte er uns auf der Höhe des Liebesglückes schon enthüllt durch die schmerzliche Angst, die dem warnenden Vater entgegenrief: „Mein Kopf an ihre Treu'!“

Hier wurzelt die merkwürdige Begabung dieses Künstlers. In der klassischen Diktion erreicht ihn Salvini, an geistreichen Details ist ihm Booth oft überlegen, aber nur er allein — und vielleicht noch seine Meisterin Adelaide Ristori — weiß mit so sicherem Instinkt immer den tiefsten Punkt in dem darzustellenden Charakter aufzufinden und von ihm aus den ganzen Menschen zu beleuchten. Auch er kann, und mit besserem Recht, das Wort des Wallenstein sich zu Eigen machen: „Hab' ich des Menschen Kern erst untersucht, so weiß ich auch sein Wollen und sein Handeln." Weil er diesen Kern immer trifft, nicht nur in seinen Shakespeare-Gestalten, auch als orthodoxer Slavendespot Iwan, als verbummeltes Theatergenie Kean, als hoheitvoll-graziöser Kardinal Richelieu, darum giebt es bei ihm keine Inkonsequenzen und keine Charakterbrüche. Wollen und Handeln seiner Menschen kennt er, und da er spielend alle Ausdrucksmittel seiner Kunst beherrscht, so entstehen ihm Bilder von unvergeßlich mächtigem Reiz. Wie gern würde ich in diesem Kunstsaal, vor der Fülle der reich und fein individualisirten Typen, länger verweilen; aber der berühmte Fahnenträger des Burgtheaters ruft zur Pflicht.

Zweierlei ist mir durch das Gastspiel des Herrn Adolf Sonnenthal ganz klar geworden. Zuerst, daß eine besonders glückliche Fügung diesen Künstler von der Leitung des Hofburgtheaters fernhielt. Herr Dr. Max Burckhard, der ehemalige Jurist, mag kein guter Direktor sein, obgleich er für das Repertoire dieser literarisch versumpften Bühne schon in kurzer Zeit viel gethan hat; der Schauspieler Sonnenthal, der auf Gastspielfahrten stets den übelsten literarischen Geschmack bekundet, wäre ein noch viel schlimmerer und gefährlicherer Direktor geworden. Und zweitens habe ich plötzlich verstanden, was Mitterwurzer von der Burg forttreiben mußte, in ein verderbliches Kunstvagantenleben hinein, das seine zur Verschwendung neigende Begabung fast schon zerstört hat. Ein Mensch und ein Künstler von dem Temperament und dem Talent Mitterwurzers konnte auf die Dauer nicht mit einer zweiten Stellung neben Herrn Sonnenthal vorlieb nehmen; man denke sich Bismarck als Staatssekretär des Auswärtigen unter dem Reichskanzler von Caprivi; das stürmende Genie mit seiner prasselnden Geistesgluth der kühlen und biederen Korrektheit untergeordnet.

Denn Sonnenthal ist kein großer Schauspieler; er hat, statt

des vom Genius selbstherrisch ausgestellten Adelsbriefes nur das Diplom vom Orden der Eisernen Krone aufzuweisen. Neben Rossi nun gar schrumpft er als Persönlichkeit und als historische Erscheinung zusammen. Der Italiener hat in der Geschichte deutscher Schauspielkunst eine Epoche gemacht und lange noch werden seine kühnen Anregungen fortwirken; besonders deutlich ist sein Einfluß in der Darstellung der sogenannten klassischen Dramen geworden, die er, als der Erste, ganz naiv und von keiner lastenden Tradition beengt durch ein modernes Künstlertemperament anschaute. Sonnenthal hingegen kann man aus der Entwickelung der Schauspielkunst fortdenken; nichts wird dann verändert sein, es wird nur einen vortrefflichen Schauspieler weniger geben. Er ist, im ernsten Drama von den Italienern, im Lustspiel von den älteren Franzosen entscheidend beeinflußt, ein außerordentlich liebenswürdiger Plauderer, ein vornehmer Kavalier mit tadellosen Manieren und edler Gesinnung, eine warme, stets sympathische Natur, aber seine beste Konversationkunst, seine auf der Bühne natürlich, im Leben theatralisch geschminkt erscheinenden Unterhaltungsgaben verblassen neben dem einzigen Liebesgetändel, das Rossi aus dem Plunder der Garderobenszene im schrecklichen „Kean“ hervorzuklopfen vermag.

In drei spottschlechten Stücken haben wir Sonnenthal gesehen; aber in jedem dieser Stücke ist Raum für einen großen Schauspieler. Nach meinem Empfinden hat Sonnenthal diesen Raum nicht benutzt. Was er uns gab, war feinstes Hofschauspiel; eine ungewöhnliche oder gar gewaltige Persönlichkeit trat bisher wenigstens nicht vor uns hin.

Heinrich Laube, über dessen literarische und dramaturgische Verdienste ich höchst ketzerisch denke, der aber ohne Zweifel einer der feinsten Erkenner schauspielerischer Talente war, schrieb einst über Sonnenthals Hamlet: „Sonnenthal ist eine liebenswürdige Natur, aber er ist keine tragische Hamlet-Natur. Er ist ein Hamlet, wie ihn Schröder brauchte, einer, der am Leben bleiben kann, nicht aber einer, der dem tragischen Tode geweiht ist.“ Er ist auch ein Risler, der am Leben bleiben kann, und es ist nicht verwunderlich, wenn er der rohen Dramatisirung eines immerhin etwas feineren Romans einen „versöhnlichen“ Schluß giebt. Sein älterer Risler ist zuerst ein vertrottelter épicier mit merkwürdigem Bart, nicht ein ernster, bis zur Selbsterniedrigung liebender Mann; die Charakteristik setzt nicht fest und kräftig da ein, wo sie sollte, bei der tragischen Leidenschaft eines stillen Arbeitmenschen für eine kalt strebende cabotine der Luxuswelt, sondern sie verliert sich in Kleinigkeiten und Kleinlichkeiten. Die Wirkung eines ganzen Auftrittes muß ein Frackärmel bestreiten, den der zerstreute Risler nicht finden kann. Wie reizend und wie mesquin! Später ist Alles da, echte Leidenschaft und stilvolle Einfachheit; aber es ist nicht ein uns bis in seine leisesten Seelenregungen vertrauter Mensch, der ersticken will an der Schmach und dann ausbricht in rasenden Zorn, es ist nicht der drollige Mensch, den wir vier Akte hindurch sich abzappeln sahen, ohne daß ein heißer Blick, ein tief tönendes Wort seine tolle Liebe verrieth.

Die Rolle des verschwenderischen Papas in des jüngeren Dumas kindlichem Lustpiel liegt ganz auf der Oberfläche virtuoser Schauspielkunst. Herr Sonnenthal spielt diese Rolle zum Entzücken aller Damen und auch die Männer können dieser charmanten Theaterfigur nichts am untadelhaft sitzenden Zeuge flicken. Alle guten und die wenigen schlimmen Gaben Sonnenthals unterstützen ihn hier: die elastische Wärme seiner Natur, wahrhaft aristokratische Alluren, die etwas singende Art der wiener Konversation und die späte Koketterie eines alternden Schönlings. Es giebt da allerfeinste Feinheiten, und wenn keine rechte Einheit in den Charakter kommen will, wenn die gehaltene Männlichkeit plötzlich aus einem fremden Register zu stammen scheint, so mag der Dichter die Schuld tragen, der einem verlüderten Weltmanne heimlich das edle Pfefferkuchenherz eines Roman-Idealisten in die Tasche steckte.

Dann aber gabs eine Enttäuschung in mehren Akten: Wilbrandts „Tochter des Herrn Fabricius“. Nicht das vom verständigen Publikum derb ausgelachte Stück brachte diese Enttäuschung; von der unsäglichen Thorheit dieses talentlosen Machwerkes konnten nur Die überrascht sein, die, durch die Fälscherkünste einer gefälligen Clique in die Irre geleitet, den nicht einmal das nothwendigste Handwerkzeug beherrschenden Theaterschriftsteller Wilbrandt noch immer, per tot discrimina rerum, für einen ernst zu nehmenden Dichter hielten. Ich gehe dem Stück, das eine einzige Parodie auf jede Art der Verbrecherdramatik ist, sorgfältig aus dem Wege. Aber ich weiß auch aus der Erinnerung an Ernst Possart, an Karl Mittell und Albin Swoboda, welche Wirkungen ein starker Schauspieler diesem bretternen Ungethüm entringen kann. Und da lag für mich die schmerzliche Enttäuschung. Der Fabricius des Herrn Sonnenthal ist ganz auf monotones Schluchzen gestellt und auf körperliche Gebrochenheit, die ihn mehrfach zu Falle bringt. Eine grelle Maske, gelbe, schwammige Gesichtshaut und rothe, frische und feine Hände, ein an die Karikatur streifendes verlumptes Vagabundenkostüm, malerische Posen auf dem Erdboden, — nein, hier war auch der sichere und jedem üblen Effekt abholde Schauspielergeschmack nicht mehr zu entdecken, dem die Gestalten des Herrn Sonnenthal sonst ihr Bestes verdanken. Solch ein unsäglich edler Zuchthäusler, Das wissen die Mimen, spielt sich in seinem geflickten Jammer von selbst. Von Sonnenthal hatte ich überwältigend echte Gefühlsausbrüche erwartet und eine ganz und gar individuelle Gestalt, der auch die früheren gewaltthätigen Neigungen des Mannes noch verschüchtert aus ängstlichen Augen gucken mußten. Anstatt Dessen bot er uns die hochachtbare Durchschnittsleistung eines fein erzogenen Schauspielers. . . .

Den überaus edlen Fabricius hat diesmal keiner von den besten Quins gespielt. Aber auch die beiden anderen Rollen, die Herr Sonnenthal in seinem Gastspielkoffer mit sich brachte, ließen uns mehr eine feine, geschmackvolle und reife Kunst bewundern als eine außerordentliche Persönlichkeit. Wir stehen vor einer gut geölten, tadellos funktionirenden Maschine, deren subtile Einzelnheiten uns ein liebenswürdiger und vornehmer Mann mit warmer Beredsamkeit erklärt. Ein anziehender, mitunter auch anregender Genuß. Wie uns aber der Schauspieler unendlich höher steht, der seine Kunst in den Dienst eines Dichters stellt, als jener andere, der nach „guten Rollen“ kokett lächelnd Umschau hält, so flieht auch von untadeligster Korrektheit, die nie Etwas versieht, unsere Theilnahme zu den brausenden Künstlertemperamenten, zu den im Treffen und Verfehlen starken Naturen, zu Baumeister, Matkowsky und Mitterwurzer, zu Hedwig Niemann und Auguste Hartmann. Die sauberen und sich sanft einschmeichelnden Gestalten des Herrn Sonnenthal sind nicht von bezwingender Macht, nicht lebendige Individualitäten mit deutlich erkennbaren Wesenszügen; es sind die Resultate sorgfältiger und umfassender Studien in aller Herren Länder, — Studien, die eine weiche und anmuthige Natur sich mühelos angeeignet hat. Den feinen, legitimen Vertreter des einfachen und edlen Burgtheaterstils haben wir kennen gelernt, nicht einen mächtigen Menschenschöpfer.

❦

Hans von Bülow.

In Kairo ist Hans von Bülow gestorben. Ein rechter Doktoreinfall, den totkranken Mann nach Kairo zu schicken. Was sollte er da? Für kranke Lungen mag das Klima angenehm sein, dieses weiche und gleiche Ruhen der Luft, für zerrüttete Nerven aber ist solches bunte Gewimmel kein Aufenthalt. Der tolle Hans von früher, dem keine Daseinsart halsbrecherisch genug sein konnte, Der wäre da auf seine Kosten gekommen: der englischen Hochkultur des Europäerviertels wäre er bald entlaufen, von der Citadelle hätte das satte Glotzen der britischen Wachposten ihn rasch wieder hinabgescheucht, aber in den Bazaren, wo man bei Kaffee und Cigaretten lange Stunden verschwatzt, bis der zähe Händler endlich nachgiebt und sein Geräth zu dem Preise losschlägt, den man beim Eintreten geboten hatte, da wäre ihm wohl geworden und auf der großen Cheopspyramide hätte er mit dem braunen Beduinengesindel Witze gerissen, bis unten im gelben Sand selbst der schweigenden Sphinx die Lachluft gekommen wäre. Aber der müde Hans! Schon vor einem Jahre sagte Schweninger: „Mit Bülow ists aus, Der wird nicht wieder.“ Und nun noch aufs Schiff, übers Meer, in die modisch vermalte und verkalkte Prunkstadt der Pharaonen, wo nur die Farben singen und schöne

Engländerinnen mit schlanken Fingern auf verstimmten Tasten stümpern, wo Ismails wollüstige Phantasie nicht mehr herrscht und irgend ein Abbas ohnmächtige Versuche als Zerschmetterer macht ... Was sollte er da? An den Riesenmaßen der vom alten Egypten aufgethürmten Schätze konnte seine stolze Herrennatur allenfalls sich erfreuen; die naive Kraft aber, die er hier unter Trümmern noch spürte, mußte mit brennendem Neid ein unselbständiges Talent stacheln, dessen haltlose Weiblichkeit immer die Stütze suchte.

Es fällt mir nicht ein, von dem Musiker Bülow zu reden. Den kann ich nicht beurtheilen. Als Klavierspieler hat er mir kaum je Besonderes gesagt; er war unterhaltend, belehrend, geistreich, interessant, aber der Schauer ging nicht von ihm aus, nicht die zwingende Gewalt, die den Widerstrebenden packt und reißt und zerrt, bis er sich ihr gefangen giebt. Das Große in Bülow, sein Temperament, wurde am Klavier nicht lebendig, wenigstens für mich nicht, und ein so viel geringerer Künstler wie Rubinstein rührte mitunter stärker an mein Empfinden, — obwohl dieser slavische Titan so grausam prosaisch schwitzt. Als Dirigent erst, wenn er die treibende Kraft war, die mäßigende und die befeuernde, aber nicht die schaffende, war er ganz stark; und dann gab es nur ihn. Er mochte noch so eifrig, mit grotesker Beweglichkeit, die dankbaren Klatscher an das Orchester verweisen: man sah nur ihn, man hörte nur eine merkwürdige Individualität, die auf willigen Menscheninstrumenten spielte, ihre eigene Weise, ihre geheimsten Gedanken — über die Schöpfungen Anderer. Darin liegt eine schmerzliche Tragik, die Tragik des edelsten Virtuosenthumes, das immer dazu verdammt ist, fremde Kinder zu pflegen, und das der Trotz und die Laune gern dann dazu verführt, diese Sprossen aus Anderer Lenden nach eigenem Geschmack zu kämmen und anzukleiden. Im Jahre 1869 konnte Wagner noch schreiben: „Wer ist es noch jetzt, der Bach und den echten großen Beethoven wirklich öffentlich zum Vortrag bringt und jede Zuhörerschaft zu dem gleichen freudigen Geständnisse hinreißt? Es ist einzig Liszts berufenster Nachfolger, Hans von Bülow." Aber brachte er später auch immer wirklich den echten Beethoven zum Vortrag? Mir schiens oft ein Beethoven, wie ihn Bülow sich dachte, ein großes Kunstwerk, durch ein großes Temperament gehört. Das machte ihn einzig, Das macht jeden Vergleich mit jedem anderen Dirigenten so lächerlich. Die Anderen sind gute, vortreffliche, ausgezeichnete Kapellmeister; er war er selbst, war eben Bülow, und wirkte deshalb nicht durch allerlei erlernte oder erfühlte Reize, sondern immer nur durch die Macht seiner Persönlichkeit, die in dem Rahmen des musikalischen Gedichtes, und weit oft über diesen Rahmen hinaus, sich regte und rührte, um im fremden Besitz wenigstens doch ein Schöpfer zu sein. Für den flüchtig Aufhorchenden war diese sprühende Kraft anregend und suggestiv und er empfand sie, in seiner vorsichtigen Sparsamkeit mit Affekten, wie eine frohe Befreiung; das heller hörende Ohr aber vernahm in diesem Einsetzen des ganzen Wollens da auch den harten Stoß, wo die Grenze des Könnens der Lust jäh ein Ende setzte und dem drängenden Willen sich das Vermögen plötzlich versagte. Das klang dann schrill und traurig, — aber dann kam ein Witz, ein pantomimischer oder ein gesprochener, und der süße Konzertpöbel war entzückt, glaubte, der Mann da oben erniedere, ihm zu gefallen, sich zum Spaßmacher, und ahnte nicht, daß ein Prinz aus Genieland sich in die Sprache des Totengräbers bequemte, um mit plattem Spaß ein bohrendes Weh zu betäuben.

Sehr merkwürdig, daß selbst von seinen Bewunderern nie Einer dem Problem nachgegangen ist: warum dieser starke und stolze Künstler, der zugleich in seinem literarischen Bedürfniß sich meist auf den Verkehr mit den feinsten und scheuesten Geistern zurückzog, doch so häufig in den trivialsten Späßen seine Zuflucht suchte und sogar fand. Ganze Bündel von Bülow-Anekdoten werden verbreitet, gute und schlechte, echte und ersonnene, aber der Genesis dieser oft ganz raffinirt vorbedachten und nur scheinbar aus der Augenblickslaune geborenen geistigen Blähungen hat Niemand nachgedacht. Er ist eben ein Bischen verrückt, sagten die Braven; wie alle Musikanten, meinten die Gebildeten und erinnerten an Wagners Schlafröcke und Opernreden; und Herr Eugen Richter, der die Breitseite des kerndeutschen Kalkulatorenstumpfsinnes würdig vertritt und den der grausame Hans deshalb am Liebsten gehängt sehen wollte, verglich ihn in einer Nachtausgabe ruhigen Gemüthes dem urkomischen Bendix. Daß in nicht immer geschmackvoll gewählten Späßen da ein brennendes Gefühl der Unzulänglichkeit sich erleichterte, daß ein in heftigen Wehen sich windender Schöpferwille mit einem Witz sich über die mangelnde Schöpferkraft hinweghalf, so gut es ging, damit nur ja Niemand das schmerzliche Zucken sähe und das Reißen überspannter Sehnen hörte —: darum bekümmerten die Gaffer sich nicht. Und doch war dieses Entladen für Hans Bülow Lebensnothwendigkeit; wenn er im brüsken Scherz sich nicht erleichtert hätte, dann wäre es ihm ergangen wie Ibsens unseligem Baumeister, der nicht so hoch klettern konnte, wie er baute. Der arme Haus war eigentlich noch schlimmer dran als dieser Baumeister Solneß: er mußte erleben, daß ein kecker Kletterer und kräftiger Schöpfer das Liebste ihm von der Seite stahl; aber eine glückliche Mischung der Gaben bog die drohende Tragoedie ihm rechtzeitig stets zur Tragikomoedie um: sobald beim Klettern ihm die Kraft erlahmte, kamen alle Geister, die verneinen, ihm zur Hilfe und er höhnte laut und derb die Schwächeren ... und, ganz im Innersten, manchmal wohl auch sich selbst.

Noch an ein anderes Ibsendrama ließ er mich denken, so oft ich ihn sah, an die Geschichte der kleinen Frau, die in ein niedliches Puppenheim gebannt ist, dessen erkünstelten und verlogenen Sittenkatechismus nicht versteht und gar zu gern einmal recht laut und recht derb Donnerwetter sagen möchte. Es war viel Weibliches, Allzuweibliches in ihm, ein Bedürfniß, sich anzuschmiegen und anzubeten, — nur leider auch zu viel kritische Schärfe, als daß er lange den selbst aufgeputzten Idealen treu bleiben konnte. Er ging immer aus, das Wunderbare zu suchen, und er hatte es kaum gefunden, da begann er auch schon, das Wunder zu betasten und nach dem schwarzen Punkt zu spähen, dem ersten Zeichen beginnender Fäulniß. Wer Wunder sucht, Der stärke seinen Glauben, rieth Goethe; unser Mann aber ging mit der ganzen blitzblanken Skepsis des Modernen auf die Suche nach Wundern und er war deshalb mit seinen Idealen gewöhnlich bald fertig. Nur den Allergrößten hielt er die Treue und Denen, die von der Menge verlassen wurden: Beethoven blieb sein Gott, vor dem verfehmten Bismarck kniete er, ihm die Pfeife anzuzünden, und es kitzelte ihn sehr behaglich, daß er die westöstliche Plutokratie von Berlin mit einem Heroenlob für den ihr Verhaßtesten ohrfeigen konnte. Damals sagte er laut und derb: Donnerwetter! Und ich habe ihn nie wieder so frisch, so froh und so ganz knabenhaft verwegen gesehen wie nach dieser gelungenen Explosion.

Er hat in einem reichen Leben oft Donnerwetter gesagt und er hat niemals auf die leidenschaftliche Lust verzichtet, von weithin sichtbarer Stelle einer anmaßenden Menge bittere Wahrheit ins verblüffte Gesicht zu schleudern. Ein Mensch, der an den Mängeln des schöpferischen Vermögens krankte und auch an der Enge unserer Kulturverhältnisse, an dem lastenden Zwang einer Sitte, die ohne innere Sittlichkeit ist, und der deshalb in großen Zeiten und bei großen Männern Ersatz für die Winzigkeit der modernen Verzwergung suchte. Er verkroch sich in die Geschichte und in Geschichten, er rieb sich an starken Naturen und fernen Kulturen, aber er blieb immer er selbst, er that kaum, wie andere Kavaliere, den deckenden Domino um, wenn er auf solche Maskenbälle ging, denn er liebte, erkannt zu werden, und war sehr stolz auf die eigene Physiognomie. Ich habe Briefe von ihm, die nach dem Kalender der französischen Revolution datirt sind, mit der Anrede Citoyen beginnen, in der Unterschrift aber das ganz unrevolutionäre „von" nicht weglassen; er blieb Hans von Bülow, er opferte nicht ein Titelchen, aber er berauschte sich an der Schreckensgröße der legendären Helden aus einer gewaltthätigeren Zeit. Und ich bewahre ein Albumblatt von ihm, das, mit Beziehung auf ihn und mich, so lautet: „On a le droit d'être audacieux, inébranlable, inflexible, lorsqu'on veut le bien, sagte 1792 Saint-Just unter Maximilian Robespierres beifälligem Kopfnicken." Ob er immer das Gute wollte? Ich glaube, auf ihn paßt eher das Wort, das Bismarck einmal von einem Kaiser gesagt haben soll: Il ne sait pas toujours ce qu'il veut, mais il le veut bien. Und die beste Grabschrift, die man dem ganz genialen, ganz faustisch sich mühenden, doch von faustischem Schaffensglück nicht beseligten Menschenkinde setzen kann, ist wieder ein Wort, das ich von seinem letzten Helden, von Bismarck, nach Hansens Tode hörte: „Er war nicht wie die Anderen. Ihm fehlte die Tünche der sozialen Heuchelei."

Neronismus.

Wenn der Agrippina weltberüchtigter Sohn heute wiederkäme, dann würden Seine Neronische Majestät vermuthlich das erlauchte Beispiel anderer decadenter Monarchen Allergnädigst nachzuahmen und in der Stadt der Pariser Allerhöchstihren Aufenthalt zu nehmen geruhen. Dort giebt es zwar kein goldenes Haus, aber auch die Maison dorée ist ein menschenwürdiger Zufluchtort, und da der hohe Herr allzeit vorurtheillos war, so wäre er auch in der modernisirten Lutetia nicht auf den immerhin etwas eintönigen Verkehr mit seinem annoch höchst lebendigen Vetter Milan angewiesen. Ein Künstler, Das war ein Lieblingswort seiner Laune, kann überall leben. Warum nicht auch in Paris, wo durch die Mitwirkung des Original-Nero die große Pantomime des Hippodroms neue Anziehungskraft gewinnen würde, wo gladiatorischen Neigungen ein Liebhaber-Circus zur Verfügung steht und neben den Naturalisten, den Symbolisten, den Neo-Hellenisten, den Buddhisten neuestens auch eine Gemeinde der Neronisten sich gebildet hat?

Ernest Renan, dessen Einfluß auf die junge und jüngste Generation der französischen Literatur eine eigene Studie verdiente, hat auch diesen Kahn gerüstet, dieses vorläufig allerletzte Boot, in dem die Neronisten Platz genommen haben. Der feinnervige Biograph des Nazareners hat an dem ersten empereur fin de siècle das nicht allzu leichte Rettungwerk versucht. Für Renan ist Nero nicht der scheusälige Komoediant, der gekrönte Heldentenor, wie Jules Lemaître ihn hübsch genannt hat, sondern ein äußerst interessanter Herr, „qui avait des parties de l'âme d'un artiste." Im „Antichrist" ist — man denke! — der „Aesthetik Neros" ein besonderes Kapitel geweiht und Renan macht dort die überraschende Entdeckung: an dem Tage, da er, in ein Bärenfell vermummt, an den gefesselten Christmärtyrerinnen die von Sueton geschilderten blutigen Gräuel verübte, habe der tolle Caesar „das Prinzip einer neuen Kunst" aufgefunden. „Éclose sous les yeux de Néron, l'esthétique des disciples de Jésus, qui s'ignorait jusque-là, dut la révélation de sa magie au crime qui, déchirant sa robe, lui ravit sa virginité."

Nie hat das Ueberraschende mehr Glück gemacht als heute; und nirgends findet eine verblüffende Verkündigung so schnell Gläubige und Fanatiker wie in Paris. Auch im Falle Nero sollte sich Das bald erweisen. Die gewagten Andeutungen des Meisters wurden von den nach neuen Sensationen hungernden Jüngern rasch ergänzt und erweitert und es entstand ein wirklicher und wahrhaftiger Nero-Kultus, der selbst den sonst so gelassen skeptischen Lemaître in einige Empörung hineinärgerte. Der Größenwahn hatte ein neues Idol gefunden, und wenn man auch hier und da noch Bedenken trug, den Massenmörder im Purpur als Künstler zu verherrlichen, so nannte man ihn doch bereits, mit offenbarer Sympathie, einen Dilettanten, — allerdings un dilettante excessif. Jeder literarische Gerngroß spiegelte sich behaglich in den Heldenthaten des Imperators, den man bis dahin zwar nicht für den Erfinder einer neuen Kunst, wohl aber für den Entdecker der Claque gehalten hatte.

Soziale Momente begünstigten das Heraufkommen des neuen Glaubens. Tief in der gallischen Seele wurzelt eine aristokratische Abneigung gegen das schön klingende Prinzip der Gleichheit und Brüderlichkeit und diese Abneigung mußte gerade den Raffinirten gesteigert werden, als unter der republikanischen Herrschaft bald die alte Korruption und die Gunstwirthschaft lustig fortwucherten. Da schrieb Zola seine grausamen Satiren gegen die politischen Eintagsfliegen, gegen die Ranc und Reinach, da zerpflückte der Unbarmherzige die laut bejubelten Reden Gambettas und ward nicht müde, die souveraineté des lettres zu verkünden. Die Politiker lachten den Bourgmestre de Médan aus. Der Zusammenbruch des Hauses Grévy trat ein, der Boulangismus heulte in allen Gassen und unmittelbar nach der pariser Wahl des ausgehaltenen Generals erhob, im Juni 1889, Paul Bourget sein müdes Stimmchen, um gegen das allgemeine und gleiche Wahlrecht zu donnern, gegen la plus monstrueuse et la plus inique des tyrannies, — car la force du nombre est la plus brutale des forces, n'ayant pas même pour elle l'audace et le talent. Und der selbe Bourget erkannte, ebenfalls in der vor der chauvinistischen Phrase tief sich verneigenden Vorrede zum „Disciple“, bereits das mähliche Emporsteigen eines neuen sozialen Typus. Neben den von Daudet gezeichneten Streber mit der Eisenstirn, neben den skrupellosen strugglefor-lifeur, der seine freche Erfolganbetung durch das darwinistische Gesetz höchst wissenschaftlich zu begründen versuchte, trat der moralische Nihilist, dessen Alles verachtende, Alles verhöhnende Nervenüberreiztheit nur einen Genuß noch kennt: den Kultus des Ich; dem nichts mehr erstrebenswerth und die ganze Wirklichkeitwelt nur ein Mittel scheint, bestimmt, der eigenen vergötterten Person beständig wechselnde, beständig erhöhte Sensationen vorzuführen. Mit besonderer Vorliebe nannte der neue Herr sich einen Dilettanten und in dem caesarischen Decadenten vom Jahre 60 fand er ein strahlendes Vorbild. Die freie Gemeinde des Neronismus ward gegründet; und ihr anzugehören, war bald noch viel mehr selected als die Mitgliedschaft der buddhistischen Klubs. Lao-tse und Tolstoi sind am Ende doch kein so fashionabler Umgang wie ein legitim gezeugter Kaiser.

Im neunzehnten Jahrhundert freilich verändern sich doch die Bedingungen des Amusements einigermaßen. Ganz so bequem wie Nero haben es seine modernen Bewunderer nicht: man läßt sich nicht willig morden, nicht klaglos verbrennen, auch andere Vergnüglichkeiten verbietet eine hohe Polizei, und wer eine neue Kunst entdecken will, Der darf allenfalls im Schafpelz, nicht aber im Bärenfell einhergehen, unter nackenden Christenmenschen. Für gewisse Suggestionmittel ist eben der Geschmack ausgestorben, und wenn der Schüler des Seneca sagen durfte, er erst habe festgestellt, was Alles einem Fürsten erlaubt ist, so müssen heute selbst Fürsten ihre neronische Veranlagung unter die milde Obhut eines gar unehrerbietigen Irrenarztes begeben, der statt der Genialität einfach Gehirnerweichung konstatirt. Um wie viel schlimmer muß es da oft armen Literaten ergehen, bei denen der Wunsch groß, aber die Kraft schwach und besonders das Geld, die liebe Hauptsache, knapp ist. . . .

Wie sie sich zu helfen, wie an die Stelle der Gewaltmittel ihres erhabenen Patrons sie eine Art geistiger Vivisektion zu setzen wissen, Das ist in ironischer Klarheit aus dem sehr merkwürdigen Buche zu erkennen, das Maurice Barrès vor zwei Jahren unter dem verlockenden Titel „Un homme libre“ veröffentlicht hat. Die an die deutsche Romantikerzeit gemahnende, jetzt aber mit ganz neuen Nuancen geschmückte Ich-Anbetung, der schrankenlose und raffinirte Subjektivismus, der schon als Rückschlag auf die naturalistische Thatsachenkunst erklärlich ist, — hier haben sie ihren feinsten und delikatesten Ausdruck gefunden. Nur Einer vom Stamme der Neronisten konnte dieses Buch schreiben, nur Einer, der mit sehnendem Wünschen den Neronismus zu überwinden lechzt, konnte die eigene Geistesdisposition mit so erbarmungloser Ehrlichkeit enthüllen. So leise regt sich in diesem merkwürdigen ideologischen Ich-Roman die trübsälige Ironie, daß geistreiche Beurtheiler, wie Anatole France und unser verwandlungskünstlerischer Freund Hermann Bahr, sie gar nicht bemerkt zu haben scheinen.

Für Kinder und Halbwüchsige will Barrès sein Buch bestimmt haben und am Liebsten hätte er es jenen Gymnasiasten gewidmet, die während der letzten Jahre freiwillig aus einem Leben schlichen, das sie noch nicht kannten, das sie, kindisch, noch ernst nahmen. Und in der That verbirgt im Homme libre sich eine erzieherische Tendenz, eine Abrechnung mit sich selbst, die warnen soll und heilen. Die beiden von Bourget mit Sorgen erblickten Typen findet man hier: den brutalen und wissenschaftlichen, wie den geistreichen und raffinirten Epikuräer, den Darwinisten und den Neronisten, Simon und Philipp. Beide sind Ich-Anbeter, Beide sind magenkrank und schwächlich. Simon ißt gern gut und kennt kein höheres Vergnügen, als die Hände in die Taschen zu stecken, auszuspucken und mit dem Stiefelabsatz eine kleine Motte tot zu treten. Philipp ist schwerer zu befriedigen. In anmaßlicher Verachtung der ehrenwerthen Mittelmäßigkeit ist er, sous l’oeil des barbares, wie der Titel des ersten Romans von Barrès verkündete, aufgewachsen; an Allem hat er ein Wenig geschnüffelt, ohne an irgend Etwas zu glauben; nun trägt er Stendhal und Renan im wehleidigen Herzchen und füttert den allzumenschlichen Leichnam mit Chinin und Brom. Aber ein freier Mann will er sein, frei von den gemeinen Vorurtheilen der Alltäglichkeit, und dem souverainen Ich einen Altar errichten, in weltabgeschiedener Einsamkeit. Thomas a Kempis und Ignatius Loyola werden die ersten Erzieher und im Lothringischen wollen die Freunde sich vom Jahrhundert befreien. Künstlich klauben sie eine gesuchte Behaglichkeit sich zurecht und spähen nach Mitteln, die nagende Unfruchtbarkeit zu überwinden und die quälende Anämie der Seele. Anders wollen sie sein, anders um jeden Preis, denn: La dignité des hommes de notre race est attachée exclusivement à certains frissons, que le monde ne connaît ni ne peut voir, et qu'il nous faut multiplier en nous.

Doch der freie Mann will nicht werden, ob zu seiner Geburt gleich alle Virtuosen des Genießens gebeten sind. Nichts fruchten die einsamen Zwiesprachen mit Benjamin Constant, mit Sainte-Beuve, nichts die Bespiegelung in der Geschichte der lothringischen Heimath: die Barbaren behaupten das Feld und die Sublimirung des Egoismus läßt auf sich warten. Der Nüchternere von den Genossen giebt den Versuch auf; er hat Geld gespart und kehrt nach Paris zurück, um Karriere zu machen. Philipp aber verliebt sich in das Journal der Marie Bashkirtsew und führt seinen Schatz auf Reisen, auf die Suche nach Enthusiasmus. Italien durchpilgert er und bei den alten Meistern sucht sein Ich-Kultus Rath, bis er in Tiepolo endlich sein Ebenbild gefunden zu haben wähnt: En Tiépolo, comme en moi, toute une race aboutit. Il n'a pas créé de beauté; mais il a infiniment d'esprit, d'ingéniosité, c'est la conscience la plus ornée qu'on puisse imaginer, et chez lui la force, dépouillée de sa première énergie, crée la grâce, ignorée des sectaires. Schließlich jedoch fordert das Fleisch sein Recht; die tote Marie Bashkirtsew wird durch ein lebendiges Sensationobjekt ersetzt und der noch immer nicht freie Mann, für den die Außenwelt nicht existiren sollte, stürzt sich in den Strom des öffentlichen Lebens. Wie das erste, blieb auch das zweite Buch von Barrès ohne Schluß; und als das dritte erschien, „Le jardin de Bérénice", da hatte, zu allgemeiner Ueberraschung, der jugendliche Verfasser sich vom Neronismus zum Boulangismus bekehrt, da war Maurice Barrès boulangistischer Abgeordneter für Nancy geworden.

Bevor wir in den Garten der Berenice gelangen, dürfen wir einer fingirten Unterredung zwischen Renan und Herrn Chincholle beiwohnen, dem literarischen Champion des Generals Boulanger. Renan bekennt sich da zum Glauben an die immer zum Guten strebende Volksseele, Chincholle verkündet die Heilswunder der öffentlichen Thätigkeit. Beider Lehren beherzigt der frei sein wollende Philipp und bewirbt sich stracks um das Mandat von Arles, — natürlich als Boulangist, denn die Volksseele ist mit dem General. Er erreicht das Mandat und gelangt bei dieser Gelegenheit zugleich in den Garten der Berenice.

Berenice ist das Kind einer vorurtheillosen Landbewohnerin, die ihrem guten Manne von einem ihrer reichsten Liebhaber die bequeme und einträgliche Stellung eines Kastellans im Museum des Königs René, im Languedoc, zuweisen ließ. Inmitten der bescheidenen Wunder einer franko-vlämischen Kunst wuchs die kleine Berenice heran und verfeinerte sich, ohne an ihrer Ursprünglichkeit Schaden zu leiden. Dann starb die Mutter und das

Töchterchen kam nach Paris, ins Eden-Theater, wo es die Engelchen pantomimte und von freundlichen Onkeln zu früher Perversität erzogen wurde. Aus der kleinen wurde eine große Berenice, die ein tragisch ausgehender Liebeshandel mit einer sanften Melancholie, aber nicht mit moralischen Vorurtheilen schmückte. Als der Wahlkandidat seine einstige pariser Freundin wiederfindet, ist sie mit seinem tadellos korrekten und ordnungparteilichen Gegner liirt, übrigens aber, was sie früher war: Un être tout d'instinct et nullement asservi par son milieu. Ein schmerzlich süßes und aus Raffinement platonisches Verhältniß knüpft sich zwischen den alten Freunden, von dem das enge Gehirn und der Spezialistenverstand des korrekten Barbaren nichts träumt. In dem ummauerten Garten der Berenice ruht die nach Eindrücken lüsterne Hysterie Philipps sich aus, in der Freundin und zugleich in der Berührung mit den Massen lernt er die rastlose Analyse verachten und den einheitlich harmonischen Instinkt schätzen.

Ohne Rückfälle geht es freilich nicht ab. Der Herr Senator, dem die Mutter Berenices nahe stand, kommt zu sterben und erinnert sich alter Schuld. Die Stelle ist zu hübsch und zu französisch, als daß sie hier fehlen dürfte. Votre mère, so spricht zu dem Mädchen der Sterbende, est en quelque sorte la première qui m'ait appellé à représenter mes compatriotes. Elle ma désigné comme votre père, quand d'excellents citoyens pouvaient également prétendre à cet honneur. Worauf er ihr hunderttausend Francs hinterläßt und das Zeitliche segnet. Und nun spielt der Egoismus unserem Philipp einen letzten Streich: um die reich gewordene Berenice nicht allzu glücklich zu sehen, um an ihrer Melancholie auch fernerhin sich erlaben zu können, treibt er sie aus ihrer

Sphäre hinaus und in eine Heirath mit seinem Gegenkandidaten hinein. An diesem sittlichen Klimawechsel stirbt dann auch die Kleine und der freie Mann geht hin, unter der Fahne des Boulangismus für die Unterdrückten zu fechten und die göttliche Ursprünglichkeit der Volksseele zu Ehren zu bringen. Er wollte den Barbaren entfliehen und sein alleinherrliches Ich anbeten und fand einen nicht weniger künstlichen Primitivitätglauben, im Garten der Berenice.

Die ironische Feinheit, die Subtilität der Gedanken in diesen ideologischen Abhandlungen, die vom Roman nur die Form leihen, den perversen Idealismus, der in ihnen zum Worte gelangt: alles Das mag der Feinschmecker selbst aufsuchen. Eine reizende Komoedianterie — du cabotinage supérieur, nennt es Barrès selbst — ironisirt und analysirt sich darin und die Mischung von Pose und Aufrichtigkeit hat mindestens den Reiz des Hautgout. Diese Mischung und der Hang, Alles für ein Publikum, und müßte man selbst sein Publikum werden, mit Bewußtsein und Applausbedürfniß zu thun: solche Stimmung ist weit verbreitet in der Journalistenepoche und in der begrenzten Welt der Schwarzen Kunst hat sie bereits die Formen einer neuen Krankheit angenommen, die man die Literaturitis nennen dürfte. Nach der Geniezeit bricht die Zeit der Talmi-Genies herein, die das Kainszeichen ihrer leidvollen Mission mit Würde tragen und aus ihrer Berufsliteratenherrlichkeit in äußerster Verachtung herniederschauen auf das Gewimmel der in praktischer Thätigkeit Wirkenden. Ein ganz klein Wenig ist Das auch der Fall Nietzsche, ganz und gar ist es der Fall Barrès. Aber dieser praeraphaelitische Stilist fand, als er aus der Literatur keck ins öffentliche Leben sprang, auch gegen die neue Krankheit das alte Mittel, das schon Boileau den Wortkünstlern empfahl:

„Que les vers ne soient pas votre éternel emploi,
Cultivez vos amis, soyez homme de foi.
C'est peu d'être agréable et charmant dans un livre,
Il faut savoir encore et converser et vivre."

Im letzten Bande, der ursprünglich den Titel tragen sollte: Qualis artifex pereo! wird gelegentlich auch von Nero gesprochen, von dem „exzentrischen Dilettanten", dessen größter und brennendster Wunsch war, von eigenen Gnaden ein Künstler zu sein. Aehnliches Wünschen mag auch der merkwürdige Abgeordnete für Nancy im Busen tragen, der mit dem Anarchismus sympathisirt, den Krieger der Frau von Bonnemain verehrt und die strikenden Erdarbeiter gegen den bösen Constans unterstützt. Auf ihn paßt, besser als auf den Römerkaiser, die Definition, die Paul Bourget vom Dilettantismus gegeben hat: une disposition d'esprit très-intelligente et à la fois très-voluptueuse, qui nous incline tour à tour vers les formes diverses de la vie et nous conduit à nous prêter à toutes ces formes, sans nous donner à aucune. Maurice Barrès ist die feinste Blüthe jenes Dilettantismus, der im Neronismus begann, um in einen mit mystischen Schleiern verhängten Staatssozialismus zu enden. Der Ich-Anbeter glaubt sich berufen, der dumpf dahindämmernden Masse das Heil zu bringen, und dafür geruht er, ihre Ursprünglichkeit platonisch zu bewundern. Wenn der Sohn der Agrippina heute wiederkäme, vielleicht würde er mit dem Abgeordneten für Nancy vereint die neue Partei des Staatsanarchismus begründen, um die Welt zu verblüffen, pour épater le bourgeois.

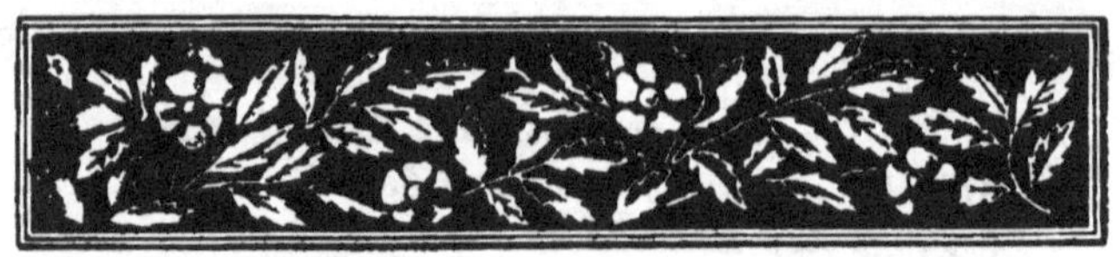

Parsifal.

Joseph von Arimathia, der ein reicher Rathsherr war und ein gläubiger Jünger dennoch des Galiläers, erbat, da auf Golgatha das Gräßliche vollendet war, von Pilatus den Leichnam des Gekreuzigten und barg den mit reinem Linnen zärtlich umhüllten Leib in die eigene Felsengruft. Sein liebreiches Beginnen haben die Evangelisten uns aufgezeichnet; und als beim ersten Dämmern des Mittelalters romantische Wünsche wach wurden und ein süßes Sehnen nach Wunderbarem die von harten Kämpfen und rauher Noth zermürbte Menschheit beschlich, da empfing die mitleidige Sorglichkeit des wackeren Rathsherrn von der Legende den Lohn: nicht den Leib nur des Erlösers, so raunte die Sage, auch sein vergossenes Blut sollte der Fromme geborgen haben und im geweihten Abendmahlgefäß sollte der köstliche Lebenssaft den nach heiliger Labung Lechzenden aufbewahrt sein. Das alte Märchen von der in Stufenform sich vertiefenden Schüssel, die wie ein Tischleindeckdich dem Verschmachtenden leckere Mahlzeiten spendet, nahm, da es mit dem christlichen Gedankenkreise sich berührte, einen neuen, einen vergeistigten Inhalt an. Der Materialismus floh vor dem Spiritualismus, und wo in halbheidnischer Zeit einem wirklichen Hunger wirkliche Speise geboten ward, da wurde ein Sehnen der Seele nun mit himmlischer Stärkung gestillt. Das Tischleindeckdich wurde zum Gral, zum heiligen Becken, das mit mystischer Macht die Erwählten zur läuternden Erlösung beruft. Und als der Wohlthäter, der im geweihten Gefäß das Blut des Herrn der sündigen Menschheit errettet hat, wurde den Frommen immer der mitleidige Joseph von Arimathia genannt.

Um die Neige des zwölften Jahrhunderts, während im Süden Frankreichs lyrische Troubadourkünste sich regten, bahnte im Norden die junge Romantik zu der christlichen Anschauung sich einen Weg. Die ersten Kreuzzüge waren beendet, in Konstantinopel war ein lateinisches Kaiserthum begründet, die Ritter brachten ein phantastisch schwärmendes Erinnern an die heiligen Stätten in die Heimath zurück, — und die Dichter, die damals noch nicht abseits vom Lärm des Lebens über Büchern und Papier saßen, versuchten, von der nationalen Sage zur christlichen Ueberlieferung eine luftige Brücke zu schlagen. So entstand der bretonische Sagenkreis, der ein merkwürdig buntes Gemisch von geistlicher Opferbereitschaft und weltlich jauchzender Genußfreudigkeit umschließt und in dem auch die Legende vom Gral den ersten poetischen Ausdruck gefunden hat. In Perceval, dem jungen Helden des Chrestien de Troyes, verkörpern die beiden Seiten des frühen Ritterromanes sich: als ein ungeschlachter, kampflustiger Thor zieht Perceval aus, gewinnt an dem Hofe des Königs Artus sich manchen Ruhm und verlernt dabei die Menschenpflicht, fremdes Leid mitleidig zu empfinden; den Oheim, den König Pêcheur, der des Grales und der heiligen Lanze Hüter ist, sieht er an schweren Wunden dahinsiechen, doch er denkt nicht daran, nach dem Wesen und der Bedeutung der Heiligthümer zu fragen, und sehr viel später erst, da ein frommer Einsiedler seinen Sinn gewendet hat, kehrt er zum Oheim zurück und stellt die Fragen, die dem Siechen die Heilung bringen; als der König Pécheur dann stirbt, erbt Perceval mit der Krone auch den Gral, der ihn bis an sein Lebensende mit Nahrung versorgt und im Augenblick seines Verscheidens in den Himmel entrückt wird. Hier ist, man sieht es, die Spiritualisirung des alten Märchens vom Tischleindeckdich noch nicht völlig erreicht: der Gral ist schon das Symbol der Erlösung, aber er ist auch noch die Schüssel, die den Leib mit schmackhafter Speise versorgt und dem Frommen die Möglichkeit schafft, unthätig doch ein behagliches Leben zu fristen. Dem derben bretonischen Sinn genügte die nur geistige Atzung nicht; er gönnte dem Dulder auch das realere, das greifbare Glück, in Ruhe was Gutes schmausen zu dürfen, und der Deutsche erst, der nach Chrestien de Troyes mit starker Hand den legendären Stoff griff, sollte den tiefsten und feinsten Gehalt der Ritterpoesie darin finden.

Der Deutsche hieß Wolfram von Eschenbach. Er war nicht der schmachtende Tugendbold, der in hellem Gelock auf unseren Opernbühnen gar so gebildet jetzt über des Tannhäusers wildes Gelüsten räsonnirt, sondern ein ohne glättende Pflege im Bayernlande aufgeschossenes Naturkind, das in ganz persönlichen Lauten ein ganz persönliches Denken und Fühlen aussprach. Er konnte weder lesen noch schreiben, hatte den zähmenden Zwang der Klosterschule niemals kennen gelernt und die frische Ursprünglichkeit des Empfindens und der Anschauung sich bewahrt. Heute würde man den Aufrechten, der keinem kecken Wort je aus dem Wege ging, einen Naturalisten nennen, — und auch einen Mystiker wohl, weil er im Irdischen stets das Ewige suchte und auf seine besondere Weise ein deutscher Christ sein wollte. Ein glücklicher Zufall, der Bericht eines belesenen Waffengefährten vielleicht, machte Wolfram mit dem Roman des Chrestien de Troyes bekannt und der sichere Instinkt des Genies ließ ihn sofort erkennen, welche Schätze in dem keltischen Gedicht noch zu heben waren. Auch Wolframs Parzival ist ein abenteuerlicher Ritterroman und in der Schilderung von Gawans Freuden und Leiden kommt auch die gar nicht vergeistigte Genußgier mittelalterlicher Turnierrecken zu ihrem Recht. Doch schon der Anfang des Gedichtes, der uns zeigt, wie Christen und Heiden freundwillig einander erdulden, bringt eine Vertiefung des Hintergrundes, um die Chrestien sich vergebens bemüht hätte, und das Erleben und innere Werden des Helden drängt mit einer plastischen Klarheit und mit einer Fülle gesehener Züge sich vor den betrachenden Blick, wie nur der Schöpfer des Faust sie vermocht hat. Parzival hat, da die Thatenlust ihn aus dem einsamen Walde trieb, der Mutter Herzeloide den Tod gegeben und später einen Verwandten erschlagen; als ein Sündiger tritt er in das Reich des Grales und so buchstäblich hat sein Thorensinn die Konventionalregeln genommen, daß unter ihrer Last das natürliche Mitgefühl ihm erstickt ist und er für den kranken König Amfortas keine theilnehmende Frage hat; nach langer Irrfahrt erst findet er den demüthigen Sinn, der vor Gottes Fügung sich beugt: er besiegt, als ein Ritter vom Geist, den früheren Freund, das Weltkind Gawan, — und nun vollendet sich äußerlich zunächst Alles wie im alten Roman. Und doch ist ein neues Gedicht daraus geworden, ein Denkmal menschlichen Irrens und Zweifelns und Strebens, an dessen Höhe die bretonische Rittergeschichte nicht zu messen ist. Perceval war eine Figur, für deren wirres Geschick ein routinirter Erzähler uns zu interessiren verstand, und Parzival ist ein Mensch, der in faustischem Drang vom Zweifel zum Glauben emporsteigt. Ganz anders hat der germanische Dichter auch den Gral aufgefaßt, der hier wirklich das geheiligte Symbol der Erlösung ist und der nie versiegende Quell des ewigen Lebens: wer auf unbekannten Pfaden bis zu ihm vorgedrungen ist, wer der weltlichen Liebe entsagt und auf dem Berg Munsalväsche in der Gemeinschaft der Templeisen Aufnahme gefunden hat, Der kann nicht altern und nicht sterben und die paradiesische Seligkeit wird ihm noch auf Erden zu Theil.

Chrestien de Troyes hatte lehrhaft zur Beobachtung geltender Kirchengebräuche ermahnt; sein Perceval kehrt zum Gral eigentlich nur zurück, um nach der Bedeutung der Heiligthümer neugierig zu fragen. Das von ihm leise nur angedeutete Mitleidsmotiv hat Wolfram vertieft; seinen Parzival leitet menschliches Mitgefühl zum Glauben. Richard Wagner, der im Dunstkreise Schopenhauers sich geweidet hatte, that, als ein verwegener Moderner, in der Richtung Wolframs resolut gleich noch ein paar Schritte weiter vorwärts: ihm ist der reine Thor, der in schwerer Versuchung der Sinne siegreich besteht und durch Mitleid wissend wird, das Ebenbild des milden Dulders, den auf Golgatha die Lanze des Longinus traf und dessen Blut, nach der Legende, Joseph von Arimathia den des Heiles Bedürfenden aufbewahrt hat. Wagners Parsifal ist kein handelnder und auch kein ringender Mensch; er verwundet einen Schwan und zeigt die gleichgiltige Blödigkeit eines Waldmenschen, der über die Alltagssorgen bisher noch niemals hinausgedacht hat und den fremdes Schicksal deshalb auch nicht bekümmert, das Leiden des Königs Amfortas nicht und auch nicht der bittere Schmerz der Mutter; die heiße Wallung erst, die vor der schönen Teufelin ihn übermannt, lehrt die Liebe ihn und das Mitgefühl, und da er die Mutter nicht mehr erretten kann, will dem siechen König des Grales er doch die Heilung bringen. Er will? Ach nein: weil er nicht will, wird er gekrönt. Nicht den Namen nur hat für seinen jungen Helden Wagner aus dem asiatischen Sprachgebiet sich geholt, auch die willenlose Dumpfheit hat er von der Geisterreise in Buddhas Reich ihm heimgebracht. Chrestiens Perceval war wirklich der Thaldurchdringer und Wolframs Parzival machte dem Namen Ehre, der „recht mitten durch“ bedeuten sollte; Wagner, der sehr früh schon die von Goethe als ein sicheres Kennzeichen der Mystiker entdeckte Scholastik des Herzens sich angewöhnt hatte, war mit dieser Bedeutung gar nicht zufrieden und erkletterte sich eine asiatische Etymologie, die den Parzival zum Fal parsi umschuf, zum reinen Thoren. Das war nicht ein Spiel mit Aeußerlichkeiten und nicht von dem Trieb nur bedingt, um jeden Preis originell zu sein; Wagner konnte den Draufgänger nicht brauchen, der vom weltlichen zum geistlichen Ritterthum sich bekehrt, denn er suchte den Willenlosen, der nicht strebt und nicht ringt und der als ein reines Gefäß zum Dienst des Höchsten erkoren wird. Deshalb mußte Parzival Parsival werden und dem Eheglück mit der lieblichen Königin Condwiramurs entsagen; kein irdisch liebendes Weib lebt im Bereich dieses Grales. Den Geschlechtstrieb hatte Schopenhauer als den Brennpunkt des Willens zum Leben aufgespürt, als den Wahn, der den Liebenden zur Dupe des Willens der Gattung macht, und er hatte gelehrt, den Willen müsse man, „das durchweg Schlechte und Gemeine in uns“, wie die Genitalien verbergen, obgleich — oder weil? — Beide die Wurzel unseres Lebens sind. Wagner war ihm ein gelehriger Schüler: das Reich seines neuen Grales wurde zum Wahnfried, wo dem Willen zum Leben und dem Willen der Gattung die Kraft ausgebrochen ist. Am Brennpunkt des Willens, am Trieb zur Paarung, sucht der kluge Klingsor die Templeisen zu fassen; deshalb hat er mit leichten Blumenmädchen den Zaubergarten geschmückt und die wilde Kundry in seinen Dienst gebannt, die auf dem Leidenswege grinsend einst den Heiland verspottete und die ahasverisch dafür nun zu büßen hat, eine ruhelos Wandernde, die nach Erlösung dürstet und doch als Werkzeug schwüler Geschlechtslust dienen muß. Ihren verführenden Künsten ist Amfortas erlegen, der König, in ihrem Arm entsank ihm der heilige Speer, — und seit der Stunde brennt ihn das Weh, daß er durch eigenes Verschulden unwürdig geworden ist, des Grales Hüter zu sein. Da naht Parsifal, der naive Egoist, der diesseits von Gut und Böse steht und nicht sündigen kann, weil er Sünde nicht kennt; den Vereinsamten, dem von der Mutter Tod sie eben die Kunde gebracht hat, will Kundry umgarnen, mit der Liebe erstem Kuß auf die zweite Menschheitstufe ihn locken, wo, nach dem Sündenfall, für die Gattung die irdische Arbeit beginnt; doch die Frucht vom Baum der Erkenntniß hat für des eben noch kindisch jauchzenden Knaben Zunge nur einen bitteren Geschmack; er erliegt der Versuchung nicht, er besteht sie siegreich und erfüllt, was im Garten Eden einst der chaldäische Chronist den alten Jehovah weissagen ließ: er stirbt für die Zeitlichkeit und von allem Menschlichen bleibt des Mitleids reine Regung nur ihm erhalten. Der Schmerz um der Mutter Tod ist vergessen, vergessen die kecke Knabenlust am Kämpfen und Wagen, — und dem nicht mehr Wollenden neigt sich nun jeder Sieg: die heilige Lanze, die ihn durchbohren sollte, schwebt über des reinen Thoren Haupt in der Luft, er kann sie fassen und halten und auf der Irrniß und der

Leiden Pfaden findet der nicht Suchende zum Reich des Grales den Weg. Parsifal braucht nicht, wie Perceval und Parzival, nach dem Schmerz und dem Hort des Königs zu fragen: er ist durch Mitleid wissend geworden, seine Berührung schon entsühnt die Sünder und den Willenlosen leitet und lenkt des Grales mystische Macht. Die Lanze traf Den, der vom Pöbelwahn in Geduld sich verwunden ließ; die heilige Schale umschließt das Blut Dessen, der dem Uebel nicht zu widerstreben gebot. Parsifal ist ohne sein Zuthun in den Besitz der geweihten Zeichen gelangt und er kann, weil er nicht wollte, nicht strebte, nicht rang, der Herrscher im Gralsgebiet werden, wo das Wähnen Frieden fand und wildes Wünschen ins müde Dämmern milden Mitleidens versank.

* * *

Der Weg ist weit, der vom alten Heldengedicht zum modernen Bühnenweihfestspiel führt, — sehr viel weiter als die Strecke, die zwischen dem Städtchen Ansbach, neben dem Wolframs Heimath Eschenbach liegt, und dem Frankenhügel von Bayreuth sich dehnt; viel weiter und auch viel dunkler. Wagners Mysterium ist nicht zu erklären, denn Erklären heißt, Klarheit schaffen, und die Klarheit ist der Mysterien Tod. Immer, wenn man auf der glatten Straße des Denkens der christlich-buddhistischen Legende vom reinen Thoren beikommen will, wird man straucheln, ehe die Pforten des stillos barbarischen Barockbaues sich öffnen. Der Parsifal bringt keinen grade gewachsenen Gedanken, sondern — Nietzsche hat es, als er von Wagner genesen war, grausam deutlich erkannt —: „Den Zustand vor dem Gedanken, das Gedräng der noch nicht geborenen Gedanken, die Welt, wie sie war, bevor sie Gott schuf, — eine Recrudescenz des Chaos . . . Das Chaos macht ahnen." Wo man die mystische Dichtung packt, der alles Menschliche fremd ist, da zerbricht und zerbröckelt sie unter den Händen und Widersprüche klaffen auf und man plagt sich in Schweiß, weil zur Vexirbüchse der Schlüssel nicht zu finden ist. Das Bühnenweihfestspiel ist kein gutes, kein helles Gedicht, das dem Einfältigen sich enthüllt und den verfeinerten Geist zugleich doch beschäftigt: es lockt und quält und narrt, und wenn mans gedeutet hat, steht man rathlos und zagt, ob die Deutung auch richtig ist. Langsam nur tastet man zwischen den inneren Widersprüchen sich zurecht und versucht, in dem Gedicht, das die Einfalt verherrlichen soll und das dennoch künstlich blieb, des schaffenden Meisters Absicht zu erspähen. Seine Absicht, — denn er hat, als er den Willenlosen auf den geweihten Thron des Grales erhob, Etwas „gewollt", ein Dunkles, Geheimnißvolles, das ahnen macht, Etwas, das er selbst nicht und nicht seine Gemeinde mit klaren Worten ausdrücken kann, das ein trunkenes Stammeln verzückt nur umschwärmt. Ein germanisches Evangelium vielleicht, das christlich versöhnende Seitenstück zum Ring des Nibelungen, der die Revolution des germanischen Geistes umschließen sollte, — wer weiß es? Das Greisenkind zeigt sein stummes Sphinxlächeln und auf dem Grab Dessen, der mit verlöschender Kraft mühsam es zeugte, welkt das Laub. Der Späher schleicht sich bei Seite und denkt, mag er sonst auch von der Willenlosigkeit nichts halten: Wagner hat Recht; weil er Etwas gewollt hat, mißlang ihm sein Werk und er blieb hinter dem Eschenbacher nicht nur, nein, auch hinter Chrestien im Vollbringen zurück, der ein naiver Geschichtenerzähler ohne allzu aufdringliche Absichtlichkeit war.

Doch aufs Neue naht sich der Zweifel. Vom Hügel her ragt das Haus, das für kurze Wochen nur in jedem Jahr sich eröffnet. Dann regt in den sonst stillen Straßen des fränkischen Städtchens sich buntes, besonderes Leben: von fern und nah, übers Meer und sogar aus Deutschland kommen die Männer und Frauen, nicht um zu handeln und zu spekuliren, bei Karten und Bier sichs wohl sein zu lassen oder blendenden Putz spaziren zu führen, sondern um Kunst zu genießen. Der verlachte und verlästerte Wunsch des kleinen Kapellmeisters, im eigenen Bühnenhause nach eigenem Geschmack einer Menschheit seine Werke lebendig zu machen, ist Wahrheit geworden; die Fürsten und die Bankiers sind, ob er Beider Macht leidenschaftlich auch befehdet hatte, zu ihm gepilgert und gegen eine Welt hat er triumphirt. Dieses Wunder wirkte der Wille allein; und der Mann, dessen Willen so Unerhörtes gelang, möchte vor Parsifal uns, vor dem Willenlosen, nun dennoch in die Knie zwingen.

Auch Das noch gelingt ihm. Wenn über den Saal, der den Traum eines prunklosen, alle Sinne sammelnden Bühnenraumes verwirklicht, sich die Finsterniß lagert, dann verstummt, ehe noch aus dem mystischen Abgrund die ersten Töne erklingen, jeder laute Athemzug und eine andächtige Stille herrscht, die in keiner modischen Kirche mehr zu erreichen ist. Und die Töne erklingen, seltsame, nie vernommene Klänge aus einer ganz fremden Welt, und leise legt sich ein feiner Nebel um die Sinne und bald auch um die Seele; vergessen ist Alles, was draußen blieb, was gestern war und morgen sein wird, vergessen die Skepsis, die das Gedicht benagte —: Alles versinkt mählich und verschwindet in das Wunderland singender Poesie. Der Nebel ist anfangs ganz angenehm, lind und süß duftend und wie von Thränen feucht; er lähmt den Schmerz, lullt die Sorge zur Ruhe und schmiegt wie ein leichtes Weihrauchgewölk sich um die gemeine Deutlichkeit der Dinge, daß dem Blick ganz fern und ganz fremd sie erscheinen. Keine kritische Regung kommt auf; was da unten, ganz weit, sich abspielt, was ein unsichtbares Rieseninstrument mit irrem Jammern und Jauchzen umheult, Das hat mit dem Alltagstheater nichts gemein, Das erinnert auch an die großen Menschentragoedien nicht, die das Menschliche in uns schrecken und läutern; es ist eine künstliche Kunst, die vom Primitiven den Schein nur borgt und mit den sublimirtesten Reizen an die Nerven sich drängt. In den Nerven beginnt langsam aber der Widerstand; man will so ganz sich nicht geben, von dem Zauberer sich nicht überwältigen lassen, — und auch der Nebel wird unbequem: schon verschwimmt vor den Blicken das Bild, in den Schläfen regt sich ein schmerzhaftes Pochen und um die Augenhöhlen lastet ein bleierner Ring. Der Bann muß doch schließlich zu brechen sein; man zwingt sich gewaltsam, zur Seite zu blinzeln, und überall sieht man verzerrte Mienen, eine gespannte Gier und den matten Schweiß, den Niederschlag des süßlich parfumirten Nebels. Umsonst: der beklemmende Zauber weicht erst mit dem letzten Ton. Draußen athmet man frei und derb irdische Triebe melden sich. Da wird gegessen und konversirt, Bier und Sekt getrunken, auch wohl ein Bischen gewitzelt und sehr viel flirtirt; ein mondänes Treiben, von dem man behaglich ins dämmernde Thal hinunterblickt und in die stille Stadt. Der Kluge, denkt man, war doch nicht klug genug, sonst hätte er vor so langen Pausen sich gehütet; jetzt soll er nicht zum zweiten Male mich überwältigen; und mit kühlem Lächeln zwängt man sich durch die Sitzreihen. Aber das Zauberspiel beginnt wiederum, der Scirocco wirbelt schwüle Dünste auf, aus Klingsors Blumengarten wehen berauschende Düfte uns an, süße zuerst, wie aus prangendem Rosenhag, dann ein fader Leichengeruch von faulig welkenden Blättern. Und der Nebel ist wieder da, der Ring und das Pochen und keine Möglichkeit winkt, dem Zauber nun noch zu entweichen. Es ist ein furchtbarer Genuß, dem man entfliehen möchte und von dem es doch kein Entrinnen giebt. Am Schluß, wenn die wundervolle Charfreitagsweihe verklungen ist und in der Glorie der Gral noch einmal erglüht, wenn aus der Höhe die Knaben des Heiles Vollendung singen und ein demüthiges Jubeln sich auf in die Lüfte schwingt: dann erst zerflattert der Nebel und in der wirren Fülle des neu Erlebten bleibt zunächst nur ein Gefühl dumpfen Unbehagens zurück, — Etwas wie ein Gefühl des Bedauerns, daß man mit allen Sinnen und Nerven empfunden und gelitten hat, ohne doch klar zu erkennen, wofür man litt und empfand. . . . Es war eine Hypnose; ein starker Wille hat die schwächeren Willen gebrochen uud sie unbarmherzig gezwungen, in brünstiger Anbetung vor dem Willenlosen niederzuknien.

Vielleicht ist Das nur ein ganz persönlicher Eindruck, vielleicht haben Andere das Gedicht anders und besser verstanden; aber ich habe bisher um Belehrung mich vergeblich bemüht, bei den klug Empfindenden vom Stamme Hanslicks, die mit nüchterner Rationalistenweisheit Wagner widerlegen, und bei den Schwarmgeistern, die ihm ekstatisch Gebete lallen. In dem weiten Bühnenhause saßen sicher nicht Viele, denen deutlich war, was sie erregte und fiebern ließ; eine menschliche Theilnahme war es nicht, denn zwischen der Menschlichkeit und dem Weihfestspiel gähnt der mystische Abgrund. Etwas wirkt ja die Autosuggestion: man hat eine Reise gemacht, Zeit und Geld angewendet, nun ist man in Lourdes und zum ersten Male erschließt sich die Grotte dem Blick; die Kraft und die Gier aller Sinne hat sich gesteigert und jeder Nerv ist straff angespannt. Auch die wundervolle Harmonie der Aufführung übt ihren Zauber; mag Manches schlecht gespielt und gesungen werden, mag man von der automatenhaft unpersönlichen Darstellung den Eindruck empfangen, daß auch auf der Bühne die Willenlosigkeit zum höchsten Grundsatz erhoben ist: die Einheitlichkeit des Ganzen, die vornehme Färbung und Stimmung, wird man in keinem anderen Schauspielhause erleben. Doch das Alles genügt längst noch nicht, um die unerhörte Thatsache zu erklären, daß Tausende hier in Lust und in Schmerz erbeben, ohne zu wissen, wofür ihr Gefühl sich erhitzt. An das Moment des Ahnenmachens muß man denken, von dem Nietzsche spottend spricht, an das Spiel mit dem Unendlichen und dem Bedeutenden, an die Mischung von Künstlichkeit, vergewaltigender Brutalität und dämmernder Einfalt, um für die niederreißende und verheerende Wirkung ein dunkles Verständniß zu finden. Ein Bischen Heuchelei ist auch mit im Spiel, der Wunsch, um keinen Preis unklüger als die Nachbarn zu erscheinen; diesmal aber wird der protzige Wunsch überflüssig, denn die verworrene Ergriffenheit stellt ganz von selbst sich ein, in der hohen Schule der Hysterie. Kirchliche und künstlerische Reizungen fließen zusammen, die wach gekitzelten Sinne werden mit harten Ruthen gepeitscht, in die Nüstern strömt hieratischer Wohlgeruch, — und dabei braust und kreischt und heult und stöhnt ein lockendes Meer von Tönen, das ein unerbittlicher Poseidon beherrscht. Das reine Denken verfällt der Narkose und die Ahnung zieht in die Seelen ein, die Ahnung eines erneuerten Christenthums, einer heiligenden Erlösung mit herrlichen Dekorationen, eines mystischen Mitleidensbundes für blasirte, müde, vom raffinirtesten Reiz nur aufzurüttelnde Geister.

* * *

Dem Genie Richards Wagner ward die Gabe, sein Wort immer zur rechten Stunde zu sprechen. Wagners philosophisches Spekuliren, das mehr ein Naschen und Schlecken an allen Systemen ist, wird nicht lange leben, aber er selbst wird, als ein Künstler von nahezu unermeßlicher Kraft nicht nur, sondern auch als Persönlichkeit, immer der größte Repräsentant einer Zeit bleiben. Oder, richtiger: einiger Zeiten; denn er hat mehr als eine Epoche zu poetischem Ausdruck geführt. Sein rastlos bewegter Geist war wie der Strang an der Riesenglocke seines Talentes; an den Strang hingen sich alle neuen Gedanken und Wünsche, alle Sehnsucht und Brunst, und oben erklang dann die Wunderweise. Er war überzeugter Revolutionär, als alle Ideologen sich für Revolutionen begeisterten, und sein Fehderuf galt damals dem Christenthum, das dem künstlerischen Ausdruck der neuen Welt widerstrebe. Mit der Zeit wandelte auch er sich; nur seinen Siegfried liebte er fort, den Verächter und Brecher alter Verträge, der immer morallos sich diesseits von Gut und Böse hielt; aber Brünnhilde mußte nun die Weltvernichtung singen. Und wieder über ein Weilchen bedrohte den alternden Romantiker das von Goethe mahnend angekündete Verhängniß, am Wiederkäuen sittlicher und religiöser Absurditäten zu ersticken; der selbe Mann, der früher das christliche Kunstideal eine „fixe Idee“ und das „Gebilde eines Fieber-Paroxismus“ genannt hatte, weil es „außerhalb der menschlichen Natur“ seine Ziele und Zwecke sucht, griff nun den übersinnlichen Parsifalstoff und mühte mit letzter Kraft sich um die Erfüllung des christlichen Kunstideals. Er mußte dahin kommen und die Abendröthe eines nach langer Entbehrung von beispiellosen Erfolgen gekrönten Lebens gab ihm die Weihestimmung. Noch einmal drängten alle alten Motive sich vor seinen schon von der Greisenschwäche getrübten Blick und die alten Requisiten sogar wurden noch einmal gemustert; des Tannhäusers Sinnenbrand, die zwingende Macht der Venus Astarte und der Erlöserberuf reiner Frömmigkeit, des Holländers Unrast, Lohengrins blinden Glauben fordernde Liebe —: mit Allem mußte am Abend noch der alte Meister sich auseinandersetzen und selbst für den Schwan und für Wotans heiligen Speer suchte und fand er in der letzten Schöpfung den Platz. Nach Erlösung hatte sein Dichten sich immer gesehnt und der reine Thor wurde ihm jetzt zum Erlöser. Aber auch die Zeit war, da die Göttin Vernunft die Gier der Dürstenden nicht gestillt hatte, für ein so raffinirtes Evangelium allmählich reif geworden und eine überreizte, entnervte, an sich selbst verzweifelnde Gesellschaft stürzte hastig sich in den mystischen Abgrund und starrte, in wollüstig bangen Schauern, aus der Tiefe zu der Glorie des Grales empor.

Berlin, Druck von Albert Damcke.

Zeitfracht Medien GmbH
Ferdinand-Jühlke-Straße 7
99095 Erfurt, Deutschland
produktsicherheit@kolibri360.de